气机导引：内脏篇

张良维 著

华龄出版社
HUALING PRESS

图书在版编目（CIP）数据

气机导引. 内脏篇 / 张良维著. -- 北京：华龄出版社，2025. 1. -- ISBN 978-7-5169-2872-1

Ⅰ. G812.92

中国国家版本馆CIP数据核字第20244Q33Q1号

策划编辑	南川一滴		责任印制	李未圻
责任编辑	梅　剑		装帧设计	华彩瑞视

书　名	气机导引：内脏篇		作　者	张良维
出　版	华龄出版社 HUALING PRESS			
发　行				
社　址	北京市东城区安定门外大街甲57号		邮　编	100011
发　行	（010）58122255		传　真	（010）84049572
承　印	运河（唐山）印务有限公司			
版　次	2025年1月第1版		印　次	2025年1月第1次印刷
规　格	710mm×1000mm		开　本	1/16
印　张	31.25		字　数	362千字
书　号	ISBN 978-7-5169-2872-1			
定　价	93.00元			

版权所有　侵权必究

本书如有破损、缺页、装订错误，请与本社联系调换

自 序

2001年，我将构思多年的中国肢体资料库具体编定为《气机导引十八套功法》，在展开教学后，我又开始筹划另一个目标，即建构一套包含运动、饮食、起居、情绪管理、接近大自然五项专业健康管理的医学系统，名之为"东医"。因为我思考到，在今天这个环境因子日趋复杂的时代，一套完整的身心灵整复工程，除了运动，还需要有更完整的配套元素。

从最早以"太极导引"向社会推介中国传统肢体文化，再到提出"气机导引"与"东医"的主张，十年之间我跨越三次重要的成长蜕变，这是推广工作的巨大挑战，连许多学员都觉得疑惑。只是我的得失不在推广，也不在眼前的成败，我的心里有一张遥远的蓝图。

我从小就对武学充满兴趣，为一切肢体活动所着迷。在习武练拳、炼丹静坐的过程中，又遭逢各种外物的干扰与试炼。随着不同阶段的进境，经历不同层次的身心剥落，也得到难以言说的充实之感和内在的平静。壮年之后，涉世渐深，我又闯入丹道的练功秘境，从《易经》《老子》《庄子》开始涉猎有关身心性命之学的历代经典，包括研究《黄帝内经》《周易参同契》《抱朴子》《黄庭经》，乃至如《云笈七签》等《道藏》较晚期的著作。我发现丹道之学深奥博杂，许多辞旨隐讳之处，若无明师指点，往往不得其门而入；而古代的修炼环境迥异于今日，例如过去练功者多为豪门巨室，今日知识普及，人人都有机会练功，但一般学人很难不事生产而离群索居、专事修炼。因此，如何淬取古代身心性命之学的要旨，为现代人重新开启修学练功的康庄大道，便成为我朝思暮想的志业。因此，除了一边借自我修炼，用功读"身体这本大书"，并与经典对参，我还必须随时将体证所得还原，分析其阶段性的历程。加上我从中学就开始教拳，累积不少教学经验，所以我逐渐领悟到，肢体教学必须以肢体开发为手段，举凡拳架、招式、动作，都是肢体条件成熟后水到渠成之功。例如，《太极拳论》说："有不得机得势者，身便散乱，其病必于腰腿求之。""腰腿"其实指的是腰腿之间的"胯"。因此，与其不断在拳架套路之间要求学习者做到松胯的动作，不如专门针对松腰开胯的训练，设计一套"肢体符号"，同时又可兼顾养生保健之需。像胯这样需要专门训练的身体部位还有很多，一旦身体成为"一举动周身俱能轻灵"的"太极体"，随手拈来都是功夫，人人都可以随机反应，自创拳架套路，不必拘泥于固定的招式。就像书法家以数十年功夫磨成一支好笔，点画勾勒之间自有灵动活泼的神韵。武术家经过严格训练与长时间等待而熟成的身体成就，就是一种身体艺术。只是书法家必须借笔墨为工具，武术家的举手投足、言笑动静就是笔墨，而这种艺术又跟舞蹈美学不同。武术美学的目的不为表演，而是生活，因为它必须内化为一种生命的神髓，成为武术家的风骨和人品。

此外，身体的开发训练必须是全方位的，包括眼、耳、鼻、舌、身、意、触，缺一不可。但历来古德传授之法中，对"触觉"的训练鲜少提及，而触觉又是人身最难修炼的一门功课，许多苦修经年的求道之士常毁于此，因此，佛教经典《楞严经》就从佛陀最亲近的弟子阿难遭摩登伽女幻术"摄入淫席，淫躬抚摩，将毁戒体"说起。触觉的锻炼必须以大脑识神的虚静、空灵为依据，这当然不是一步可及的功夫，必须从奠基时期就埋下种子，以长期酝酿，等待瓜熟蒂落。故长期的学程设计，因时、因势、因才施教的教学引导，都必须成竹在胸。

再者，过去练功习武、修道炼丹之士，必然也兼具疗伤治病的能力，所以我自幼拜师习艺以来，就跟不同的师父同时学习刮痧、拔罐、整骨、开窍等各种治疗手法，以及药草的采集与炮制。总结我过去的学习与治疗经验，传统手疗法不离肌、骨、脉、窍四个介面。肌是肌肉，骨是关节、骨骼，脉是经脉、穴位，窍则包含眼、耳、鼻、舌，及肚脐、水道、谷道、乳峰等部位。身体不平衡要从肌肉调整；骨骼错位、脊椎不正，要从关节、骨骼调整；气血阻滞要疏通经脉；内脏病变与内分泌失调，则要通其窍，才能引动气机。

古代导引术作为肢体治疗的主要工具，除了引体、导气的肢体运动，还包括各种手疗法的按跷术。而要精通按跷，必须先精通导引术，所以通过肢体动作对肌、骨、脉、窍有全然的理解，应用于治疗时，才能循其根、通其变，应于手、得于心。因此，气机导引的功法就涵盖了这四个面向，把治疗学的技术训练隐藏在功法锻炼之中。所以，练功一定要松其肌肉，正其骨，通其经脉，开其窍。先让自己得到整体的健康，传授功法、为人治疗时，就可以一目了然、举一反三。

经过上述种种思考，在教学体系与教学方法的重整之后，规格化、标准化的教学，似乎不是不可能完成的目标了。除此之外，我更在身体教学之外，逐年开办分子生物学、解剖学、人体工学、中医、易经、老庄、禅修等课程，并指定为学员必修，期能为新时代的气功人才养成，规划更完整的修学蓝图。多年心愿加上长期的准备，我也刚好得其机缘，在各方协助、成全之下，有一群秉性醇厚的学员愿意长期参与学习，用自己的身体实践，参与我的身体教育传承计划。因此，经过十年教学，学生从数万人中汰选出两百多名，我也渐渐停止对外推广，严格筛选新进学员。能参与创造时代的永远是少数人，而且这是一条向内探寻的道路，越往内走世界越宽阔，但道途越见崎岖，非有大坚固力者不能至。而在迷惶不安的时代里，空虚、柔弱的人们纷纷走向身外的世界，只是"其出弥远，其知弥少"，人们一定会回转过来，未来的科学研究也将逐步揭示中国养身功法的真相，所以我选择在三百年后的世界等着。而现在，我只需留下一两百人的身体实验纪录，跟一点点火苗就足够了。这是我个人的想法。

　　导引术的钻研与传承是我一生志趣之所向。我的学习历程是从童年起就未曾间断的拜师学艺与自学读书而来。我对身体的领悟，也完全得之于闭门苦练和学习中的不断蜕变。因此，我并无神通，对发功治病、隔空移物等虚玄的气功领域也不曾触及，我只明白气有阴阳虚实，生命万象各皆以有形、无形两面呈显其本质。而无形的力量往往是有形作用的动力来源，所以练功必须对无形的能量存在有所觉察。不过，这层领悟也只是面对自己的"练己"之学，在气功的应用上，必须更贴近人体真相，为社会大众提供朴实、具体的养生指南。然而，当今之世，气功早已沦为虚玄夸大、华而不实的媚俗之学，很多气功教学者或追随者即使声称自己已然练到出神入化，但不是腰马无力，就是面如鸡皮，全无精饱气足、神光炯炯的模样。而历史上炼静、炼动各派源流之争至今仍未平息，如汗牛充栋的气功论著则多半含糊其词、隐讳其意、密其要旨，没有具体方法，只有一大堆徒乱人意的现象描述名词，对于辅助学习几无助益。我遂不辞浅陋，妄图以个人之力，在海岛之隅，汲取各家各派之长，统合主流与非主流之专论，希望能抛砖引玉，使当代有一能纳百川而成江海，涵盖养身、运动、艺术、文化等各个应用层面的气功论著。唯志大而才疏，这是我个人的局限，仍有极大的进步空间等待我继续前进。只因时势所至、因缘既成，我遂在半百之年将半生以来对身体的一点领悟，陆续提出来就教于各方贤达，以作日后不断修正改进的依据。我已将梦想付诸行动，至于成败功过如何，就不是我所算计的了。

张良维

前 言

　　这本书是我过去十年气机导引功法的教学实验报告，通过教学现场的录音、笔记，再经裁剪、汇整成章。因为身体教学与身体内部的世界太细腻、太复杂，语言文字常有未能触及之处，而动态的、随机的教学过程中，旁征博引的表述方式是必需的，但一有不慎，就会落入言筌，以指为月。此所以强调"修身"为修行之起手功夫的中国古代身心性命哲学，往往只留下功成之时的心得结论，却见不到登阶而趋的阶段性方法指引。这在古代师徒制一对一、以心传心的教学条件下，的确是最理想的，但在今日，各方面的条件皆迥异于以往，若还坚持古法，就有薪传断灭的危机。而且，随着时代进步，在分子生物学等知识工具的协助之下，我们对人体的了解将比古人更为透彻，因此，发展新的教学策略是时代所迫切需要的。我的教学实验与记录，就是希望能为后继者留下一点足供参照的线索。

　　就因为这些记录是从横跨十年时间的课堂语录汇编而成，对于每一功法的描述，为了提供不同阶段的学习参考，往往有将不同阶段的练功语言并陈的现象。在指出关节、肌肉的操作要领之同时，也会指出在气功态之下的操作要领。另外，因为是实地演练，学习者生理状况不一，所以读者会发现，对于身体开发的引导和提示都是跳跃式的，每套功法的各节之间，也并无明显的系统性脉络。因为气功原本是一门实践的功夫，唯有通过实践，才能将零碎的语言片段化为真知，而在自己身上连缀成一张系统清晰、架构完整的拼图，并且获得真正的改变与全然的理解。因此，这套书是工具书，不是仅供阅读、引导思考的论述性文字，随着个人身体条件的逐渐成熟，对于文字所指涉的意涵将会越来越清楚。现阶段不甚明白之处，请暂且放下，过一段时间再看，往往就会豁然开朗。

此外，由于十八套功法已完整包罗绝大部分的中国肢体文化内涵，将历来各门各派的理论、方法重新归纳、裁切、整合，系统十分庞大，分为"引体篇""内脏篇""导气篇"三大类，各类再分别以六套功法涵盖不同的肢体面向和角度，在动作、呼吸、意识三大元素的配合下，进行身体的修炼。"引体篇"是筑基功，主要是针对肌肉、关节、骨骼的强度与平衡训练，旨在开发身体空间，把身体的"气道"铺设完妥。"内脏篇"是针对肝、心、脾、肺、肾与丹田的固养和调理，旨在活化脏腑传链的机制，从改变内分泌，到改变心性品质。"导气篇"则是以意识作用为主的气功锻炼，以意识的虚静无为，抵达灵明空性的境界。其中，我特别将丹田练养之基本法归纳在"内脏篇"，因为丹田是一个无形的功能性脏腑，丹田的锻炼不仅有助于推动五脏六腑的整体传链，亦是人体从有形转化为无形的关键。一般人只知有下丹田，不知还有中丹田、上丹田。下丹田主精，强调肢体养生；中丹田主气，强调心气格局；上丹田主神，强调灵性开发。所以，丹田练养涵盖身心灵的整体追求，从生理的超越到灵性的超越，将生命活动推向止于至善的境界。

因此，从"引体篇"到"内脏篇"，再到"导气篇"，丹田都是重要的枢纽。例如，"引体篇"虽然是以肢体开发为主要诉求，但功成之时的阶段性目标是炼精化气，丹田即是主要的催化剂。同样的，在丹田的作用之下，从炼精化气到炼气化神、炼神还虚，从有形到无形，剥之又剥，以至于复见天地之心，丹田就像提供动力的涡轮，不断将人体推向更高的层次。

　　既以丹田为身心转化的主要介面，十八套功法所规划的身体开发进程，在不同的阶段，亦有殊途同归的共同目标。在生理方面，从改善组织粘连、增强肢体韧性、促进经脉循环，乃至于任督循环、心肾相交等，都是各套功法共同的功能。在心理方面，如何以息炼心，通过呼吸训练，达到专注、放空、心性格局的开阔等，都是反复陈述的要点。而意识的虚静、灵性的超越，更是炼气养生的最高指导原则。因此，书中不可避免会常见某些功能性的词语反复出现，读者务须了解。

　　这本书的章节结构依序为：楔子、功法原理、心法要义与系列功法；在系列功法之下，除了"做法"与"动作要诀"的提示，读者亦可借"课程综合摘要"仿佛亲临教学现场。"楔子"是每一套功法的开场白。"功法原理"是借用中西医观点介绍相关脏腑的功能特性与该套功法的关联。"心法要义"是从情志的角度切入，提醒学者以健康的心态练功，修身亦修心，否则功亏一篑、徒劳一场。"做法"与"动作要诀"的文字都很简要，因为动作只是全部功法主张的一小片段，每一个动作招式又可以依其深浅度再发展、变化为六到十二个动作，为免读者落入肢体的框架，故仅提示其要，以利读者举一反三。此外，依附在动作说明之后的"课程综合摘要"，是实际课程进行的语录摘要，是师生互动过程中随机触发的精华，不是书斋里闭门造车的长篇大论。因此，许多重要的原理仅能如蜻蜓点水，未作完整、深入的论述。毕竟这是教学实验室里的互动片段，保留其动态现场记载的不完整性，让学习者通过永不停止的实践达成其完整性，这才是功法传承的要旨。

目 录

自序	001
前言	006

内脏功法一：攀足长筋肝脏功法

楔子	003
第一章　功法原理：攀足长筋透身松	006
第一节　肝脏功能简介	007
第二节　养肝功法的特色	008
第二章　心法要义	012
第三章　系列功法	017
第一节　攀足松身	018
第二节　四梢旋转	023
第三节　攀足长筋	028
第四节　交叠松身	038
第五节　盘腿旋腰	042
第六节　仰卧攀足	050
第七节　四肢卧伸	056
第八节　攀足滚腹	061
第九节　屈膝抬臀	067
第十节　肝指勾引	072
第十一节　转腰攀足	077

  第十二节 五龙抓气 …………………………… 081

结语 …………………………………………………… 089

内脏功法二：左右开弓心脏功法

楔子 …………………………………………………… 093

第一章 功法原理：左右开弓强心肺 ……………… 096
  第一节 心肺功能概述 …………………………… 097
  第二节 心肺功法要点 …………………………… 098

第二章 心法要义 ……………………………………… 101

第三章 系列功法 ……………………………………… 107
  第一节 活肩曲肘 ………………………………… 108
  第二节 金盆洗手 ………………………………… 113
  第三节 蹬跟引背 ………………………………… 117
  第四节 抱颈颠顶 ………………………………… 121
  第五节 握拳争气 ………………………………… 125
  第六节 双龙绞柱 ………………………………… 129
  第七节 鹰鹞捕食 ………………………………… 135
  第八节 攒拳压掌 ………………………………… 140
  第九节 左右开弓 ………………………………… 146

结语 …………………………………………………… 154

内脏功法三：引体旋天脾胃功法

楔子 …………………………………………………… 159

第一章 功法原理：引体旋天理脾胃 ……………… 163
  第一节 人体消化系统 …………………………… 164
  第二节 脾胃功法的要点 ………………………… 167

第二章 心法要义 ……………………………………… 176

第三章　系列功法 ··· 179
 第一节　夜狼翻身 ·· 180
 第二节　引体旋天 ·· 183
 第三节　抱运脾元 ·· 191
 第四节　摇磨谷仓 ·· 195
 第五节　抱推气海 ·· 201
 第六节　抱元引体 ·· 207
 第七节　引摩腹气 ·· 215
 第八节　握拳蹲举 ·· 220
 第九节　单举理脾 ·· 224

结语 ·· 230

内脏功法四：旋转乾坤肺脏功法

楔子 ·· 235

第一章　功法原理：旋转乾坤御外邪 ······················· 238
 第一节　呼吸原理与循环 ·································· 239
 第二节　如何锻炼肺功能 ·································· 241

第二章　心法要义 ·· 244

第三章　系列功法 ·· 249
 第一节　左右鹤潭 ·· 250
 第二节　鹤潭跷手 ·· 256
 第三节　猿呼引肋 ·· 260
 第四节　抱转脊髓 ·· 268
 第五节　旋转乾坤 ·· 275
 第六节　乾坤跷手 ·· 281
 第七节　单手去烦 ·· 287
 第八节　霹雳压掌 ·· 292

| 结语 | 297 |

内脏功法五：托掌旋腰肾脏功法

楔子	301
第一章 **功法原理：托掌旋腰固肝肾**	304
第一节　肾脏的生理学	305
第二节　肾脏功法的要点	306
第二章 **心法要义**	312
第三章 **系列功法**	316
第一节　蛟龙戏水	317
第二节　提膝固肾	323
第三节　九转还丹	328
第四节　托肾活腰	333
第五节　呼吸以踵	339
第六节　抱膝引气	347
第七节　运火归脐	355
第八节　托掌旋腰	371
第九节　提摩肾堂	381
结语	391

内脏功法六：手滚天轮炼丹功法

楔子	395
第一章 **功法原理：手滚天轮养丹田**	399
第一节　认识丹田	400
第二节　呼吸的入门功夫	403
第三节　呼吸的进阶功夫	405
第二章 **心法要义**	409

第三章　系列功法 …………………………………… 413
　　第一节　息卧昆泉 ………………………………… 414
　　第二节　手推阴阳 ………………………………… 418
　　第三节　仰转止息 ………………………………… 423
　　第四节　旋转丹气 ………………………………… 431
　　第五节　蹲跳会阴 ………………………………… 437
　　第六节　摆手炼丹 ………………………………… 440
　　第七节　拨云见日 ………………………………… 448
　　第八节　木猴欢呼 ………………………………… 458
　　第九节　手滚天轮 ………………………………… 462
结　语 ……………………………………………………… 470
编者后记 …………………………………………………… 472
附录一 ……………………………………………………… 476
附录二 ……………………………………………………… 478

肝

攀足长筋脏功法

内脏功法一

肩落胯松拟霜起 手坠足轻映雪 气贯涌泉透成根
身转运绵若水 行住坐卧皆安定 体正神宁虚入髓

楔子

主春生之气，潜发未萌

肝脏是人体最大的"化学工厂"，人体所需的两千多种酵素，肝脏就可以生产一千种以上，通过这些"只有神才做得到"的化学反应，职司人体代谢、免疫、解毒等功能。中医经典《素问·灵兰秘典论》对肝的功能简述如下："肝者，将军之官，谋虑出焉。"张志聪注曰："气急而志怒，故为将军之官。主春生之气，潜发未萌，故谋虑出焉。"

从现代医学的观点来看，这种描述简直不知所云；然而，中医所看到的肝，泛指肝的整体能量属性，比现代医学通过解剖学看到的器质性器官，有更为宏观的视野。例如中医认为"肝藏魂"，一个人的"魂"跟肝的能量是同一属性的；而在脏腑传链关系中，肝的能量表现也和心、肺、脾、肾等其他系统的能量保持动态的平衡，故肝的生理功能涵盖中枢神经、自律神经与消化、循环乃至生殖系统。其间绵密、庞杂的连属关系，远超过现代医学所认知的范围。不过，许多现代医学研究者也渐渐从越来越多的案例中发现，人体器官的确具有匪夷所思的神秘力量，而恰恰与古老的中医，以及其他民族的古代医学所见相同。例如，由知名的耶鲁大学医学院外科临床教授许尔文·努兰（Sherwin B. Nuland）执笔的《器官神话》（The Mysteries Within），就用为人类盗火而开启人类智慧的普罗米修斯神话作引言，试探性地将肝脏与"重生"之间搭上关系。

中医则用"主春生之气，潜发未萌"，统一描述肝的所有特质。肝脏组织重生的功能，在人体器官中最显而易见；而肝主木，主春生之气，足厥阴肝经循行过人体生殖器，对生殖功能有相当的影响。而且"厥阴"是指阴气凝聚到极点，阴极生阳，由收藏转为生发，正是《易经》复卦象征的无穷生命力。

至于肝对人体生命力的影响究竟如何发生、运作，即使在今日，仍无法获得确切的理解。人体的奥秘本来就是越探越深，知道越多，就越加赞叹造物之无穷与人类所知之渺小。中华文化里的反智传统，其实还是以丰富的知识为基础，就像当今科学家用科学方法证明科学所知极其有限一样。因此，中医认为肝主筋、开窍于目，其华在爪，为身之血库，除此之外还与情志有关。肝藏魂，在志为怒。这种说法虽然缺乏现代科学的肯定，但通过长时间的人体验证，例如一个人在生气之后，有经验的中医从肝脉的表现就可以知道。所以，这些描述如今已深入人心，科学家也能对此保持尊重的态度。"怒"这个字同时隐含"努"和"弩"的意思，有生气蓬勃、沛莫能御的意思。也就是说，一个人在蓄势待发、展开行动谋略时，必须动用肝的调节能量，才能让肝木的春生之气在理性控制下适切发展。倘若肝脏的调节功能不佳，表现在情志上的，常常是因为强烈的控制欲无法获得满足而发脾气。许尔文·努兰在他的书中也引用柏拉图的观点说，"灵魂"的观念具有三个部分，其中，关于营养的、比较基础的心灵，位于腹部，由肝脏主导。因此，肝脏的功能是将脾、胃、肠带入神圣心灵的理性控制之下，对最上层心灵的影响做出反应，而传递给腹腔中的其他器官。这个说法对于"肝喜调达，藏魂，主怒"的主张是很有参照意义的，所以修心制怒是养肝功法必要的修为。如何通过包容力将"怒"的情感特质转化为积极奋发的生命动力，这是"攀足长筋"功法在动作养身之外，炼气炼心的重点所在。

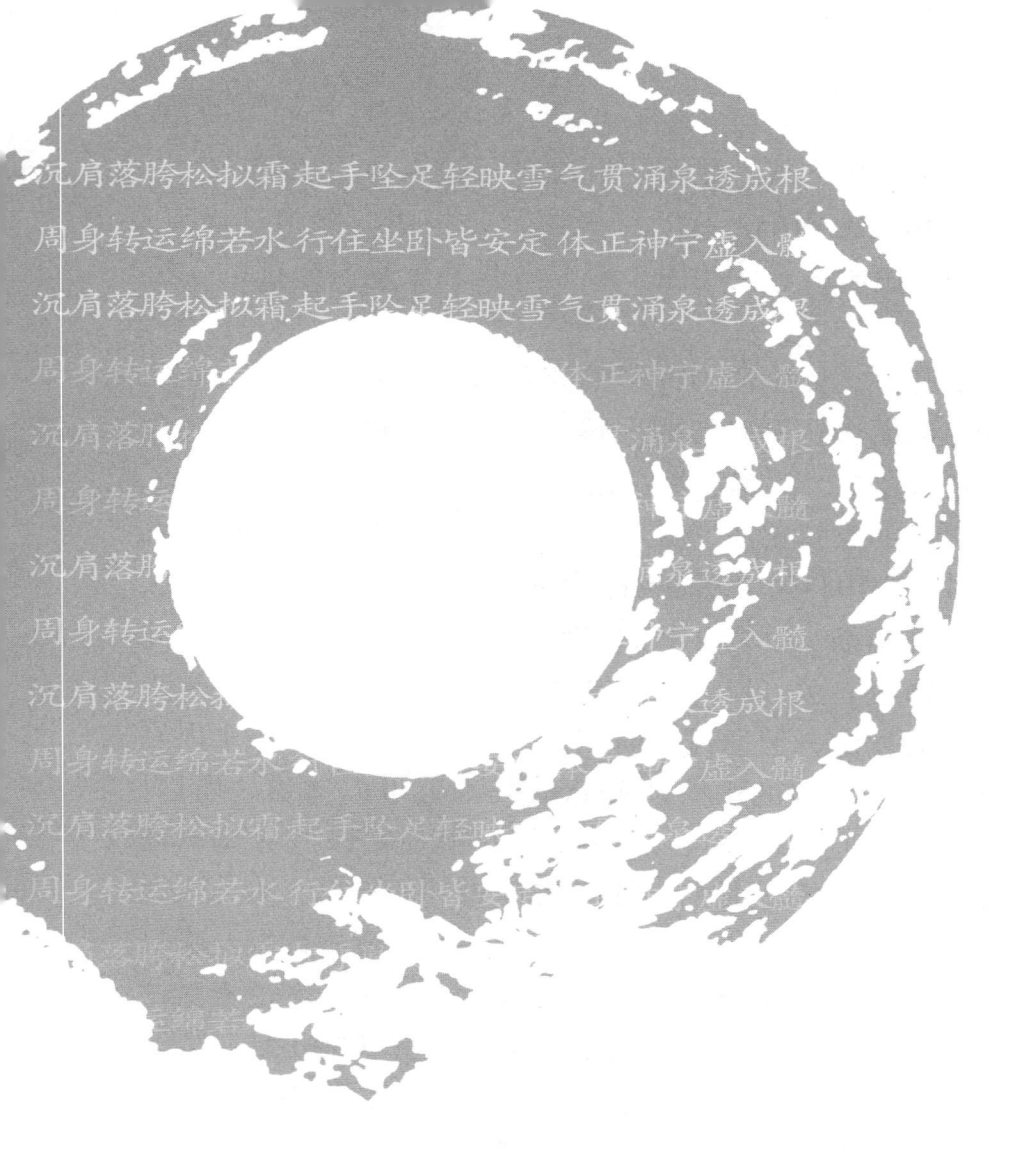

第一章　功法原理：攀足长筋透身松

第一节　肝脏功能简介

肝脏是人体最大的腺体，在人体消化、代谢、免疫、解毒等过程中，扮演重要的角色。解剖学所看到的肝脏包括：肝细胞系统、胆道系统、血液循环系统、网状内皮系统。

肝细胞系统生成许多与糖代谢有关的酵素，在胰岛素、肾上腺素的合作之下，通过葡萄糖与肝糖的转化，可调节血液中的葡萄糖含量。此外，肝细胞还参与蛋白质、脂肪的代谢功能，合成氨基酸，再分解为必要型态的蛋白质，支持细胞的形成。

肝细胞系统中亦含有许多处理人体能量传递与代谢有毒物质的酵素。肝脏能制造血浆蛋白（补体），参与人体免疫功能，在先天免疫中扮演重要角色。人体蛋白质分解后的有毒物质氨，亦是在肝脏结合二氧化碳、合成尿素，随汗水、尿液排出体外。这些都必须在肝血充足的条件下，肝脏才能正常运作。所以在养肝功法中，如何促进血液回流肝脏，是非常重要的。若肝血不足，肝火必旺，肝脏功能就会大受减损。

胆道系统负责输送及储存胆汁，主导脂肪在小肠内的消化吸收，同时扮演脂肪运输的枢纽，将消化吸收后送入肝脏的脂肪转为体脂，待身体需要时再经过肝脏分解为甘油和脂肪酸，直接被人体吸收。胆道系统也负责处理肝细胞系统代谢后的有毒物质。

肝脏有双重的血液供应系统。来自心脏动脉血的肝动脉，主要供给氧气；门静脉主要供给营养。含有营养的血液从消化道经门静脉送至肝脏解毒后，一部分供机体器官利用，其余则贮存在肝细胞内，以备不时之需。肝血主管调节血量的机制受交感神经支配。当身体采取行动时，肝脏就会提供相应的血液支援身体活动所需的能量。故中医认为肝脏是人体最大的血库，若肝脏功能健全，在任何情况下人体都不需要输血。因为肝脏的藏血容量相当于人体总血量的14%，成人肝脏每分钟的血流量高达1500～2000毫升。

肝脏功能与运动的关系非常密切。由于运动时，人体需要大量血液循环提供养分，而血液的源头主要来自肝脏，因此养肝首重养血。在肝血充足的条件下，肝的网状内皮系统方能有效执行肝脏的养分传输及毒素的排除，担负吞噬各种老化的血球细胞、微生物及肿瘤细胞的功能。通过运动促进静脉血液回流，补足肝脏血液，应是运动养生保肝的第一要务。

第二节　养肝功法的特色

综合中西医的观点，可以确定的是，肝主管关节筋肉的屈伸，调节血流量，负责营养物质的储存与加工、胆汁的分泌排泄，以及解毒、免疫机能，并有升抑情志、提升生命能等作用。"攀足长筋"养肝功法针对肝脏的功能特性，并参考足厥阴肝经在六经传变中所扮演的角色。此外，又从东医五大主张——运动、饮食、起居、情绪管理、接近大自然五个面向，以固养、恢复其舒畅调达的生机为主要方向。

运动养肝

第一，在运动方面，减少激烈的无氧运动，可避免乳酸堆积造成肝脏代谢的负担，故养肝功法就是借由松柔缓慢的有氧运动，让筋放松充氧。因为肝主筋，人体肌肉结缔组织、韧带、血管泛称为筋，肝血足则可以养筋，使筋柔韧充氧，并使精气回馈于肝经，减少肝脏的负担。肝失调养就容易抽筋，身体也比较僵硬。

第二，所谓"肝藏血，心行之。人动则血运于诸经，人静则血归于肝脏"。肝脏是人体的血库，储存大量的备用血。人体在活动时，肝脏负责将相对的血液量送到心脏，再从心脏输送到相关部位，以支持生命活动所需的能量。运动燃烧产生的毒素，从静脉血液回流肝脏解毒，最后送到肾脏排毒。而人在躺下来休息时，静脉血回流肝脏超过百分之八十，所以久站伤肝。"攀足长筋"系列功法有许多躺着或坐着练习的动作，例如四肢卧伸、攀足滚腹、屈膝抬臀、仰卧攀足等，都是婴儿天生本能的动作。婴儿在一点点大的时候成长快速，生命力惊人，他们的本能运动是深具启发意义的。所以，促进静脉血液回流肝脏，以血养肝、养筋，激发生命本能，这是功法作用的第二要项。

第三，肝主筋，其华在爪。手指、脚趾是筋的末梢神经，因此，本系列功法中有诸多刺激手指、脚趾的运动，使气血到达筋的末梢神经。

第四，肝脏没有神经，肝脏附近其他脏腑的神经则非常发达。功法中有许多设计是通过体位变化的压缩功能，直接按摩肝脏，同时活络其他脏腑。在五脏传链网络中，肝属木，木生火，水生木。水为肾之体，肾为肝之母，壮其子必养其母，水生木必茂。所以肝肾同源，丰沛水湿，使肾水上济心火，避免心火上亢，肝则可获得休息。因为肝乃心之母，若心火上亢，肝为了平熄肝火，一定会增加工作量，故心肾相交则肝火下降。所以，治肝必须考虑同时调整肾脏与心脏的功能。心肝肾同练，是本功法又一特色。

从饮食、起居养肝

在起居管理方面，子时（晚上十一点到一点）走胆经，丑时（凌晨一点到三点）走肝经，这段时间是血液归肝、身体猎杀癌细胞、分泌成长激素与褪黑激素的重要时段。因此，十一点到三点之间的睡眠品质，是肝胆功能的第一重保障。来自消化道的静脉血液从门脉送至肝脏，经过肝脏的代谢处理，化为肝静脉，再经下腔静脉回归心脏。这个工作如果无法完整运作，就会影响血液品质，导致次日精神不振。

此外，由脑下垂体分泌的成长激素与褪黑激素都在这段时间的睡眠中进行。生长激素会影响糖类、蛋白质与脂质的代谢，并直接作用于骨骼、肌肉的生长。褪黑激素除了可调节生物节律，促进睡眠，对于清除自由基、提高免疫力、抑制细胞增生都有明显的帮助，同时也会影响情绪、提高性能量、防止老化。而生长激素与褪黑激素的分泌会在夜间睡眠时、完全黑暗的环境下达到高峰，因此，现代人普遍晚睡、熬夜的习惯，已确定是癌症的主要成因之一。

在饮食方面，肝最主要的功能是将有毒物质合成为对身体无毒的成分，所以要分泌大量的酵素。在农药、化学物质严重污染的环境下，正确的饮食选择，可以减轻肝脏的负荷。例如，避免食用含有防腐剂的再制食品、油炸食物和过量的酒精，多选择新鲜、当季、应地出产的食物，就可以减少肝脏的伤害。防腐剂对肝脏的伤害是无比沉重的负担。细菌可以处理地球上任何一种有机物，但防腐剂是连细菌都无法处理的物质，而细菌处理有毒物质的能力比肝脏强太多了。肝脏为了处理防腐剂之类的有毒物质，必须生产很多错误的酵素，随后又要生产更多的酵素来处理这些错误的酵素。肝硬化就是这样造成的。

接近大自然，借春气生发，鼓荡肝气

癌症是文明社会最可怕的健康杀手，也是人类基因在忍无可忍的情况下，为族群延续而试图寻求一条"生命的出路"。因此，癌细胞不是疾病，是细胞复制错误的突变细胞。现代医疗忽略了癌症的成因与人类选择文明生活、远离大自然有关，若不能从运动、饮食、起居、情绪管理等方面着手，通过回归合乎自然的生活方式，提升自体免疫功能，在进行细胞的复制、修复工作时，完成正确无误的分子检查程序，仅寄望以激烈的化疗、放疗杀死癌细胞，这种消极的思维与做法，实非睿智之举。因此，保肝养肝，除了尽量恢复与自然四时合其序的生活节律，还要有计划地主动接近大自然，因为组成天地万物的金、木、水、火、土五种能量，仍在大自然中完好保存。人体在充斥着电磁波、无线电波的都市生活中无可逃遁，若能让身心时常浸润在高山、深谷、密林间，自然就有自动"消磁"、修复之效。古人养肝强调在春天宜披散头发，在庭园中缓步而行，因为肝喜条达、恶抑郁，春气生发时，山野间满眼翠绿、草木欣欣向荣的景象，肝气也会受到鼓舞激荡。

情绪的影响是养生保健的关键因素。练功其实就是通过身体的管理、呼吸的管理，进行情绪的管理。这个部分，我在后面章节详谈。

第二章　心法要义

包容而无怒

肝主怒，控制的欲望来自缺乏安全感

　　肝主疏泄，喜条达，恶抑郁。锻炼肝功能，除了遵守上述原理原则，最重要的是情绪管理。而情绪管理的关键，是对自己的每一个念头都有清澈的觉察。在五脏情志的对应关系上，肝主怒，藏魂。怒伤肝，肝受伤，魂也会受损。要了解其间的关系，就必须对"怒"的根源有所了解。

　　我们会发怒，其实是因为我们害怕失去控制权，而这种控制的欲望背后，又是因为缺乏安全感。

　　一个没有安全感的人，为了得到别人的认同，他的控制欲会化身为各种手法。有的是以爱之名，用柔软的手段控制别人；有的习惯用硬手段，让对方臣服。一个人如果具有稳固的内在力量，他就可以包容别人，也包容自己的不足，而跟外界保持若即若离的关系。就像一颗真正的宝石不会担心自己被污泥掩盖，假的宝石才需要努力焕发光彩，证明自己是真的。多数人一生都被恐惧宰制，汲汲营营，只为了证明自己。练功是练己之学，不管人家知不知道，坚持心之所主的方向继续往前，一定会有成就。当我们已经走在通往内在觉悟的道路上，悟到无所悟时，身体的顿悟，就会转成智慧的顿悟。这时候才能远离危险，入水不溺、入火不热，日日是好日。然而，在开悟之前，难免要从不断的犯错中完整经历真实人生的一切。只有经历不断犯错、不断修正的学习，醒悟的力量才是稳固的，这就是"体证"之可贵。

悟道之后会怎样？其实，也不会怎样。卖蚵仔面线的照样一辈子窝在小街小巷里卖蚵仔面线，但他的灵性成就却有可能比世俗功业彪炳的人更高。说不定就因为有了这个人的存在，很多天灾人祸都将减免于无形，因为一个悟道者自然会形成强大的气场，让能量发挥影响力。因此，练功最关心如何把生命的主体依据练出来。所谓"帝出乎震""万物出乎震"，有了生生不息的内在主宰，生命的满足不假外求，"魂"就完整了，修己以安人，修己以安天下，只要潜心修己、炼己，不受世俗眼光影响，全心全意将自己的专才表现出来，天下苍生就能各正性命，没有人需要别人的解救。

练功要随意，炼气要随缘

练功的大原则："有以为用，无以为体。"一般认为《易经》的上经是自然演化，下经是人文化成，但我认为，上经是儒家，下经是道家；上经是有，下经是无。乾为父，坤为母，乾坤相合而生屯，阴阳结合后，有形的屯就冒出来了。下经从咸卦开始，"咸"是"减"拿掉两点水，把人事作为一一减掉，才能感应无形的世界，这就是无心之感的咸卦。恒是宇宙真理，遁是大隐于市。这些都在提醒世人，我们虽然活在有形世界，但一切作为都必然走向无形。气机导引八大原理取理上经与下经之义，分为"形"与"气"。从宇宙的基本动能螺旋开始，螺旋、延伸、开合、绞转，是有形的身体操练；静心、旋转、压缩、共振，则是无形的气的作用。

所以，"有以为用，无以为体"就是"以有练体，以无炼气"。练身体时要随意，为了让关节转开，必须刻意而为，让意志主导一切，境随意转，这就是"我命由我不由天"。但炼气要随缘，因为气已经存在了，身放松、心放空，只要感觉它就好，越是刻意追求越求不到。所以炼气要等待、要顺应自然，认真做好份内的事，这是随意。所作所为不获认同，则随缘听天命。故练气功需配合静坐守内息，收摄心念，以意为火，行文武之功。用意念收提脏腑是"武火"；到无意时，身体顺其自然，就是"文火"。

随意是有为，随缘是无为，但人生必然是从有为到无为。而这个漫长的过程，必须通过身体的学习慢慢体悟。有了这种体悟作生命的根基，举手投足、信手拈来都是功夫。

每次练功，老老实实把一个动作练足四十分钟，日久一定有心得、有成就。有位企业家学员每天练"攀足长筋"，配合静坐，三年后就进入体呼吸的境界。每天都去感觉自己的身体，通过动作，闻到火候的香味，保持身体的觉知，以开发更多觉知，按部就班，奇妙的缘分、匪夷所思的力量，会在道行有成之时自然涌出。

改变一切，先改变自己

人生本来都能有所成，但大部分的人往往忘却生命还有更大的目标，而被微不足道的小事牵绊耽误。当心思眼界都被现实生活捆绑时，力不从心的感觉会转为莫名的愤怒，或者愤世嫉俗，或者迁怒于身边最亲近的人。人生在世最难的是辨别是非，选择正确的道路，好把有限岁月用在最有价值的追寻中。练功可以练出辨明大是大非的能力，在不断放空的过程中，洞见虚无而实存的存在。如此才能敢于舍弃世俗价值，用三十年甚至更长的时间等待、培育，让自己的生命能量不断提升转进。所以，练功要练大格局，格局越大，气量越大；气量越大，气场越强。要培养孩子大格局，就是要让孩子学会发愿。爸爸妈妈要发愿给孩子看，如此，孩子也会跟着发大愿。经常发愿，就可以刺激孩子往大的格局发展，把心思视野都提升到更高的层次。当然，也不必总是发愿当圣人或创建丰功伟业，只要发愿每天持续改造自己，例如，通过静坐练功的内省与自觉，练到是非善恶自己心里明白，该做什么、不该做什么，心里清清楚楚，那才是天灾世变与盗匪都无法侵夺的珍宝财富。

因此，每一个人都有不断蜕变、不断提升的可能。过去认为基因的改变必须经过漫长的演化，不过，现在已有科学家证实，物种进化是基因产生突变。当第一只猿猴学会站起来，全世界所有猿猴的基因就产生突变。我认为，这就是"一人得道，鸡犬升天""一子出家，九族升天"的真正意涵。因为家族的生活、饮食习性，乃至处事态度的性格偏向，都会形成整个家族的共同命运。家族的习性往往盘根错结、积重难反，苦口婆心劝家人改变，不如自己好好修炼。在"干父之蛊""干母之蛊"之前，先立定脚跟，改变自己，才有机会改变整个家族的基因。这就是气能量共振所形成的"蝴蝶效应"。

东医学是强调"动"的医学，东方属木，主震，震为动。《易经》震卦象传说："君子以恐惧修省。"象传说："出，可以守宗庙社稷，以为祭主也。"所以，自我修省的功夫才是继承家业的根本功夫。通过气机导引修身养性，不断改变自己，让自己脱胎换骨，把力不从心的"怒"，提升转化为奋发向上的力量，让"肝气郁勃清且长，罗列六腑生三光"(《黄庭经》)，才是根除家族习气，长保家道兴旺的积极手段。

肩落胯松拟霜起 手坠足轻映雪 气贯涌泉透成根
身转运绵若水 行住坐卧皆安定 体正神宁虚入髓
肩落胯松拟霜起 手坠足轻映雪 气贯涌泉透成根
身转运绵若水 行住坐卧皆安定 体正神宁虚入髓

第三章　系列功法

第一节　攀足松身

【原理说明】

手脚就是运动器材

　　人体老化，其实就是组织细胞粘连的过程。组织粘连，身体灵活度降低，身心健康都会大受影响。现代人普遍运动量不足，年纪轻轻就因长期缺氧而导致身体僵硬，并引起诸多后遗症，故消除身体僵硬是本套功法第一要务。

　　"攀足松身"是借手、脚的互动，以交叉对称的延伸作用，拓开肩背与夹脊，从手、脚、脊椎的放松，帮助全身放松。此动作虽然是气机导引的基本松身动作之一，动作简单，但功夫藏在不断练习的过程中。唯有一步一步亲自操作，才可经历身体空间的层次变化之妙。

　　初学者因为身体僵硬，加上呼吸短促，即使很简单的动作，也会备感吃力。同时，因为呼吸与动作无法协调，又会造成挫折感。所以，提醒您先不必要求做到一定的角度，否则会造成肌肉紧张，只需以动作配合呼吸，慢慢增加呼吸量。呼吸是自主性的动作，长期有意识地训练动作与呼吸的操作配合，呼吸就会渐渐增长。呼吸增长，身体也比较容易放松，两者相辅相成。长期不运动，窝在电脑前，胸腔受到压迫，呼吸就会越来越短促。呼吸短促，气血循环不佳，又会造成组织粘连与身体僵硬。

　　从"攀足松身"开始的良性循环，身体将进入高纳氧的状态。先逐一松开每个关节，再导入筋肉、脏腑之间的充氧训练。久而久之，再以其他动作补足机体耐力，使脊椎做大幅度的深层运动，脊椎挺立，肺活量变大，整个人都会改变。

"攀足松身"分别通过身体两侧与对角线放松延伸，配合呼吸的作用，可以按摩肝肾区域，并疏通肝经、肾经、胆经等经络。因此，动作重点不在手、脚用力，而是让夹脊、肩背拓开。此外，脚踝能否放松，也会影响动作的执行。踝关节的灵活度，攸关人体平衡的机制。脚踝能放松，膝盖就不容易受伤。很多人容易扭伤脚踝，是因为脚踝内、外侧韧带不平衡。每次运动之前都可练习"以手旋踝"功法，借由顺、逆时针旋转脚踝，帮助踝关节附近的肌肉与肌腱放松，以此调整脚踝四周的韧带，避免踝关节僵硬导致反应不足，及早预防到老年时滑倒。

做法

1. 端坐，左手抱腿，右手旋踝，自然呼吸。左右脚顺逆各转36次。

图 1-1　　　　　　　　　　　　　　**图 1-2**

2. 吸气，右手攀足，伸腿转脊，吐气时收回。左右脚各做12次。
3. 吸气，双手攀足，吐气收回。左右脚各做12次。

图 1-3

图 1-4 　　　　　　　　　图 1-5

动作要诀

1. 如图 1-1 动作时放松左肩胛，左腿抬高，以顺逆时针方向旋转脚踝。
2. 如图 1-2、1-3 动作腿延伸时，脊椎尽量旋转，手、脚皆要打直。
3. 如图 1-4、1-5 动作腿放松延伸打直时，脚尖下压，尽量打开两肩胛骨，拓开夹脊。腿收回时，两手扳住脚尖往后扣。

【课程综合摘要】

手脚的根部在肩胯

"攀足松身"是从踝关节开始调整身体的角度，同时训练身体的整体协调能力。不论单手还是双手攀足，都是借由将脚抱进来再放松延伸出去，训练脊椎开合、压缩的能力。许多初学者脚无法打直，那是因为肩胛、腰背无法放松，身体的协调度不够。练习一段时间后，这个动作着重的就不是脚能否打直的问题了。因为肝经循行于脚上，脚一放松就可疏通肝经，脚缩抱进来就会压缩肝脏与腹部。身体更放松时，吸气吐气都会深及肾脏。

内脏与四肢锻炼的功法都要有身体根、干、梢的思维，最终都要开发身体的根部，才能动到内部经脉，而从四肢百骸与内脏的锻炼，渐渐提升至气功的锻炼。因此，腰胯与肩胛的放松拓开，具有关键的意义。腰胯会影响丹田的开合，肩胛会影响膻中的开合，因为腰胯主宰命门下行气，肩胛主宰夹脊上行气。肩、胯不松,身体境界就无法往上跃升。因此,"攀足松身"在压缩肝脏、促进静脉血液回流的过程中,也包含开发肩胛与胯的深意。

粘连与老化

老化的过程就是粘连的过程,人一出生,身体组织器官快速成长。成长期之后,生长速度趋缓,基础代谢率降低,浊气与废物的排放功能就比吃什么还要重要,尤其在食物供给无忧的富裕社会。根据德国的统计,现在需要排除废物的人比需要吃更多营养品的人高出98%。倘若浊气代谢不良,就会从浅层细胞到深层细胞形成酸化,肌肉无力,导致关节萎缩,机体粘连,造成整体的机能退化。例如最扰人的冰冻肩、五十肩,就是肩关节粘连造成的功能退化。

全身关节都会粘连,但肩关节粘连最麻烦。粘连本身不会导致疼痛,但在受到压迫或活动时拉扯,就会疼痛难忍。而肩关节又是人体活动量最大的区域之一,因为肩关节是通过肌腱连接肌肉与关节,不像膝盖需要韧带固定运动操作的方向,所以肩膀灵活,运动量很大。

此外,腰部髋关节粘连是人体最容易发生、却最难觉察的。老人跌倒通常跌断大腿骨,伤到髋关节,就是因为粘连导致反应迟钝,一旦跌倒,所有重量集中在髋关节,加上骨质疏松的问题,就会导致髋关节错位,再影响到脊椎与内脏。

粘连不只发生在肌肉,还有韧带、关节软组织乃至脏腑神经。人体常因缺氧引起乳酸与二氧化碳在体内淤积,导致体质酸化。当身体堆积过多酸水,将细胞间质撑大,慢慢形成水肿,使肌肉无力,关节骨骼的活动也受到影响。肌肉骨骼会设法自救,但结果却形成了粘连。组织粘连又会阻碍气血循环与排毒机能,产生更多酸化的恶性循环,老化于焉形成。所以，解决老化问题就必须解决气血循环问题，而循环要畅通，必先排毒。淋巴是人体最重要的排毒组织，组织粘连，淋巴排毒的功能也会减低，因为心脏搏动收缩时，微血管会溢出相对的血浆。血浆和血管外的组织结合成组织液，再进入淋巴管成为淋巴，故血管所到之处都有淋巴。淋巴通过淋巴管输送到颈部、腋下、鼠蹊三大淋巴结组织进行过滤后，注入静脉，由锁骨下静脉回到右心室，再与肺脏吸入的氧气结合，从左心室循环而出。

因此，心脏搏动收缩所释放的血浆量与身体的粘连程度成反比。粘连越多，浊气排除越困难，新陈代谢的效率就会降低。当人体操劳过度，毒素在体内累积太多，就会加速老化。充足的休息与深层、放松的运动有助于淋巴排毒，活化细胞再生的能力。"攀足长筋"系列功法即可帮助肝脏解毒与淋巴排毒功能。

第二节　四梢旋转

【原理说明】

舒筋养肝先松开末梢关节

末梢神经退化与血管阻塞，是人体老化、气血衰退的征兆。末梢循环不良，所以很多老人的脚趾一捏就疼痛难忍。气血能到末梢，就有利于回流心脏，故而末梢的刺激与放松，关系周身气机的循行功能。头发是血的末梢，舌头是肌肉的末梢，手指、脚趾是筋的末梢。肝主筋，筋放松，才能反作用于肝脏系统的良性循环。手脚末梢的敏感度对肝脏与气血循环都非常重要，因为肝没有痛神经，当手腕、手指、脚踝、脚趾、腹部、夹脊等区域在动作中受到压缩时，肝气也同时受到压缩共振。"四梢旋转"即是以手脚成四方形依序旋转画圆，使重心平均落在四肢末梢，借由压缩的原理，让肝血、气机共振到末梢神经，促进身体末梢气血循环与排毒代谢，加强手足协调的灵活度与韧性，并改善痛风患者的症状。

旋转时重心从右涌泉→左涌泉→左劳宫→右劳宫四个点或反向依序缓慢移动。动作中，重心转落到两脚涌泉时，尽量让脚跟着地，并将肩背放松，两手打直贴住地面，以增加末梢刺激的角度。脚跟离地时，重心移经脚尖、脚趾和涌泉，以压缩涌泉。此动作亦可带动髋关节、肩胛骨与腰椎、脊椎的旋转运动。但此功法之诉求在刺激末梢穴位，故身体关节的旋转不必太过刻意。

蹲姿容易促进排便，通过撑开臀骨、落胯，让气下降，自然会用腿力挤压腹部，刺激腰荐神经，促进排便。西方人将这种"蹲下时两脚底平贴地面，后脚跟不需抬起"的蹲姿命名为"中国式蹲法"，因为自从坐式马桶流行之后，很多西方人已经无法蹲下。医疗人员也发现，无法蹲下的人几乎都有腿部疼痛、膝盖疼痛、腿部抽筋的问题，甚至造成晕眩、失去平衡感等问题。其实蹲姿对健康的好处不止如此，身体僵硬的朋友，正可借此动作慢慢矫正。刚开始先求手脚与身体各部位关节的协调放松，还不必严格要求臀部往后落时脚跟着地。初期在某些角度上难免感到困难，因而有用力之感，旋转的幅度也比较小。待身体渐渐协调之后，转幅会增大，四个点的平均压缩力也随之增大。必须特别注意的是，当重心移到单手劳宫时，身体重心会往左或右前方倾斜，若旋转幅度太大，手腕脆弱的人，容易伤到手腕。

做法

1. 蹲落，两手两脚成正方形，两脚打开，放松髋关节，依顺时针方向循序移动画圆。
2. 顺转 12 次，再逆转 12 次。

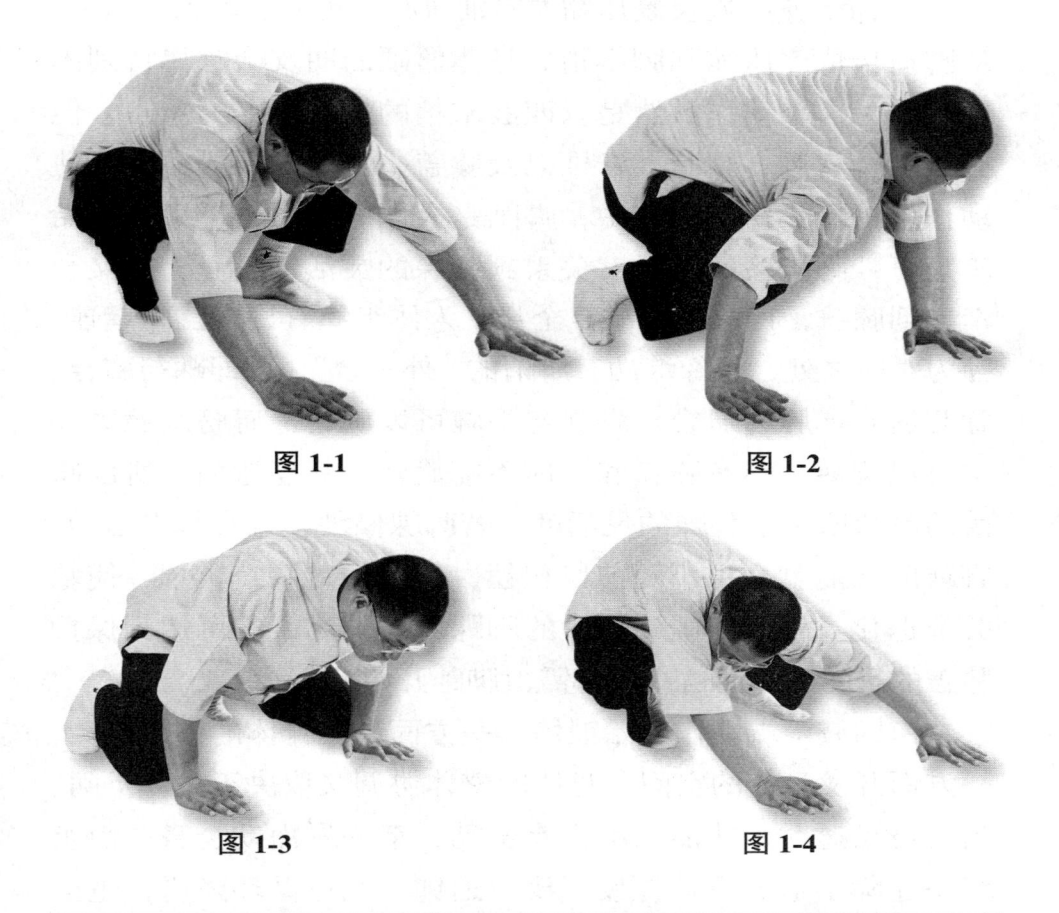

图 1-1

图 1-2

图 1-3

图 1-4

动作要诀

1. 旋转时，尽量牵引到背部关节，故肩背、腰胯都需保持放松。
2. 转动脚踝时，小腿肌腱会酸，这是正常的。

【课程综合摘要】

脚趾是人体的根本

"四梢旋转"在反复压缩左右涌泉时，也会连动到脚指头，从脚拇指依序压缩到脚小指。身体僵硬的朋友会觉得特别困难，因为这个动作虽然是以四肢末梢的旋转压缩为重点，但必须配合肩胛、腰胯、脊椎以及膝盖、脚踝的放松，才能使动作保持操作协调。其中，脚趾是人体的根本，千里之行始于足下，脚指头的灵活度关系到脚踝的灵活度，而脚踝又会牵连到膝盖，再逐一影响至全身。人体组织有许多互相牵连、互为对应之处，就像练功有所谓的"外三合"，亦即踝与腕合、膝与肘合、胯与肩合。脚踝与手腕可以旋转，肩膀跟髋关节也可以旋转，唯有膝盖和手肘不能旋转，只能弯曲，所以膝盖的灵活取决于脚踝的灵活度。若脚踝僵硬，日常行走运动，脚踝的功能就会由小腿前肌代偿，连带加重膝盖负担，使膝关节退化。故"四梢旋转"的脚踝放松训练，亦可达到保护膝盖的目的，然而这一切都需由脚趾开始。

由四肢末端动作开始锻炼，一方面训练身体的整体协调，一方面开发身体的空间，身体的整体协调又取决于身体空间。当全身松透时，才能一动无有不动，牵一发而动全身。而组织粘连除了造成身体僵硬、反应迟钝、气血循环障碍，也会影响呼吸的品质。很多朋友问我：怎样练呼吸才可以让气吸得又深又长？我的建议还是从动作锻炼、拓开身体空间入手。所谓身体空间，不只是肌肉、关节的空间，还包括毛孔之间、皮肉骨之间、经脉之间的全面开展。所以松无止尽，有形的身体要松，无形的意识亦需要放空。"四梢旋转"虽然是入门课程，但却指向更深的动作层次，其中的火候需要读者各自努力，也需要耐心等待。

气功不可能速成。一条腿没有力量，要练到有力量至少需要三个月；练到膝盖走路不痛，起码要半年；练到动作熟练、身体有松的感觉，至少要两年；要练到不必想，动作自然而然做出来，起码五年。层次不同，身体的成熟无法躁进，就像孩子的成长急不得，必须等待。

去浊存清，促进静脉血液回流

一般的观念是运动可以增加气血循环，使心脏搏出的血液量增加，其实这是错误的。因为人体血液有70%在静脉，30%在动脉。若要增加血液搏出量，把大量新鲜血液送给组织细胞使用，心脏势必要加速收缩，使呼吸急促、心跳加快，同时也会产生更多浊气。浊气会随着血液进入淋巴管，跟淋巴结旁边的组织结合，慢慢形成对身体有害的组织。所以，运动对血液循环最重要的功能是促进静脉血液回流，进行代谢交换清浊。因为静脉的弹性较差，必须通过运动与呼吸增加压缩功能，才能帮助静脉血回流。因此，我们反对会使呼吸急速、心跳加快、大量消耗的快速运动，因为这种运动只有短期增加肌肉与力量的可见效益，无法蓄积能量，回补元气。很多朋友年轻时是运动健将，人到中年却因身体肥胖、僵硬，导致快速退化，不得不重新寻求可长可久的缓慢运动。气机导引强调缓慢松柔不用力、减少热量燃烧的低能量运动，以及呼吸慢匀细长的低频率、高波长的运动原理，动到身体深层组织，减少乳酸生成，增加氧气与二氧化碳的交换，因为有氧运动可制造较多的人体动能ATP（腺苷三磷酸）。就以"四梢旋转"为例，此动作运用螺旋的运动原理，因为螺旋会产生高低落差，加上离心率，所以是最省力而动能最大的运动。练习者轻轻一动即汗出如浆，只觉得动及深处，但脸不红、气不喘，做到身体放松、动作协调时，配合呼吸，身体节奏轻摇荡漾，甚至有催眠的效果。

第三节　攀足长筋

【原理说明】

活化肝肾气机，利通下行气

"攀足长筋"是本系列功法的代表性动作，结合"十二段锦坐功"与"托天功"等古法，再参考道家养生呼吸法，将十二经脉与奇经八脉的练养概念熔于一炉，通过动作、呼吸、意识三重作用，专练肝肾气机，兼及松筋健骨、调整身形。

肝主筋，肾主骨。筋骨僵硬的人，肝肾功能通常也有问题。筋就是肌腱韧带与血管的总称，分布在全身。人体需靠筋拉动关节，才能执行各种动作。筋骨灵活者，必然肢体矫健，因此筋的放松，是肢体锻炼的重要课题，但松筋并不等于拉筋。练武的人都知道，力藏于骨，劲藏于筋，用人为方式把筋拉开，如橡皮筋失去弹性，筋就无法蓄劲，人体瞬间反应的能力会下降，连同肌肉、骨骼的力气都会受损。而且，由于身体的代偿作用，也会阻碍其他关节的活动空间，因此我并不主张过度拉筋。"攀足长筋"通过气机作用活化肝肾气机，使肝脏血足，濡润于筋，让坐骨神经、腰椎、脊椎两旁因长期缺氧导致僵硬的肌肉组织群重新充氧。同时，也通过合乎人体工学的方法调整身体操作的惯性，让全身关窍均衡放松，是一种良性的筋骨对话。这跟拉筋的诉求是迥然不同的。很多朋友原本手指、脚趾距离在二十厘米以上，通过练习，很快就可以轻松弯腰以手触地，从身体磁场的改变得到许多意外的收获。

"攀足长筋"的动作执行，是借由两手握拳吸气、脚趾内扣、命门前顶、两手沿耳际推挤而上，令先、后天气机交汇于下丹田，对肝经进行压缩，帮助肝动脉充氧。过程中配合大量呼吸，使肺中的气体进行彻底交换，可促进肺金生肾水、肾水生肝木的良性循环，故此动作需在呼吸上多下功夫。慢匀细长的呼吸可将内气引进肾脏，对肾脏附近造成气机的压缩、共振，强化肾脏的排毒功能与纳氧量，并强化肾阴，活络腹部太阳神经丛。若有失眠、耳鸣、容易疲倦、晕眩，都是肝阳上亢的症状，练习此功法，很快可获得改善。

动作中意守命门，可促进下腹腔能量，加强气在命门的共振效果，对肾脏造成压缩，令血归于肝脏，并导引到脚底的血液循环与脉管外的卫气能量。意守命门，亦可作用于带脉，帮助肾脏气血与内分泌的调节机制。两手往上推举时持续吸气收缩小腹，可强化丹田气机，因小腹是静脉血液汇聚之处。吐气往下压缩，可收缩膀胱与肾脏，将浊气压缩出来，并有助于气归胆经。人体气机是循胆经、膀胱经与胃经上大脑，主要行于胆经。以劳宫接于涌泉，可促进心肾相交，在行周天、河车运转时，具有关键的意义。以两手拍打膝盖，可刺激膝盖气血循环，利气下行，防止膝关节退化。

本功法要求身体前俯，以劳宫接于涌泉，这是初学者最感困难的部分。一般筋骨较僵硬的人未经锻炼，连两脚打直、端坐于地都有困难，此因腰椎无力、髋关节僵紧所致。髋关节位于躯干与大腿之间，其中有人体最强壮的大臀肌，可惜很多人在肢体活动中不懂得利用髋关节，常将力量往上移到腰椎、往下移到膝盖，故腰椎与膝盖容易受伤。此动作借由命门前顶，让腰椎打直，同时因为两脚平伸，重心会移到坐骨，如此，背部筋骨、肌肉将会保持力量均衡的自然状态。身体前俯的动机在髋关节，而不在腰椎，再通过呼吸与动作的配合，进行身体的协调操作，久而久之，失去平衡的部位即可慢慢调整过来。

做法

1. 端坐于地，两腿伸直与内肩同宽，脊背打直，双手置于膝盖上。
2. 往腹部吸气，两手握拳，手肘往后扣，同时脚趾内扣、脊椎打直、百会上顶、命门前顶。吸气满丹田，闭息三秒。
3. 提会阴，缓缓吐气，两手握拳经两耳往上推举至手臂，脊椎打直、下巴不动。接着舒指、坐腕，掌心往上撑托，将脊椎持续往上拉开。此时吐气才到一半。
4. 继续提会阴吐气。脊椎与双手成一直线，上身前俯延伸至劳宫碰触涌泉。此时将气吐尽，并尽量收缩丹田。闭息3～6

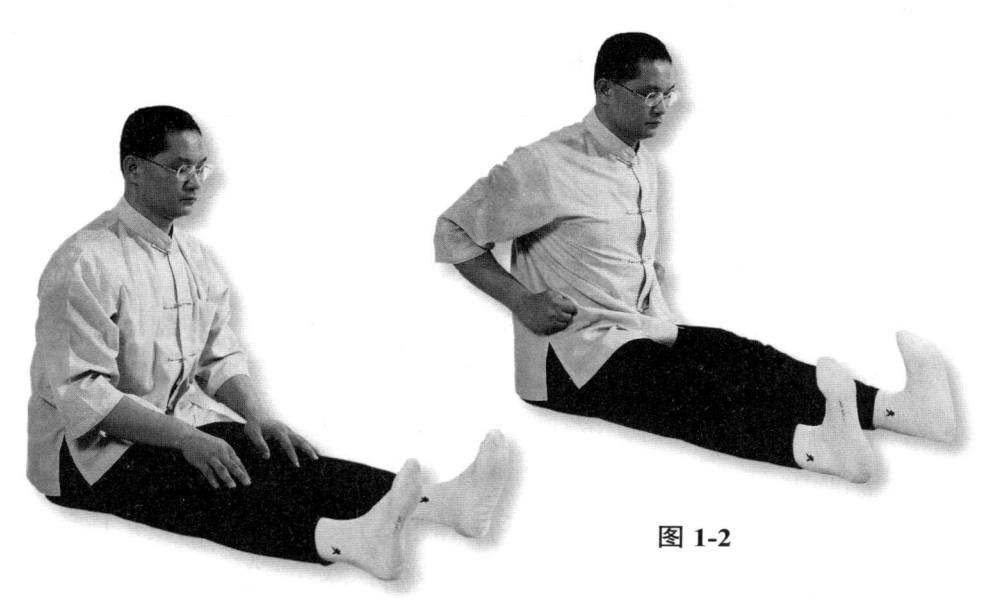

图 1-1

图 1-2

秒后，将身体缓缓挺起，双手掌滑回膝盖，全身放松，自然调息。

5. 两手提肘拍打膝盖3次。如此是为1次，反复做36次。

图 1-3

图 1-4

图 1-5

图 1-6

图 1-7　　　　　　　　　　　　　图 1-8

动作要诀

1. 功法最初以动作的学习为主,以动作配合呼吸,意守命门。需注意"五极四顶"的原则,"四顶"是指:(1)脚尖扣顶;(2)手肘扣顶;(3)百会上顶;(4)命门前顶。"五极"是指:(1)吸气至极;(2)吐气至极;(3)手延伸至极;(4)脚放松延伸至极;(5)弯腰至极。

2. 刚开始用顺腹式呼吸,再渐渐过渡到逆腹式呼吸。若顺腹式呼吸尚未熟练,就直接练习逆腹式呼吸,反而会造成胸闷。此动作配合呼吸训练,将有深层的肢体成就。此动作在1息之内完成,中间配合调息。这是刻意的呼吸训练,每次至少做36息,再渐增至108息或更多。

3. 在第二阶段的呼吸训练时,吸气提会阴缩小腹,两手过耳际上举时继续提阴缩腹吸气,把气挤压到背部。吐气时腹部、会阴放松往下压缩,将身体自然推出去。练到纯熟时，身体起落全由呼吸带动。攀足长筋的呼吸练习顺序为：（1）顺腹式呼吸；（2）逆腹式呼吸；（3）意守玄膺，搅赤龙、吞津液。但需配合身体条件的提升逐步推进，无法躁进。
4. 有类风湿性关节炎或急性腰椎间盘突出患者，若正在发炎状态，动作需更缓和，从少量锻炼递增，或暂时休息。慢性患者则无妨。

【课程综合摘要】

不要拉筋

人体有一定的比例，而大椎、两肩胛、两胯是人体保持平衡的五个定位点。人体平衡，气场就会平衡，很多身心健康的问题即可以获得改善。运动主要借延伸、松开调整这五个点，以保持人体自然比例的平衡。"攀足长筋"是借由髋关节的放松，让背筋、肩胯与大椎延伸放松，使两手轻松搭住两涌泉。这就是人体的标准弯度，再往下弯就是过度运动。过犹不及，只要感觉全身没有一处卡住，那就对了。

我们强调放松，反对拉筋，因为身体僵硬是筋跟骨的关系，况且肌肉纤维只能收缩不能延伸，而筋的僵硬通常是肝功能有问题。通过肝肾经脉的疏通，可以有效松开筋与肌肉的僵紧，这才是王道。力藏于骨、劲藏于筋，人体瞬间反应的能力要靠筋，拉筋过度会失去弹性，同时也会拉伤肌肉，造成肌腱慢性劳损，阻滞气机，无法蓄劲，让身体失去力量。运动是为了松开关节、绞开粘连，加强气机作用，以维持人体机能。身体松，内气才能充盈，不用力才能引气，所以动作要伸而不撑，刚好到达顶点，却保持放松状态。

"攀足长筋"可使背筋松开约十厘米，当肌肉肌理、血管微血管增加十厘米左右，可想身体会产生多少改变。尤其一般人脊椎两旁的肌肉比较僵，肌肉长期缺氧，刚开始动，一定会有强烈的酸、麻、疼痛等感觉，但很快就会适应。初学者手碰不到脚，常会不自觉地弯曲膝盖，必须维持两脚放松打直，才能达到训练的目的。

经历蜕变的过程

绞开身体的粘连，一定会产生疼痛现象。通过"攀足松身""四梢旋转"等动作让筋骨放松，再做"攀足长筋"，就不那么辛苦。有些人做完"攀足长筋"之后会觉得腰部酸痛，如果两三天可以复原，那就是运动引起的酸痛。倘若原先就有病痛，动作后产生的疼痛就需要较长的复原时间，因为旧伤被拉开，组织必须重新愈合。如果运动到某个特定角度会感觉不舒服，表示该部位有问题，某些医生会警告患者保持不动，我的看法是继续保持缓和的运动。因为缓和的运动反而比静止不动更容易代谢乳酸，虽然会带来短暂的疼痛，却是组织再造、细胞重生唯一的方法。"气机导引"大部分动作比弯腰扫地、洗衣、洗碗更为缓和，除非太过急躁猛烈，否则只要是有意识的本体动作，保持放松，就可以避免运动伤害。

练身体一定要学习面对酸痛，否则身体就会避开引起酸痛的动作，产生无意识的代偿反应，造成身体的偏向。鞋底下若有一个小石子，走路时身体就会启动各种代偿反应以避开它，过不了多久，全身包括五脏六腑都会出问题。然而发生问题的部位往往并不感觉疼痛，因为身体会避重就轻。练功是让身体逐渐趋向平衡的过程，必须刻意挑出问题，直接面对。过去因为旧伤附近的肌肉组织比较脆弱，拉扯的力量比较小，所以不会感觉疼痛。练功之后，当组织越来越强壮，一动起来拉扯的力量变大，旧伤就更会被拉开。而且，随着身体感觉神经的觉知越来越敏锐，身体动机越来越深，酸痛的部位会越来越深层。

通过"攀足长筋"让身体松开，去感觉动作带来的身体变化，以及筋放松、再重新缩回去的功能性感觉。很多人无法下腰以手触地，或盘腿有困难，我其实有方法让大家轻易做到，但未必有意义，亲身经历整体协调改变的过程，包括酸痛的变化，这种自我面对的态度，通过实践得到宁静的升华，才是真实的力量。所以我们强调松柔，却没有绝对标准的松，只需在自己的条件上以松柔为目标，让身体空间加大、灵活度增加。当身体的松柔度增加十厘米，整个人的磁场都会改变。磁场、气场改变，DNA（脱氧核糖核酸）就改变，命运也随之改变。

脱胎换骨

只要大脑及感觉神经正常，那么练功一辈子都免不了要面对苦痛，因为练功的目地是促成身心的质变，自然要面对不断的破坏与建设，如蛇蜕皮般的煎熬。松无止境，破除身心的僵硬执着，是一辈子的功课。因此，从无可回避的肉体酸痛到灵魂深处的磨难，都要选择面对，甚至主动出击。然而那是有觉知的疼痛，不是被动的被病苦操纵、受疼痛折磨。

身体在疼痛发炎时会产生组织痉挛，若持续保持缓和运动，就会逐渐松开，虽然可能产生更剧烈的疼痛，但一定会复原。先经由伤处的复原，再使之强壮，伤口越深、复原所需的能量更强，时间也越久，跟长茧一样。肌肉关节受伤后的复原，必须学习与周边组织的协调与平衡，否则，面对紧急的肢体变化时，就会导致刚复原的伤口再度拉伤。人体的六十兆细胞是依据身体使用状况分配资源，例如，原先的关节只需三匹马力，现在需要十匹马力才拖得动，身体神经组织就得发展出十匹马力的力量。人体的破骨细胞随时会将老旧骨细胞吃掉，再由造骨细胞一层一层补满新生细胞。平均四年，全身骨骼会重新更换一次，这种整体性的平衡协调与强壮，就是脱胎换骨。练功的人不怕疼痛，因为知道那是正向的，可以让自己不断增长能量。肉体的痛都不怕了，人生也就没什么好怕了。当身体不再依赖分泌内啡肽避开痛苦，每一分钟都活得清楚明白，动作就可以放松自在，这种能从苦痛中咀嚼甘甜滋味的逍遥至乐，就是观自在菩萨。所以，我们在西藏看到修行人不断通过苦行，好让自己保持清醒。

不过，椎间盘突出也许是多年的生活惯性日积月累造成，练功虽然有帮助，但必须彻底改变惯性，把原本会导致残废的因逆转过来，这才真是脱胎换骨。所以，练功产生的身体自觉，改变惯性，再通过强化周边组织，就可以扭转健康状态。

这就好像杀人放火的盗匪虽已痛改前非、及时为善，但已经种下的罪业照样要受审判，无法逃避。身体的逻辑完全一样，练久了还是会痛，怕痛不敢练，就回到原来的模式。身体的对待是现世报，个人造业个人担，会痛多久，那是各人的业障。一座冰山花多少时间结冰，就要花同样的时间溶解。埋因越久，果报越久，这是天理。但人生一定要有不怕犯错的胆识，也一定要有勇于改过的智慧。君子豹变，大人虎变，要脱胎换骨，就要敢于革自己的命！

练出抽提劲

"攀足长筋"的呼吸训练从顺腹式呼吸过渡到逆腹式呼吸

后，鼻呼吸渐趋希微，改成意识作用的鼻根吸气，使后天呼吸停，先天呼吸行。动作配合一吸便提、一吐便咽，吐气时以内气带动身体往下压缩，将气压缩到涌泉，这便是"抽提劲"的基本训练。这一步功夫要能自然上手，必须配合鼻根呼吸的静坐练习。静坐的根基扎稳，动作中才能无念，若还有念头，就还有鼻呼吸的概念，得按正规的方法操作，否则会造成憋气，而且永远也学不会。古人养心必先炼气，因为气跟着意识走，不跟着念头走。所以说，"无听之以耳而听之以心，无听之以心而听之以气"。"无听之以心"就是不用大脑想象，要听气的直接作用。

　　功夫的火候不足，就老老实实、按部就班，务必先打稳基础，否则自以为是的揣摩想象，往往徒劳一场。气功是无法单靠想象揣摩的，气的功能现象会直接出现在身体上，经过长时间的累积，从渐悟到顿悟，刹那间心领神会、豁然开朗。气是感应，不是推理，更不是想象。气不能思、不能学，只能体悟。若没有体会，就回过头从基础开始，先把身体的内部管线练出来。

　　呼吸与交感神经、副交感神经有关，交感神经、副交感神经与脑波的作用有关，脑波的作用又与情绪、忧郁症、躁郁症有关，通过呼吸与动作调整脑波，这是肢体动作的药性作用。气主骨、血主肌肉，有气血肌肉骨头乃有人身，气入骨髓，血通涌泉。练功时需配合一吸便提、一吐便咽，收提会阴才会让气聚到筋骨，气聚则血盈，让气循会阴、督脉而上，炼气入骨髓。若会阴无法收提，就无法气达末梢，遑论通任督。所以，体力较弱、元气亏损的人要先练回基本的身体强度，然后才可能开始练气功，否则就跟虚不受补的原理一样。一般人常将呼吸训练误以为就是气功，甚至很多不明气功原理的医生也会叫刚开完刀、体力衰弱的病人练气功，其实应该是练呼吸才对,否则就与叫穷光蛋理财一样。气虚就要先恢复肌肉的强度与呼吸功能,让身体成为能量的容器。气足而可以用,才有可能产生气的功能现象。

第四节　交叠松身

【原理说明】

借腰椎与坐骨的旋转按摩下腹腔

"交叠松身"与"盘腿旋腰"原本同属十二段锦坐功当中一个旋转脊椎的动作,我将之拆解为二,以深化其动作效益。

"交叠松身"可单独操作,亦可接在"攀足长筋"动作之后,作为缓解初学者因反复操作"攀足长筋"导致的腰背酸痛不适之感。随着身体空间的渐次开展,操作"交叠松身"时,两手与膝盖的距离越来越靠近,旋转的幅度越来越小,旋转的深度越深,最后可将两手撑在两脚涌泉上(可参阅拙作《太极导引·新身体空间》)。

"交叠松身"是通过双腿交叠,两手放松打直,以后脚膝盖为圆心,借腰椎、坐骨的旋转,带动下腹腔与脊椎做深层、大角度的运动,以利通下行气,同时按摩肝脏、肾脏、膀胱及泌尿系统,并舒展腰臀,活络命门与夹脊。动作过程中,髋关节与肩胛骨务必放松,才能加深动作的效益。往后旋转画圆时,髋关节放松,臀部往后坐,旋转时才能划过两脚脚跟,以延伸脊椎,增加下腹腔与肝区的压缩。往前画圆时,肩胛骨放松,旋转动机才可深入夹脊。动作需配合呼吸,往前旋转时吸气,往后旋转时吐气。动作要慢,身体要松,呼吸要深，心要静。须知争强好胜、个性急躁，正是肝脏保健的大忌，剧烈运动尤其不宜。

此动作可使腿部筋骨僵硬者恢复松柔，有助于肝炎患者自我保健，对纾解腰背及腿部僵硬、疼痛、胀麻等现象，有明显的功效。两膝交叠，由尾椎带动身体的旋转，有助于调整髋关节与脊椎的不平衡。两手打直撑在地上，可促进末梢气血运行，预防冬天四肢冰冷。因四肢冰冷无法入眠的朋友，可在睡前做"交叠松身"，让身体暖起来。寒冬早上，先在被窝里做几次"交叠松身"，待身体温暖再起床，也是日常保健的良方。

做法

1. 两膝交叠，坐在臀部上，两手打直，掌心贴地，让脊背放松延伸至极。
2. 以后脚膝盖为圆心，以腰胯带动身体依顺、逆时针方向画最大的圆。左膝在前时成逆时针旋转，右膝在前时成顺时针旋转。
3. 旋转 6 次以后换脚操作。

图 1-1

图 1-2

图 1-3

图 1-4

图 1-5

动作要诀

1. 需注意慢与松的原则。动作中若发现身体两侧松紧程度不同，这是肌肉与髋关节不平衡所致，较紧的一边必须加强练习，以调整髋关节，预防因髋关节不平衡引起的脊椎侧弯。

2. 两手撑地，往前旋转时，尽量用掌根的力量，以免手腕受伤。

【课程综合摘要】

从身体的整合到环境的整合

感官不协调是精神疾病的主要症结。冲突先在自己身上发生，身心内外不协调，就无法协调人际关系，更别提调和人与社会环境、自然环境的关系。很多人都活在各种冲突矛盾中，而练功就是要整合身心内外的矛盾，先整合身体动作，再整合动作与呼吸、呼吸与意识，乃至于动作、呼吸、意识三者的整合。

对于许多初学者来说，两膝交叠而坐的"交叠松身"并不是轻松的动作。若脊椎不正，身体已经失去平衡，坐起来辛苦，动起来更辛苦。但也唯有在这种姿势下保持缓慢的运动，才能慢慢松开腰胯，缓解身体偏向造成的各种不适症状。同时，身体各部位通过动作的协调训练之后，腰胯、脊椎与肩背的整合将越来越顺畅，这才可以进入松与慢的情境。故而身体的整合可以逐渐推扩为身心灵的整合，以及人与环境的整合。在学习过程中，通过身体的改变，带动心理状态与价值观的渐变，并且进越深，累积的能量越扎实，由渐变而突变，最后往上翻跃，抵达身心脱落的顿悟阶段，外在世界的喧哗动荡都不会搅动内在的安定。

这条道路看似高远漫长，但每一步都十分踏实。就以练功者的基本功"气沉涌泉"为例，要做到"气沉涌泉"，需要很多身体条件的配合，例如通过正确的方法，可以松开脚底各个小关节，让脚踝、趾掌保持最大的灵活，不仅让人体气机保持良性循环，而且是练养丹田，让身体境界往上跃升的关键。因为脚底和脚踝反应灵敏，才能巧妙掌握身体变化之机，并在恰当时候分担身体的重量与压力，让气落涌泉成为不思而能、不为而成的自然反应。而气落涌泉，则是丹田养成及产生功能的首要关键。此外，倘若不能开发胯的功能，长期练功或日常活动就会造成膝盖磨损。故初期必须锻炼膝盖的韧性，一段时间之后，则需开发脚底和腰胯的灵活度，学习以胯的松沉开合配合圆裆与脚底的灵敏度，运用身体整合的力量，达到周身轻灵的目标。故"交叠松身"的身体整合训练，可以为松腰落胯、气沉涌泉的训练奠定基础。

第五节　盘腿旋腰

【原理说明】

开发命门与肚脐的气机作用

"盘腿旋腰"是通过脊椎旋转与下腹腔的压缩，以连续性的动作刺激，开发命门与肚脐的气机作用，并按摩下腹腔脏腑，促进身体循环与排泄功能。同时，配合呼吸与意识作用，借由腰胯、肩肘的旋转，带动夹脊的开发，并推气入劳宫，令劳宫与命门、膝盖能量衔接、气机共振，推动后升前降的真气循环。

在肢体操作的层次，动作的角度越彻底，身体的活动量越大。因此，动作要求盘腿时脚踝压到鼠蹊部肝经的区域，脊椎的延伸与旋转必须到达极限，好让转机落在髋关节与坐骨。旋转下腰时手肘尽量靠近地面，好让整个背部从髋关节到肩胛骨都能放松拓开。

对于初学者而言，这些要求都是仅供参考的标准，动作仍以自己的体能条件为准，不必强求。无法盘腿的朋友就先随意坐，从较舒服的角度操作脊椎旋转与腹腔压缩的动作。气机导引的初步学习是以身体空间的开发为主，通过缓慢放松的连续性动作，对每一条血管、肌肉、关节做均衡的持续性刺激，除了促进气血循环，让原本僵硬的部位慢慢松开，同时可调整因为惯性偏向或过度使用而失去平衡的身体组织。

动作中以两手贴住命门，脊椎由百会带领，做极限的延伸旋转。旋转下腰时，手肘需往地上放松延伸，拓开肩背，因身体重量比例之故，如此会压缩到髋关节，髋关节必须放松，脊椎才能延伸至极。再以两手贴住膝盖，用肘关节外侧带动画圆，更可拓开肩胛骨至胸夹脊处。夹脊分胸夹脊与腰夹脊（命门），胸夹脊为胸椎处中枢神经之枢纽，通过这一点的运动刺激，可引动肝、胆、胃部气机。此外，以劳宫贴住命门或膝盖，是以心火之窍接肾水之窍，可促进心肾相交、水火既济。因为肾主腰腿，其窍在膝，膝关节附近有委中、委阴、委阳等穴位，肾脏气机从腰到腿，必须经过膝盖，才能共振到脚踝、脚底。所以，膝关节的养护非常重要，它是气往脚底末梢运行的重要关窍。

"盘腿旋腰"是以盘坐姿势进行旋转脊椎的运动，对于筋骨僵硬的初学者而言，盘腿静坐必须面对腰酸背痛的考验。因此，"盘腿旋腰"可作为静坐的前行训练，通过缓慢的动态训练，让背部肌肉充氧，开发肌肉弹性，可减缓因气血阻塞，或背部竖脊肌因长时间过度紧绷造成的腰背与大腿酸麻。最后再由动而静，进入静坐的世界将更加容易。

做法一

1. 单盘，全身放松，脊椎打直，两手搓热，贴住命门，由腰椎带动胸椎、颈椎旋转至极，脊椎往前往下延伸至极，继续旋转至极，再缓缓起身。

2. 反复 12 次之后，换脚操作如上。

图 1-1

图 1-2

图 1-3

图 1-4

图 1-5

图 1-6

图 1-7

做法二

1. 动作要领如做法一，但两手搓热后贴住膝盖，俯身下弯延伸时，两手肘尽量放松张开往地面延伸。
2. 反复 12 次之后，换脚操作如上。

图 1-1

图 1-2

图 1-3

图 1-4

图 1-5

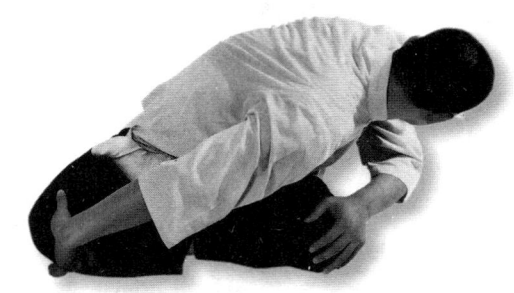

图 1-6

图 1-7

动作要诀

1. 左腿单盘时，由右向左旋转；右腿单盘时，由左向右旋转。

2. 盘腿时脚踝尽量压到鼠蹊。身体往前下弯时，腹部放松，压缩腹腔，脊椎尽量打直并往前延伸。
3. 保持自然呼吸，动作宜缓宜慢。
4. 动作过程中若能进入身松、心静的状态，就能体会动作与呼吸配合时，微量气机在人体循环共振的作用。换言之，当手心贴住命门或膝盖时，手心的能量会与命门、膝盖相接。初学者对此现象虽然无法感知，但其作用仍在，知难行易，只要如法实践，即可受益。

【课程综合摘要】

练功的瓶颈

练功可以养生保健、修炼身心，但无法治愈癌症，甚至练功一样无法免除癌症。因为癌症不是病，是基因突变，包括家族的生活、饮食习惯与个性的遗传都有影响。练功顶多减少患癌的概率，已经尽力了，若还罹患癌症，就当成修炼的机会吧。癌症初期不会痛，因为癌细胞在扩散发展时会阻断感觉神经，直到癌症末期才会感觉疼痛。身体缺氧的地方就是癌细胞最适合生长的地方。缺氧就是气阻，气阻就易产生酸水，引起体质酸化，这些多半来自食物与循环问题，例如油炸食物，身体无法自然代谢，就会找个像仓库一样的地方囤积起来。有一段时间我常吃油炸食物以测试身体的反应，对油炸食物第一个起反应的就是脾胃，吃过油炸食物，第二天一定反胃。脾胃是谷仓，连谷仓都不收的食物，可想有多可怕。身体无法吸收的东西会像漂流木一样乱跑，等它漂到肝脏，麻烦就大了。身体每天都在消炎灭火的状态，劳累过度火就烧上来，再不休息，火上加火就发炎，身体会产生很多自由基。粘连不是只有肌肉骨骼粘连，血管、淋巴与组织间隙都会粘连。一次扭伤看起来好了，可是一做"盘腿旋腰"就痛，因为组织有粘连，医生认为已经好了，事实上没有。动到一个角度，粘连拉开，血液流通了，就会感觉疼痛。所以要动，动到松开，血液进去，才可以把浊气带走。

韧带拉伤，扭到脚关节，软组织会增生，所以一直觉得痛。但是，软组织没有血管和神经，是因为压迫周围的神经产生痛感，代其受罪。所以一部生理学，就是一部人生哲学。与身体对话并不轻松，因为练功过程很多问题会一一浮显。例如，身体的粘连、不平衡，必须通过动作才能觉察。像"盘腿旋腰"左右脚轮流操作，大多数人就会发现自己一腿较松、一腿较紧，这是因为双腿、髋关节、骨盆不平衡所致。较紧的部位动作会比较辛苦，一般的惯性会选择逃避，但必须提醒自己特意加强练习，慢慢调整过来。至于多久可以改善，每个人状况不同，需要的时间也不同，最重要的是改变惯性，截断造成身体偏向的因。所以，身体动作是有效介面，让我们看清自己，不逃避问题，积极改变，练功才有意义，否则就是徒作技艺之末。

因此我认为，身体就是道场，是宗教。《黄庭经》把内脏神灵化，肝、心、脾、肺、肾都是寄居在身体的神。好好供养自己的五脏神灵，会比供养体外的神灵更有意义。现代社会最重要的是静下来，但大家已经丧失静下来的能力，整个社会都害怕静、害怕孤独。一个人潜入水中，明明气还够，但因为恐惧，听不到、看不到，只听见自己的呼吸和心跳，就会让很多人胆战心惊，气也变短了。

练功一定会遭遇瓶颈，这些瓶颈往往不是功法操作的技术问题，而是心性、态度的问题。但瓶颈往往也是改变的契机，人在进退维谷的时候才可以看清自己。我的人生都在十字路口上被逼着转变，在面临选择的十字路口上，有所变、有所不变，就可以激发最大的能量。所以，练功是面对自己，躲起来练，学习让世界遗忘你、让世界失去你，这种人生最圆满。我从小受的训练就是要藏锋，把五根手指头藏在口袋里，连手都不能让人看到。现在为了教学必须在社会上现身，实在是很无奈。"入山唯恐不深"，这是我现阶段最大的考验。

"盘腿旋腰"的动作、呼吸、意识训练

一般入门初阶学员几乎都会接触到"盘腿旋腰"，跟气机导引的所有动作招式一样，此动作也包含丰富的肢体层次，下多少工夫，就可以体会多少。在身体空间的开发阶段，同样要练到肾水上济心火、心火下温肾水的功效。吸气旋转脊椎时引肾水上，吐气时膻中落下，心气往下降。心主气，肾主血；肾藏精，心藏神，心气弱的人思维能力、精神意志都很弱。现在忧郁症、精神疾病患者越来越多，生活饮食习惯、情志偏失造成的肾气、心气受损，导致心肾不交是很重要的原因之一。而心肾相交的过程中，静脉血液回流肝脏的机制是很重要的媒介。"盘腿旋腰"借由旋转脊椎、压缩腹腔，就把促进人体气机与循环作用的功能藏在其中。

所谓"松无止尽"，动作、呼吸、意识都要松，通过动作练身体空间，通过呼吸练心，以意识炼神灵。拓开身体空间之后，练功的第二个目标就是呼吸锻炼。后天之气在鼻，鼻吸气入肺，以后天之气引动先天之气，启动身体内能量，这时候只要身体一动，心就静下来。动中能静，静坐时要安静下来就更容易了。所以，练静在动，对于初学者而言，"盘腿旋腰"比静坐更容易让心安静下来。当动作熟练到不思不想时，

呼吸慢匀细长，运动神经转换成自主神经，精神就可以安定下来。

所有情绪都是组成生命的元素，有快乐的情绪，就有忧伤的情绪。心里有不舒服的感觉时，可以用身体动作去平衡它。心痛用身觉平衡，因为动作可以抒发心理郁闷，所以要养成从身体入手的身心锻炼法。练功是发展身体的感受力，先学会由浅入深地感受自己，再感受他人、感受环境。感受必须置身事外，管理情绪，不被情绪操控。面带微笑、皱眉深思，都是在管理情绪，其实心里没有微笑，也不皱眉头。心不动时，无事不面对、无事有反应，这就需要呼吸训练作基础。但呼吸训练至少需要三年功，此后一层往一层深入，练到用最强的莲蓬头往鼻孔冲水、封锁所有气孔，照样可以呼吸。比较起来，身体动作的学习很简单，呼吸难，意识训练更难。动作训练最终要把动作化为虚无，有动作就有为，有为就无法静心，静心才能借呼吸的调整平衡大脑皮质，调整交感与副交感神经。心静下来才能在绝对专注下产生真正的意识，涤除玄览，此时打坐才能事半功倍。如果心里还有悲伤忧愤，心里的杂质还未除尽，闭着眼睛包着满腹情绪，心无法自在，打坐则属空废时日。所以，要改变自己必须扎稳基础，一步一步分阶进行，不可躁进。

第六节　仰卧攀足

【原理说明】

以膻中、肚脐的开合排除腹腔浊气

现代人的肥胖问题越来越严重，肥胖造成的脂肪肝和心包脂肪，是健康的一大威胁。肥胖通常会从下腹部开始慢慢往上扩张，腹部的弧线越大，内脏脂肪累积越多。当这条弧线扩张到心窝口下方时，心脏就会失去正常的压缩规律，形成气喘或心律不整。防患与解决之道，就是腹腔的去脂训练。一般以为"仰卧起坐"是训练腹腔的代表动作，但"仰卧起坐"主要是用背部腰椎带动身体的起落，前腹的作用反而不大，很容易造成腰椎的过度使用。"仰卧攀足"与"仰卧起坐"的动作外形十分相似，但"仰卧攀足"的施力收缩点是腹部肌肉，而不是腰椎。

"仰卧攀足"是通过身体前侧膻中与肚脐两点之间的收缩开合，使身体呈V字形的开合，对肝脏等脏腑进行深度的压缩与按摩，以加强内脏血管的循环，增进脏腑机能，并将腹中脂肪彻底燃烧，预防脂肪肝。养肝血需令血液回流肝脏，而腹腔附近是静脉血液汇集之处，腹腔收缩的训练，可促进腹腔沉积的浊气快速代谢循环。膻中与肚脐之间又是脾胃所在的黄庭，肚脐属水为坎，膻中属火为离，黄庭收缩，坎离交媾、水火既济、心肾相交，这是练功的主要目标之一。

此外，膻中、肚脐两点之间的收缩开合，就肢体的作用，可锻炼腹肌收缩的力量。在炼气的层次，就是以任脉的收缩开合，为日后的内气结丹奠定基础。不论是腹肌还是任脉的收缩，都是身体开发的必经之路，为通往更高层次的身体成就做准备。而要从肢体层次进入气功的层次，固然有其漫长的过程，但其中至要关键，就在身体的松柔。脑袋里的想法越能放空，身体就越能放松。当"形质之躯"渐渐被"气质之躯"取代，外呼吸渐渐转成内呼吸，再回溯自己的身体改变历程，自然就可以理解本功法的内涵了。

做法

1. 仰卧平躺，躯干放松，手指、脚趾做反向极限放松延伸。
2. 吸气，收缩腹腔，身体相合成V字形，使双手掌贴足背或膝盖。
3. 吐气，手指、脚趾延伸至极，身体缓缓打开落下。

图 1-1

图 1-2

图 1-3

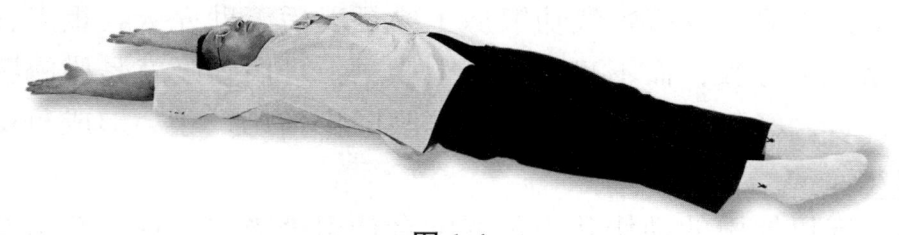

图 1-4

> **动作要诀**
>
> 1. 身体平躺时，全身放松，用意识使手指、脚趾做反向极限延伸，将身体拉展至最长的距离。
> 2. 动作中，脚尖始终保持下压状态。吸气时，借由膻中与肚脐两点收缩的力量使身体收缩相合，此时膻中需往下放。吐气时膻中与肚脐两点拉开，身体张开落下，手指、脚趾往极限放松延伸。
> 3. 由于腹肌收缩需要很大的力量，刚开始练习时，腹部若有抽筋的感觉，这是正常的。
> 4. 身体收缩相合时，身体与地面的接触点只有命门，肩膀和臀部必须离地。

【课程综合摘要】

借内脏收提改变内分泌

"仰卧攀足"通常跟"屈膝抬臀"搭配做交互练习，因为"仰卧攀足"强调膻中、肚脐两点的同时收缩，以腹部的开合压缩强化气血的作用。"屈膝抬臀"强调内气由下往上收缩。两者交错练习，可提升气血的升降功能。"仰卧攀足"主练上横膈往下，为后天呼吸；"屈膝抬臀"主练下横膈（骨盆底肌）

往上，为先天呼吸。气功锻炼主要是以后天助先天，重点在引动先天呼吸，而不只是控制上横膈。丹田呼吸就是横膈膜的开合，必须上横膈膜与下横膈膜同步作用，才会形成丹田的开合。

气机导引的动作几乎都要配合丹田呼吸法，这一套机制可以产生内分泌系统的改变。以"仰卧攀足"为例，通过腹肌收缩与丹田呼吸的训练，可促使脏腑上提归位。内脏下垂是很多中年人的共同问题，例如女性的子宫下垂，除了压迫膀胱，还会使性腺分泌失去平衡。在健康情况下，性腺会回馈脑下垂体，使脑波安定。若子宫下垂、性腺分泌不足，无法回馈脑下垂体，就会使脑波持续亢奋，造成失眠、情绪不稳定等许多更年期症状。所以，通过内脏上提的训练使脏腑归位，可以调整内分泌。神秘的道家回春术，其实就是借内脏收提的功夫改变内分泌，男子会练到马阴藏相，女子练到缩提胞中（子宫）。人体最下层的器官能收提归位，肝脏、膀胱亦能收提归位。《黄帝内经》说"凡阴阳之要，阳密乃固"，当人体的阳气能量不足，有形的组织器官无法对抗地心引力，脏腑下垂就是肉体崩解的先兆。练功可以逆"夺天地之造化"，秘诀就在借脏腑收提改变内分泌。

不过，通过动作、呼吸的训练使脏腑收提，还是基本功夫，更上层的功夫是借意识作用控制五脏不随意肌、内分泌，使内分泌在安定状态下维持正常运作。五脏的激素分泌就是内分泌，内分泌失调的根本原因还在情志，所以发怒会使肝的内分泌失调，紧张焦虑会使胃的内分泌失调。怒、恨、怨、恼、烦会影响肝、心、脾、肺、肾的内分泌。因此，情志的恬淡无为是养生保健的根本大法，所谓"不导引而寿，无江海而闲"，意识的守虚入静，可超越一切有形的作为。

心正乃可以引动脏腑真气

用现代语言来说，气机导引是从动作、呼吸、意识三个方向调整内分泌、开发全脑功能。因为练形容易炼意难，练实容易炼虚难，练拳容易炼人难，所以练功首先重意识，其次是呼吸，最后是动作；但入手功夫当然要从动作训练开始。气机导引功法都有累积性，功夫练几分，身体空间就拓开了几分。通过动作，对每一条肌肉了如指掌，身体内觉知慢慢被开发出来，身体之外的其他领域也会不断地有所突破。不论身体协调、感觉能力、表达能力、聆听能力、形而上与形而下的整合能力，都能有所长进。倘若每周都能保持相同的进步，十年累积，就可以脱胎换骨。所以，练功是养成自我管理的方法。像"仰卧攀足"这种动作，能一个人在家里每天做 36 次，持续半年，身体能量就可以得到整体的提升。练到身体改变，想法、态度都开始改变，不用念佛拜佛，这也是修行。

所以，"仰卧攀足"的动作纯熟时完全是内气的膨胀压缩主导动作的开合，最后要以纯然无杂的意识主导呼吸与动作，以意识作用操控身体内能量。理论上，脏腑是不随意肌，身体的内能量是无法控制的，但唯有心正可以引动脏腑真气，让内分泌保持恒定、脏腑功能健全。意在心先，心在内而意在外，萌而未动者为心，心行于外则为意，诚其意，正其心，故心正则不偏，没有激情，只有朗然如日月之明的觉知。故心正而练功，乃可以杜绝私欲干扰，引动内气，在外呼吸引动内呼吸的过程中，以入带出，以出带入。出是浊气的出，入是正气、清气的入。心正才可以练上乘功夫，所谓"蒙以养正，圣功也"。练功也是"养正"的功夫，从修正身体的偏向，到调整呼吸、调整意识。这是中国练养之术的要旨。

心不正则真气不动，练功引动的也是浊阴之气。疾病有内因、外因、不内外因。内因是情绪；外因是风（肝气）、暑（心气）、湿（脾气）、燥（肺气）、寒（肾气）五种邪气侵夺；不内外因就是DNA遗传，细胞突变。生活有节、饮食合度，才能吸收天地清气。心不正则肝、心、脾、肺、肾浊气上升，生活无所节制，出入往来的场所又通常是浊阴旺盛之处。外邪引诱内邪，内外交煎，火就延烧上来了，这叫作走火入魔。

练功养气越体会到心念的引力，对自己的念头也越谨慎，就如东坡先生的反省："我本修行人，三世积精炼。中间一念失，受此百年谴。"因为心正就引来正气，心邪就引来邪气，心念是一种光，当心中产生某种念头时，周遭的磁场就会产生改变。心正的人会产生人格的自然张力，不出门而知天下事，无为而无所不为。许多高僧大德的所有作为只是敲木鱼而已，木鱼的节奏像秒针一样平稳规律，让心念安下来，无争无为，就可以在人世的幻灭中了脱生死。这才是真功夫。

第七节　四肢卧伸

【原理说明】

恢复如婴儿般的动能

婴儿在还没学会站立走动之前，虽然整天躺着，但只要是醒着，他的身体就不会停下来。观察婴儿的身体活动，就可以发现人体的天生本能的确充满神奇的力量。过去曾有研究发现，尽管人类各民族照顾婴儿的方式有很多完全相悖之处，但是，对婴儿日后的各项发展，并没有出现明显的差异。

例如，有些民族认为应该把婴儿包裹结实，好刺激他的手脚发育；有些民族则认为，小娃儿要赶快长大，应该让他尽量伸展四肢。奇妙的是，两种南辕北辙的养育方式，都没有让他们的婴儿比其他民族发展得更好或更差。所以，研究人员的结论是，人体有一种与生俱有的自然机转程式，这个程式是不会更改的，只是人类至今尚无法完全理解这个不可更改的自然机转程式是什么。

因此，古代智者早已提醒我们必须不断地回头向婴儿学习我们早已忘失的"天真"。"攀足长筋"系列功法中，包括"四肢卧伸""攀足滚腹""屈膝抬臀""仰卧攀足"等动作，都是取法于婴儿自己躺在床上玩手玩脚的本能动作。婴儿的成长速度惊人，他们在这个阶段的肢体活动，对于筋骨僵硬的成人是充满启发意义的。"肝藏血，其华在爪"，若肝血不足，爪甲会软而薄，甚至变形脆裂。"四肢卧伸"模仿婴儿仰躺时活动四肢的本能动作，通过手脚一抓一撑、一缩一张的动作，训练四肢末梢的灵活度，并提供对等末梢神经充分的刺激，促进左右脑的平衡，为起身站立预作准备。同时，"食气入胃，散精于肝，淫气于筋。"令关节屈伸，可助肝气，而且肝主筋，手指、脚趾是筋的末梢，末梢神经通大脑，因此，本功法除了对手脚行动障碍者有舒筋活血的效果，借由四肢上下来回伸屈的操作，还可强化上背、下背与腹部的肌力，并对腹中脏腑产生按摩作用，协助肝脏血液回流，令气达末梢。

"四肢卧伸"是婴儿自然的身体反射动作。成人因为身体不协调，刚开始一定手忙脚乱，通过练习，慢慢成为本能反应，身体放松，配合自然呼吸，呼吸跟全身的一张一缩同步运作，呼吸就会越来越深沉。

做法

1. 身体平躺，两手撑掌，两腿打直，脚底朝上。
2. 右膝与右肘同时弯曲收回时，左手左脚打直推出。
3. 左右边一伸一屈缓慢来回操作。左右来回算 1 次，做 120 次。

图 1-1

图 1-2

图 1-3

动作要诀

1. 动作中保持自然呼吸，四肢卧伸，如婴儿仰卧时，以四肢向上捉握踢蹬。
2. 手脚伸展时膝盖打直，臀部与地板垂直。手往上延伸时肩胛骨延伸拓开。
3. 手脚曲收时，大腿与膝盖尽量贴近腹部，以压缩腹腔，使腹肌有收缩感，促进筋骨伸张力。
4. 手脚往上延伸时，脚底一定要朝天花板，如此大腿的伸缩才会用胯的作用力，而不是用膝盖的力量；但手脚伸出时，脚尖往外扣，手撑掌。等到动作熟练，亦可配合手脚收缩时，手指、脚趾同时向内收缩。
5. 刚开始慢慢做，熟悉后再加快动作。
6. 亦可做左右侧的屈收延伸练习。

图 1-1

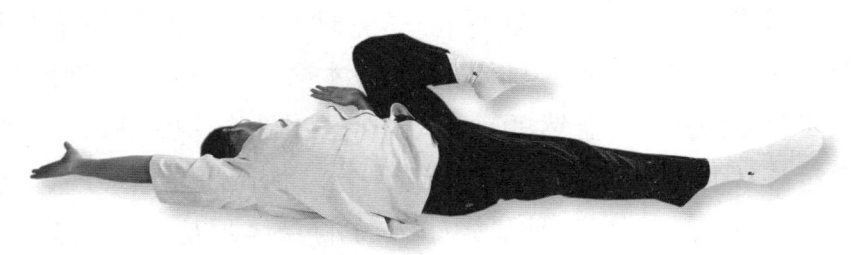

图 1-2

【 课程综合摘要 】

开发身体智商

身体的反应与学习能力属于身体智商。运动时通过身体左右上下的协调锻炼，可促进左右脑的平衡协调，令身体更敏锐，开发身体智商。车祸发生时，往往是因为身体在紧急状况时反应错误，例如需要踩刹车却踩到油门，方向盘应该向右转，手却带着方向盘向左转。现代人活动身体的机会大大减少，故身体的灵敏度大多有待开发。

"四肢卧伸"可调动肩、胯四个点。先前提过肩胯四点加上大椎，就是人体的五个定位点。身正则气正，气正则心正，练功调身、调息、调心，通过各种功法调正身形是炼气炼心的基本功。"四肢卧伸"通过四肢上下握撑，一方面对腹部产生压缩、舒张的作用，刺激末梢通气，促进静脉血液回流；一方面通过动机在肩胛、腰胯的握撑动作，调正身形。此外，肝脏是人体的血库，为了支持人体的活动，其供血机制受到交感神经的支配。因此，太过激烈的运动往往造成肝脏的负担。"四肢卧伸"必须在全身放松的状态下操作，手脚的握撑由内气开合主导，一张一缩，身放松、心放空，让交感神经切换到副交感神经，那就是低耗能、低频率、高波长的最佳运动方式。

必须提醒的是，心理反应跟生理反应的速度并不相同。心理、情绪的反应慢，身体的反应才会快。盛怒和恐慌都会消耗身体的力量，全然的冷静、放松才能蓄积瞬间应变的巨大能量。因此，所谓"慢能慢到十分，快能快到十分"，"慢"是指情绪反应，"快"则是势如破竹的身体反应。"四肢卧伸"初练习时，一边手脚上撑，一边的手指、脚趾同时收缩进来，因为手脚不协调，总是手忙脚乱。练到不假思索，变成本能反应时，速度就可以逐渐加快，身体也慢慢变聪明了。

第八节　攀足滚腹

【原理说明】

滚动任脉，去除腹部脂肪

　　人的身理惯性是前向性活动的，很少有机会做反向的运动，久而久之，胸腹部受到长期的身体惯性压迫，加上地心引力的影响，容易弯腰驼背、胸闷气短。"攀足滚腹"是借躯干的反向伸展，对前腹腔任脉区域，以及身体两侧做延展与滚动，可增加腹部肌肉的弹性，消除腰腹脂肪，促进静脉与淋巴的活动，并直接对脏腑产生压缩按摩作用。而脊椎的反向运动，让胸腔、锁骨拓开，可反向平衡因惯性活动与思维造成的身心失衡，有立即舒压的效果，并可增进身心、思维的灵活度。

　　一般身体僵硬的初学者很难立即做到这个动作。脊椎侧弯、骨盆歪斜的朋友，要以两手攀足，就更显得吃力。不过，越是吃力，越需要练习，但初期可不必做到标准动作，就从两手攀足开始，慢慢试着让肩膀、头部、膝盖、大腿离地抬起，等到后仰的弧度慢慢变大，身体的平衡协调渐趋自然，再开始做前后、两侧的滚动。滚动时，也可以请旁人协助。

　　一般上班族因为身体长期缺氧，这个动作因为是反向运动，身体会产生气机的逆转，使身体缺氧的区块快速充氧。练完之后，有利于晚上睡眠。但刚练完"攀足滚腹"时，可能头顶、后脑会持续约十分钟的痛感，此因脑压作用的影响，是压力解除的表征，一段时间后，气血平衡，痛感就会消失。

做法

1. 身体俯卧，抬肩、挺胸、抬头，两手攀住两脚踝，膝盖与大腿离地，并尽量抬高。
2. 全身放松，使身体如摇椅。前后来回滚腹24次，左右来回滚腹24次。

图 1-1

图 1-2

图 1-3

图 1-4

图 1-5

动作要诀

1. 手攀足时，尽量握到脚踝，比较容易让膝盖、大腿抬高。后仰时拓开胸锁骨，脚底尽量靠近后脑，身体与地面的接触面越小越好。

2. 前后滚是滚任脉线，侧滚是为了使任脉线旁边的肌肉放松。身体拉开可使任脉线延伸。腹部会滚到有弹性，腹部有弹性就不易老化。向左右滚时幅度稍大，可使任脉两侧的肌肉放松，肋间脂肪消除。

3. 此动作可逆向平衡身理惯性，完功后，若感头痛，静坐 10 分钟，自可消除。

4. 此动作对于强直性脊柱炎患者会有困难，但仍可慢慢尝试操作，并无危险。腰椎骨刺急性发炎者不宜。

【课程综合摘要】

从压缩腹腔到气聚成丹

"攀足滚腹"动作中先把注意力放在滚动腹部,因为平常活动鲜能运动到腹部,而且这种逆向延伸的运动,有助于身体平衡的训练。等到腹部的运动觉知及腹部肌肉的弹性韧性被开发出来,往下练习结丹时,只要意守丹田,就可以将全身之气引到下腹腔。因此,我再三强调,要让意识具备驱动身体的能力,首先要开发动作的专注力,通过动作操练觉知身体,并且练到筋骨坚韧、肺功能强壮,使全身的真气布乎人体,无所不在,气聚成丹、丹聚成田。把穴道的丹气调兵遣将到下腹腔就成丹田,并锻炼结丹。到时丹田不只在下腹腔,全身都可以结丹。

然而,丹是什么?这要先从"外气"与"内气"说起。

繁体的"氣"字是由"气"和"米"组成,"气"代表肺功能,"米"代表脾胃系统。五谷精微与空气都是后天之气。后天之气经脾胃消化之后再送到十二指肠加工,处理成小肠可以吸收的营养精微,例如将蛋白质转换为氨基酸,糖分转换为单糖,脂肪合成脂肪酸和甘油,这个阶段皆属"外气";营养精微被小肠吸收之后就称为"内气"。内气被内膜吸收之后进入细胞,使细胞产生功能,在肝脏形成肝功能,在脾脏形成脾脏功能。这种转换为脏腑器官的功能动力,就叫作"真气",又称为"丹"。

营养要转化为机体的功能作用,必须先结合氧气,产生氧化燃烧。没有氧化的过程,机能就无法成为功能。把能量转化为功能作用,就是气功。所以,气是一种功能性的存在。

人体还有一种气，在摄取后天的营养之前，是来自母体、骨髓、DNA遗传的天生元气，也就是先天之气。练功强调以后天练先天，就是利用后天运转的内气，化生为先天元气。使外气变成内气，就叫作后天；转化内气、形成生理功能，叫作真气。真气足元气必旺，元气旺则真气足，亦即从外气化生为真气的机体传链机制顺畅。真气与意识结合称为"炁"，即用意运行体内真气之意，所以炼气又作"炼炁"。"炁"相当于古字的"无"，但"无"不是没有，而是一种看不见的无质之质，是一种既存在又超越的能量，故称真气。

用现代语言来说，炼气炼丹，就是以肺中的空气跟脾胃的五谷精微当作燃料，启动人体运转的机制，这就是真气，也是丹气，亦即维持身体组织、五脏六腑正常运作的功能作用。练功就是练这一套内部转化的功能，所以叫作"内功学"。每一个动作当中都包含这层意义，"攀足滚腹"亦不例外。"攀足滚腹"强调以腹腔任脉线的按摩，促进静脉血液回肝。肝脏是人体最大的血库，任脉主血，腹部与任脉的压缩按摩可以强化肝脏血液代谢的功能。

动功是静坐的基础

"攀足滚腹"是练体呼吸、练任脉线，练无心的纯静状态、练恍惚之中的直觉，但是光靠动作训练无法达到这个层次，必须先配合呼吸训练，再通过意识训练，才能达到这个状态。动作熟练之后需更放松，以轻快灵巧的节奏，配合呼吸，再慢慢进入意识操作。任何动作都具备形、气、意三个层次，也必须越来越趋于无形，不断超越，到后来喜怒哀乐都可以超越。人可以在瞬间把世界遗忘，也可以在瞬间把世界回忆起来，遗忘与记忆只是虚实之间的转变。

动功锻炼是静坐的基础，因为动功的关节训练可以使身体产生空间，促进循环与代谢机能，使细胞充氧，减缓身体机能的退化。而"攀足滚腹"对任脉的开发，是静坐时气机旋转的必备条件，因为静坐到虚静时，静极生动，全身能量都在旋转，任督通，气机归于丹田、归于性腺。性腺气盈，就会回馈脑下垂体。其实这就是让肾气循环到心脏，刺激脑下垂体，同时也让各大腺体都得到良性的影响。因此，气足则脑下垂体安定，六大腺体也安定，人就可以常葆青春、延缓衰老。

然而，倘若没有三年以上动功锻炼的基础，元气的亏损未能补足，静坐只能让脑波静下来而已，对强身健体的意义不大。因为元气不足，无法炼精补脑，就如同没有进账，存款再多也会坐吃山空。所以要加强练功，让元气饱满，练到骨骼强壮，骨髓、肌肉充满能量，髓体的造血机能活跃。当全身气机盎然，就会蓄积到丹田，丹田之气会沿着脊椎循环上脑，这就是炼精还脑，返老还童之术。就好像把钱存到中央银行，中央银行有钱，就可以贷款给各级政府造桥铺路。

练功之外，最要紧的是"节制"，降低怒恨怨恼烦的情绪干扰，如老子所说的"陆行不遇兕虎，入军不被甲兵"，以言语行为、思虑情绪的"节"，避免身心陷入危乱。尤其是届临退休的朋友，不妨把过去的应酬往来渐渐退掉，选择隐居在身体的大山之中。多练功、少思考，享受真正的安静，为行将结束的生命预作充分准备。从前过着被选择的生活，好不容易把人生的责任义务都结清了，终于可以选择自己所爱的生活方式，这是人生的颠峰，一定要好好把握。

第九节　屈膝抬臀

【原理说明】

人卧则血归于肝

在气机导引的训练过程中，肌肉、关节的整体锻炼，先于气功的锻炼，因为有形组织强壮松柔，才能藏气于身。"屈膝抬臀"动作原理十分类似于西方医学的凯格尔运动，其实这是一套独门内功十六七个动作当中的代表动作，通过下腹腔与海底线的收缩，逐步开发体呼吸的功能，从改变身体认知，到意识的提升转化。

所谓"人卧则血归于肝"，是指肝脏功法的主要精神就是借由放松筋骨、躺卧的动作，协助血液归于肝。从消化道汇集的静脉血液必须先回到肝脏解毒，再经由心脏送到肺脏与氧气结合。因此，肝脏收集血液、排除血液毒素的作用，可确保送到心脏的血液是干净的。人在睡醒之后精神饱满，正因为肝血充足，可支援心脏将新鲜血液供应全身之所需。

此外，本动作是以肚脐为中心，借由肛门、会阴、前阴（生殖器）到肚脐的连线收缩，锻炼下腹腔与骨盆底肌的收缩能力，并配合逆腹式呼吸，让内气往肾脏、肝脏压缩。除了促进静脉血液回流肝脏，补足肝阴、肝阳，还能刺激膀胱、舒缓膀胱紧张，改善尿失禁及大肠激躁症的问题。动作中要求臀部、尾椎离地，膝盖并拢上抬，这是骨盆腔、生殖器、腰椎、腹部上提的力量，可预防子宫下垂，去除臀部与小腹脂肪。呼吸配合身体的曲缩舒张，可加强气血循环，达到肌肉平衡的效果。

动作熟练，身体空间出现之后，必须以意念主导海底线的收缩伸张。以有练无、以无练有，把这条虚无而实有的任脉线头练出来以后，身体的认知改变了，才有可能进入体呼吸的阶段，然后才能谈到意识的改变。在此之前，还要通过肌肉关节的锻炼，让身体的能量提升上来。所以，动作很简单，但功夫很难，无法速成，一般人没有体力，也没有身体松柔的空间，再者没有膻中、肚脐与海底收缩的概念与执行力，要练成真正的内在功夫，是很困难的。

"屈膝抬臀"和"仰卧攀足"可以配合练习。"屈膝抬臀"是下丹田合中丹田，为"橐"；"仰卧攀足"是上丹田合下丹田，为"籥"。让任脉的上下两段空间合在一起练，把任脉线开发出来，身体如橐籥（风箱）之开合，这是练功的秘诀所在。

做法

1. 放松仰卧，手指、脚趾延伸，脚尖下压。
2. 吸气时，以会阴与前阴收缩至肚脐，使尾闾提起、臀部向上抬起，两手、两膝同时向身体中心点收缩，大腿贴近腹部。吐气时下腹腔放松延伸，两手两脚向极限放松延伸。

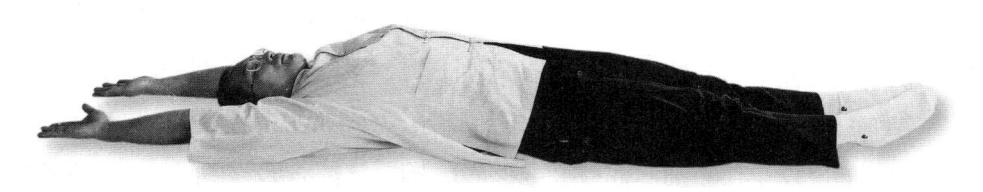

图 1-1

图 1-2

图 1-3

图 1-4

动作要诀

1. 这是逆腹式呼吸的训练,让内气做逆式的旋转。将气吸满时,稍稍闭气三到六秒,可让腹肌的收缩力持续三到六秒。

2. 这也是锻炼后阴→前阴→肚脐这条连线的收缩力,让它如松紧带一样由下往上收缩,配合吸气,顺势使两手肘、两膝盖弯曲缩回,使膀胱、尿道,包括下横膈

第三章 系列功法

> 肌（骨盆底肌）都受到强烈的收缩。
> 3. 吐气时，躯干、手指、脚趾的延伸，都是内气的作用，需虚静松柔方能体会。

【课程综合摘要】

恢复天生本能

在运动中经历困难，就能激发身体寻求化解困难的动能。"屈膝抬臀"是婴儿一出生就会做的动作，这是精气饱满的动物性本能，但我们必须通过锻炼才能恢复这项本能。一般人操作"屈膝抬臀"时，较感困难的是通过会阴与下腹腔收缩而使尾椎离地，故而刚开始不免仍用脊椎操作此动作，必须经过反复揣摩体会，让腹部的收缩、放松训练跟呼吸配合，慢慢增进腹肌的弹性与耐力，以及膀胱、阴道、男子摄护腺的收缩力量。这个揣摩体会的过程最珍贵，尤其是从不能而能的身体转变过程，往往比一开始就轻松做到的人得到更多成就感。

会阴与下腹腔的收提，在中国养生术就是"下元"的收提，可帮助胞中（子宫）血液循环。尾椎离地，可帮助命门打开，命门打开可使肾气畅旺，肾气畅旺，即可促进血液循环，帮助肾水回流心脏，对防老回春、增进五脏传链都有很大的帮助。还可以改善尿失禁与频尿等现象。而下腹腔正当静脉血液聚集之处，"屈膝抬臀"的下腹腔收缩运动可促进下体充血，活络阴部的血液循环，改善性功能障碍。这个动作跟仰卧起坐并不相同，所以两手不能放在脑后，必须放松，才能让动机完全放在下腹腔。若以两手抱住后脑，用手扳头的力量会把锻炼下腹腔的力量代偿过去，那就失去动作的本意了。

收提前阴的动作，在西方医学就是凯格尔运动。产后妇女常见尿道松弛的问题，借由收缩前阴、提肛的凯格尔运动，确实可以对非药物引起的尿失禁等问题有60%以上的改善效果。此外，很多人其实是膀胱敏感症，有尿意但其实没有尿，常收提会阴可增加膀胱闭锁的力量与活性。"屈膝抬臀"比凯格尔运动更具体、更完善，因为此动作不仅包括前阴的收缩提放，还包括膝盖、臀部乃至内气聚集的整体锻炼。

形成任脉线的认知概念

除了生理功能的锻炼，在内功锻炼的意义上，"屈膝抬臀"是为了在动作操作中形成任脉线的认知概念。因为任脉起于前阴，吸气时从前阴收缩到肚脐，吐气时延伸下压到涌泉，刚开始一吸一吐会用力，会感觉是肌肉的收缩，以后就会感觉是能量，是一股热能的收缩，渐渐身体只剩经脉穴位的收缩，把这些线路连接起来，就会产生"一动无有不动"的气功态。通常练气功时，身体要非常灵敏，练到身体只剩下几条座标，最后又必须忘记这些座标，在动作中只看到任脉、督脉的后升前降。

练习过程中一定要先能"往内想"，清清楚楚地对所有动作产生"内感"，感觉内在热能的一张一缩，而不只是肌肉、腹部、前阴的收缩。功夫纯熟时，这条线的热能作用自然出现，任脉线的感知也就不期而然地出现了。所谓"有心栽花花不开，无心插柳柳成荫"，练功一定要静得下来，越想快快学会，则越学不会。得放掉一切对外形的依靠，一旦对外形的依靠形成习惯，就永远学不会，很多教学者就是这样自误误人。必须往内、往松、往虚的路子前进，要敢于忘掉"外形"的概念。

"屈膝抬臀"的收缩开合要能运用内部的力量，重在内、重在体会，身体内部有一个只能意会不能言传的语言。气随意走，气从哪一点开始收缩，能量就会往哪里聚集。熟练缩提的方法之后，就只有丹田的收缩，其他都不管。但能量收缩的起点在生殖器，终点在肚脐，一吸便提，息息归脐，"归"的路线就形成丹田。然而丹田是空的，它只是功能与热象形成的空间。所以，不论是提肛还是提会阴，通通都要归到肚脐。收缩点是生殖器，然后往肚脐延伸。总之，练功不是练心脏就是练生殖器，因为我们要练六大腺体，而六大腺体攸关内分泌与免疫机制，所以练功可以平衡内分泌与脏腑的功能。

第十节　肝指勾引

【原理说明】

从海底提放的冲脉呼吸

　　肝开窍于眼，食指气机通达双眼，又称"肝指"。"肝指勾引"即是通过食指根部相勾，两臂成抱圆状，配合意识作用的冲脉呼吸，从海底线（前阴、会阴、后阴三阴连线）的提放，使下腹腔到中焦黄庭的区域形成圆柱体般的风箱式充气训练。除了压缩脏腑，还可以让气机鼓胀，穿透至深层细胞组织，并令气贯双眼，到达一般肢体运动所无法到达的区域，进而强化身体的内张力。因此，"肝指勾引"特别强调呼吸与意识的配合，动作反而是次要的。

　　至于本功法所强调的"冲脉呼吸"，与"顺腹式呼吸""逆腹式呼吸"很不相同。

顺、逆呼吸的差别，在于顺呼吸吸气时横膈肌往下，会往腹前推挤；逆呼吸则会往背部推挤。顺呼吸走任脉，逆呼吸走督脉。在练功学上，任督之中谓之冲，冲脉呼吸是通过意识作用，吸气时海底上提，使内气往上灌到锁骨下的胸腔区域，身体会像灌满气的圆柱体般慢慢膨胀。随着身体如海绵吸水般充气膨胀，两条臂膀从肝指延伸到肩胛骨、锁骨内侧的肺经区域，会因为肺腔的大幅扩充而将全身经脉延伸开来，使两手慢慢飘起到膻中的高度。吐气时海底放松，两手松落至小腹前。这个动作练习一段时间后，很多深层的身体旧伤会浮显出来。同时，经过冲脉的训练，任督旋转就是水到渠成的功夫了。

必须再次提醒的是，本功法强调意识作用的呼吸，这是非常内化的训练，必须经过耐心揣摩，一次又一次地学习跟身体对话。而所谓意识呼吸并非想象，而是在身心放松状态下深层的意识作用，也就是在思考停止、真意出现时，借呼吸引动身体内部作用。不过，对于初学者而言，一开始还是从动作与呼吸的配合入手。倘若气没这么长，身体更放松，慢慢就可以训练慢、匀、细、长的呼吸了。

做法

1. 两脚分开与肩同宽，松腰坐胯，全身放松站立，两手食指从手指根处紧紧相勾。
2. 吸气时双眼睁大，脚跟提起，两手自然抬至胸前。吐气时脚跟放下，两手落至小腹前。
3. 也可以将两手相勾于臀后，吸气时抬起，吐气时落下。

图 1-1　　　　　　　图 1-2　　　　　　　图 1-3

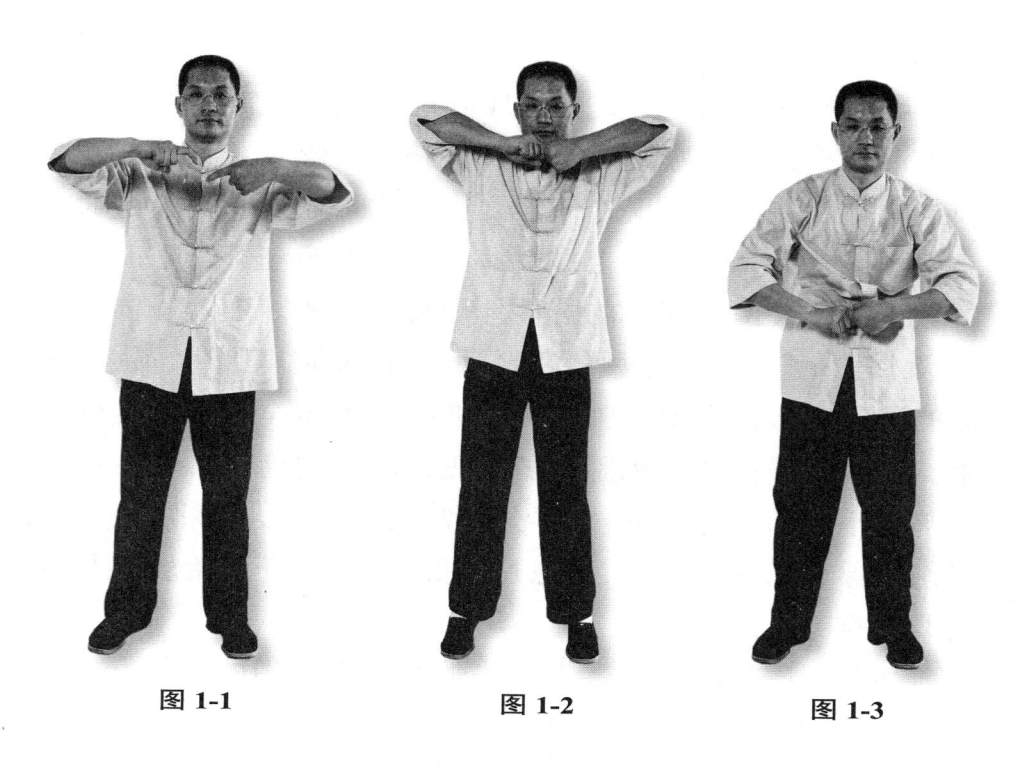

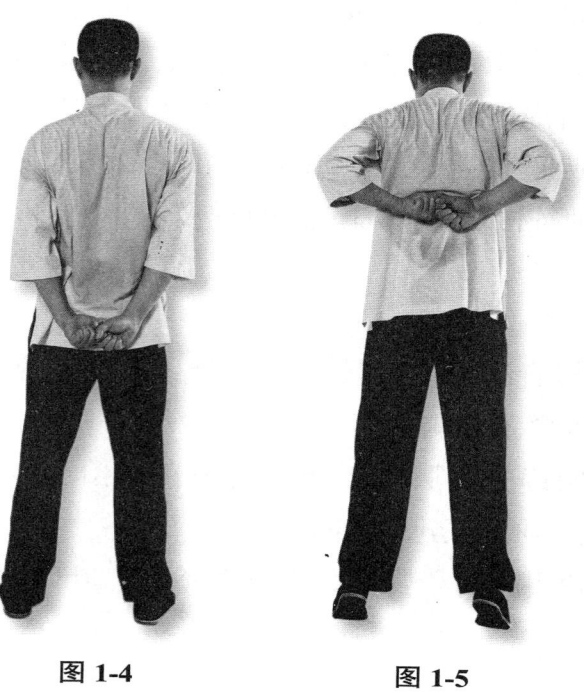

图 1-4　　　　　　　图 1-5

动作要诀

1. 动作中尽量以意识配合呼吸的鼻根呼吸法，气不由鼻息作用，而是让身体内部从四面八方充气膨胀。气吸到满时，经过气的压缩，周身大小关节会张开膨胀，交感神经亢奋。吐气时要微微内收，吸气一下，再慢慢放松吐气，否则会头晕。
2. 身体的膨胀不能用力，用力则笨，在气则滞。必须有整体感，是整个身体一起膨胀，以气拓开身体内部的空间。

【课程综合摘要】

顺逆呼吸、丹田呼吸与冲脉呼吸

气推血而行，血载气而走，气是动能，血液是运送营养的载体，气足则血液的压缩作用强，可以让气血送达末梢。"肝指勾引"是借由体呼吸的内部气机压缩，结合后天呼吸的整合，让气血推送到皮表末梢，入微循环。很多微血管的血液循环不良，实因为气送不到末梢。借由"肝指勾引"可将血液推向全身微血管，加强体内渗透作用，保持酸碱平衡，并帮助组织体间二氧化碳与氧气的交换，把废物带出，再回到肝脏解毒，协助身体代谢机制的进行。

"肝指勾引"的呼吸方法可参考"提抹肾堂"（见"托掌旋腰"系列功法），动作中始终保持落胯，才能保持气机畅通，心越静，越能体会气像海浪般在体内起伏。

丹田呼吸是控制下横膈膜，外呼吸是控制上横膈膜。练功主要是下横膈的控制训练。"肝指勾引"是由体呼吸主导，而不是鼻呼吸主导，否则会头晕、耳鸣，必须忘掉鼻呼吸才能进入体呼吸。很多人在进入体呼吸之前，都因为无法放下鼻呼吸而遭遇瓶颈，或者时而有、时而无。

怎样从上横膈的控制进入下横膈的控制？这就是练功的关键所在了。我曾说过逆腹式呼吸是由顺腹式呼吸过渡而来，所以气功的学习必须等待身体的成熟，绝非短时间可以速成。简单地说，气功修炼要先把胸式呼吸引到顺腹式呼吸，先将腹部吸满，再加上"逆"的操作，才会在下腹腔产生压缩作用，形成丹田。顺腹式呼吸就是不用鼻呼吸，用腹腔开合将气吸到腹部。因为用鼻呼吸一定到胸腔，空气一定吸到肺部，肺部无法延伸到腹部，只有横膈膜才会下降到腹部，所以要练上横膈膜。

等到上横膈膜的升降训练成熟，顺腹式呼吸在腹部形成一个气球，再压缩这个气球，也就是利用下横膈膜的开合，才会形成结丹。很多教气功的老师形容丹田是在肚脐下三厘米（或三根手指）处，这就好像气象人员说台风就在太平洋海上一样含糊不清。太平洋海上随时都有形成台风的元素，但因为低气压还未形成，所以台风并不存在。人体结丹的原理亦然，先在下腹腔形成低压，再往上转成高压。等到身体熟练时，又不需要压缩，只要意守丹田就可以结丹。结丹之后，再借由"肝指勾引"训练冲脉呼吸，就有所凭据了。

刚学会让横膈膜下降到腹部时，因为不太熟练，常常前半口气到腹部，后半口气又用鼻呼吸，横膈膜就会跑上来，气也上到胸腔，这是练习"肝指勾引"没有发生作用的主要原因。所以，前面每个训练阶段的基础必须扎实稳固，一点马虎不得。过去书上说"一吸便提，息息归脐；一吐便咽，水火相见"，这种文字像猜灯谜一样，不是随便看就能懂，一定要很用心，确实练习，才能看出文字里面的玄机。中国的学问讲实修，要解开文字密码，一步一个脚印的实修功夫才是金钥匙。当年我为了搞懂气功呼吸，不知磕了多少头、拜了多少老师，现在才发现其实很多老师自己也不懂。

第十一节　转腰攀足

【原理说明】

腰、胯、涌泉的连动作用

一般运动往往是浅层肌肉的运动，这些浅层肌肉又称"白肌"，通常是人体无氧呼吸热量燃烧最多的地方。过度燃烧会产生二氧化碳及乳酸，增加肝脏负担，对肝肾两脏皆不利。理想的运动是轻柔缓慢的运动，增加肌肉放松减少燃烧的有氧呼吸，并运动到深层脏腑、韧带等红肌，增加细胞的含氧量，减少二氧化碳与乳酸的生成，并产生更多的ATP，这才是真正的有氧运动，也是肝功能障碍患者自我保健的重要原则。腰松身就松，腰软筋就软，肝主筋，肌肉、血管、淋巴管、肌腱统称为筋。筋的放松训练，就是身体的放松训练。

"转腰攀足"即在此思维下，运用螺旋、延伸的原理与手足末梢的活动，使筋骨关节放松，并配合转腰、攀足等动作变化，以及腹式呼吸鼓满丹田与带脉，对肝脏进行直接的压缩按摩，促进血液循环，并压缩排除机体沉积的酸水，强化肝脏与肾脏气机。动作中强调对足厥阴肝经的意识作用，可增进肝脏机能。

此功法在重心沉左脚或右脚时，需配合松弹涌泉，再将重心移到另一脚。如果腰胯、脚踝不松，就会被关节卡住而无法弹动脚尖。此训练可帮助下半身关节的协调与脚底的敏锐反应，为开发涌泉与足踵开合收放的灵活度预做准备。

做法

1. 两脚分开与肩同宽，两手指交叉捧于腹前。
2. 吸气，手沿任脉而上捞至膻中，再翻转掌心向上托起。
3. 吐气，重心沉右脚，身体右旋使右脚尖弹起。
4. 身体放松下弯至两手攀住右脚涌泉，闭气三到六秒。
5. 再吸气，并以腰部带动，将身体缓缓拉起，两手沿肝经上捞至右腰侧期门。吐气时身体转回正面，气落双脚涌泉。
6. 吸气，提翻掌心上托，重心落左涌泉，身体左旋使左脚尖弹起。
7. 左右来回为 1 次，重复 6 次。

图 1-1 　　　　　图 1-2 　　　　　图 1-3

图 1-4　　　　　　　　　　图 1-5

图 1-6　　　　　　　　　　图 1-7

第三章　系列功法

动作要诀

1. 弹脚沉转时，是以涌泉抹地瞬间虚步转弹上来，使重心落于另一脚。这是让涌泉瞬间弹起，并不是慢慢转、翘脚尖。
2. 下腰攀足时，需扳住涌泉，将脚尖脚踝往后扣，使腿打直。踝关节往后扣的角度越大越好，使小腿肚放松延伸，可抒解小腿肚的痉挛。此时，手臂与脊椎需尽量延伸成一直线。
3. 下腰攀足时，将意识放在尾闾，用尾闾的意识作用将涌泉扳上来，让肝经收缩进来，再放开，吸气，手沿肝经捞气而上。
4. 侧转压缩时，刚好压缩到肝的位置。两手放松伸直，让气鼓满两肋骨下端，使气满肝区。

【课程综合摘要】

转腰在丹田

"转腰攀足"吸气时海底上提，上横膈肌往下延伸，使气不上胸。"转腰"是用丹田转，所以胯一定要松。初学者还没养成丹田的意识，先从转腰开始慢慢体会。脚尖、涌泉弹起，实则是踝跟胯之间的弹压，可强化腰腿气推血行的作用。扳脚时延伸肝经，配合闭气，随后再以两手沿肝经捞上来，加上意念导引，皆可疏通肝经气机，促进血液回肝。呼吸要诀亦可参考"提抹肾堂"的方法（参看"托掌旋腰"系列功法）。因为肝肾同源，故此动作与练养肾脏的"托掌旋腰"

功法相近，差别就在"托掌旋腰"功法是吸满闭气到肾脏，但此功法的思维一定要到肝经，所以强调冲脉呼吸吸气时配合意识作用捞肝气而上，吐气时将肝气压缩下去，促进肝血循环。

练功一定要有升降的作用，不同的动作有不同的功能诉求，但升降的作用是每一个动作的基本原则。没有升降就没有压缩与开合，没有压缩、开合就没有升降与气机共振。这是气功的基本条件。有升降才可以产生蠕动，《周易参同契》说："众夫蹈以出，蠕动莫不由。"这是生命的基本现象。所以升降不是动作，而是元素，要具备这个基本元素，就需要通过各种动作反复练习。"转腰攀足"强调让气下降压缩肝经，再通过涌泉与肾气的弹动，从拇趾肝经瞬间弹起，久而久之，内气升降的作用就会越来越明显。同时，筋要有弹性，就要有压缩，所以吐气时压缩很重要。身体空间够，压缩产生的共振效益越强，不论往外爆发还是往内收缩，都有无比的力量。所以，练功可以让人活得充满爆发力和战斗力，能动亦能静，永远有创新的思想，随时保持与时俱进，可顺应任何环境的改变。

第十二节　五龙抓气

【原理说明】

身体太极

如果没有解剖图，我们并不知道五脏六腑的所在位置，此所以我们无法对自己的身体产生真正的觉知与认同。气机导引通过深层运动探索身体内部世界，从而对每一个部位、每一个细胞产生觉察力，我称之为"动觉"。"动觉"开启，我们就可以清楚感知，手指、脚趾除了是筋的末梢，也是经脉的端点与气血循环的回流点。因此，通过手指、脚趾的操作运动，可以对五脏六腑与全身经脉气血产生直接的作用。"五龙抓气"就是以手指、脚趾的末梢运作，配合逆腹式呼吸，引动全身气机，让12条经脉同时旋转。

"五龙"指五个手指、五个脚趾。手指为"天龙"，牵动横膈以上内脏表里经脉，主中丹田、上丹田气机；脚趾为"地龙"，牵动横膈以下内脏表里经脉，主中丹田与下丹田气机。天龙对应着地龙，阴阳相生，这就是身体太极。借由每一个手指的翻、扣、转，以及全身松透的协调运动，配合步法与呼吸，牵动五脏六腑气机，形成内气的出入升降。此动作如同风筝与线头的关系，动在末梢而牵动脏腑，功夫很深，但动作轻灵流畅，如仙人在云端漫步。初学者依样画葫芦，动机虽浅，也可以通过四肢末梢与身体的整体性活动，学会手指、脚趾的运动方法，使气达末梢，促进手指、脚趾的意识觉醒。

"气功"就是气的功能现象，此功能现象一定可以通过肉眼观察，并不虚玄。劳宫、涌泉两点的作用，是气功学的重要指标，气能到手指和涌泉，才算具备气功的基本条件。"五龙抓气"即包括手指与全身协调放松旋转的运动，以及脚底螺旋松沉的步法训练。在动作练习中，体会呼吸与劳宫、涌泉的气机关系，开发更完整协调的身体传链——经脉的传链、五脏的传链和肌肉骨骼等机体的传链。手指属上行气，脚趾属下行气，上行气从夹脊到劳宫，下行气沉落涌泉。机发于踵，作用于丹，形乎手指。气沉涌泉，劳宫才能抓到气；劳宫一合，力量就进来；意念下行，力量就往下沉。因此，动作要求全身放松，内外传链协调一致，才能敏感于内气的运行，气机才会畅旺。

此功法动机极深，但动作弧度并不大，内动机比外动机深得多，对于需要运动调养，又不宜剧烈运动的肝功能患者，有特别明显的效果。

做法

动作操作如图示。两手两脚借由动作的变化，令内气运行到手指脚趾。

图 1-1　　　　　图 1-2　　　　　图 1-3

图 1-4   图 1-5   图 1-6

图 1-7   图 1-8   图 1-9

084　气机导引：内脏篇

图 1-10　　　　　　　图 1-11　　　　　　　图 1-12

图 1-13　　　　　　　图 1-14

第三章　系列功法

动作要诀

1. 动作中保持松腰坐胯，百会、会阴、涌泉成垂直线。胯松气方坠，步法越大，胯落得越低。
2. 两脚一实一虚，在虚实变化中做步法的移动。重心在实脚，身体往前是靠脚趾的抓力向前。
3. 手随身转，由腰胯带动，身体配合步法左右引气。两息完成整个动作。
4. 内气的运动只有出、入、升、降，内气落，外气出，吸为入。吸气时尾闾往前顶，吐气时尾闾往下扎。
5. 身体处处是螺旋。螺旋才能化力，这就是太极拳的"螺旋劲"，但在气机导引的训练中，"螺旋劲"是基本功。
6. 移动的速度视吸提的空间而定。

【课程综合摘要】

出入升降

练功的道理跟中医的主张一样，就是"出入升降"四个字。"出入"就是吐故纳新，即食物与空气的吸收与排泄，属后天；"升降"就是内气在五脏的传链过程，即内呼吸的升降循环，属先天。练功要以后天练补先天，借外息的出入，推动内息的升降。"出入"的功能会影响"升降"的功能，故呼吸不顺畅，升降功能就会降低。故炼气要灵，出入灵，升降则灵。灵，就是传链机制。练功需引真气下沉，并送达末梢，能量自然转换，升降得利。就像雪花虽然轻飘飘地落到地上，因为地表温差让它从准气体状态瞬间变成液体，形成重量，当物质转化的时候，就会把能量释放出来。人体的出入升降也是如此，内气从督脉经肾脏命门火气化上升到心脏，再凝结成水湿下降。如此来回往复，形成生命的传链动能，这就是心肾相交、坎离交媾。

当外呼吸与内呼吸的升降配合时，动作与意识自然配合，这就是身心灵的整合。内呼吸是指下横膈膜的升降，鼻呼吸是指上横膈膜的升降。内呼吸的升降与外呼吸一般是无关的，但练功就是要让它达到一致，外呼吸吸气入时内呼吸升，外气出时内气降，这就是"出入升降"，也就是所谓的"谐波共振"。后天为阴，先天为阳，能够练到阴消阳长，待外呼吸几近停止，内呼吸澎湃汹涌，阴消阳长而得全阳之身，炼气入髓，回馈于脑，从内分泌的改变产生思想的悟变，让人洞察更深层的存在价值。这就是悟道。

气机导引的每个动作都是为了活化出入升降的作用，通过螺旋、延伸、开合、绞转，配合静心时外呼吸停、内呼吸行的真气流行状态，以出带入、以入带出，让真气的旋转升降循环顺畅，再通过内气的压缩，就会在细胞之间产生良好的共振效益，让人体所包含的形、气、心各层次都保持最佳状况。这也是孟子"惟圣人，然后可以践形"的具体实践方法。

身体内外是一体的，练到跟管通，气沉涌泉，再从涌泉经跟管上督脉。但前题是肌肉松开、全身的关节都能开合，能量才进得来。每个关节头骨面间有六七个极为细小的孔，所谓炼气入髓，就是通过这些小孔将内气压缩传导到骨髓，使骨髓强壮。而内气的压缩传导，又必须在身松、体松的条件下，以意念主导之。这就是气功学的基本理论。"五龙抓气"就是以丹田为运作中心，以四肢末梢为端点的全身内外螺旋压缩，将气压缩入经脉。动作操作时先从肚脐拍丹到命门，此拍阴入阳，可将血气往命门振动，使脏气入腑中。因为肝藏血，借拍丹将水湿经命门共振到胆经，以肝血充盈促进胆经气足,《黄帝内经》说"凡十一脏取决于胆也",故胆经可带动十二经脉的旋转,利通百脉。所以,"五龙抓气"不是动手动脚活络末梢神经,而是借动作提领胆经,作用于肝经,这就是以血养气、以气炼血,长期练习可疏泻肝火、充盈肝阴。

结　语

　　"攀足长筋"系列功法是一套与自己的肝对话的方法，通过动作，抚慰、倾听自己的肝。先感知有形的器官脏腑，再感知气血的流动，然后将体内的能量与天地、宇宙之间属肝、属木、属春生之气的能量交流互通。

　　这是一条充满觉知的道路，从纷杂的外物景象收视反听，转身向内探求。以有身炼其无身，让鼻呼吸渐渐仿如无有；从有心之感，抵达可以感通天地万物之情的无心之"咸"。

　　因此，功法熟练之后，动作可以丢开；心法已有所悟，文字言筌亦要丢开。一切有为法，如梦幻泡影，这就是大艺无象，善剑者手中无剑。如此，身体就是你的圣殿，你将成为自己的主人。

内脏功法二

左右开弓

心

脏功法

肩落胯松拟霜起手坠足轻映雪气贯涌泉透成根
身转运绵若水行住坐卧皆安定体正神宁虚入髓
肩落胯松拟霜起手坠足轻映雪气贯涌泉透成根
身转运绵若水行住坐卧皆安定体正神宁虚入髓
肩落胯松拟霜起手坠足轻映雪气贯涌泉透成根
身转运绵若水行住坐卧皆安定体正神宁虚入髓
肩落胯松拟霜起手坠足轻映雪气贯涌泉透成根
身转运绵若水行住坐卧皆安定体正神宁虚入髓

楔子

直把人心炼道心

　　心脏是人体小宇宙的太阳，主掌生命动力的源头。肺司呼吸，是人体内外气机交换的门户。心气上可通大脑的思维，下主血液的运行，所以心脏在五脏传链中居首位之官，所谓"心者，君主之官也，神明出焉""肺者，相傅之官，治节出焉"。心与肺，一为君、主血，一为相、主气，两者合作无间，才能共同治理人身。因此，中医治病养生，常以气血之阴阳虚实作辨证论治、调理导引的主要依据。

　　心脏主导全身血液运行，通过收缩、舒张产生的动能，在肺脏的呼吸功能辅佐之下，将营养与氧气送达全身，并通过静脉回收满载二氧化碳的血液，重新注入新鲜的氧气。心脏每收缩和舒张一次，构成一个机械活动周期（心动周期），一个心动周期，心脏完成一次射血。血液循环系统除了由心脏组成，还由遍布全身长约十万公里的血管组成，淋巴循环是血液循环的辅助系统。肺脏为心脏提供无私的协助，肝胆、脾胃和肾脏，各以不同的角色为心脏提供支援。

　　因此，这是一本关于心脏保健的功法书，针对心脏的脏器结构与心血管循环的功能特性，引领学习者通过动作、呼吸、意识配合的功法操作，与自己的心对话。尽管越来越多的研究发现运动对于改善身心健康有卓越的贡献，但运动的性质、种类差异极大，所谓"练拳不练功，到老一场空"。"拳"就是泛指一切徒具招式外形、强调速度与力量，并会加速呼吸、心跳与肌肉燃烧的运动。"功"则指降低肌肉燃烧、提升脏腑功能，可将营养、呼吸结合而成的后天气转为先天元气，从而改变内分泌与性情。故"左右开弓"系列功法中，虽也有几个速度较快、可加强呼吸与心跳的动作，但在快慢相兼二、八比的功法设计思维下，反而可以通过整体传链的训练，练养相兼，达到更高的运动效益。

　　此外，心脏功法亦兼顾"制使四肢，流行血气"的器质之心，与"驰骋于是非之境，而出入于百事之门户"的神灵之心同时练养，例如通过夹脊、膻中的压缩与肩颈的开发训练，就可衔接上、中、下三丹田。须知肩颈忠实记录我们所有的思维活动，这里是"天人交战"的场域，是神性与兽性"或跃在渊"的天险栈道。当生命面临威胁时，肩颈绷紧，全身细胞进入备战状态；当肩颈松开，位于颈动脉的血压侦测点会启动副交感神经作用，使呼吸、心跳减缓，使生命能量的流动上下通畅。同时，帮助运动中的专注放松，使大脑主管身体本体感的顶叶上后方区域降低活性，让粗重的肉体渐渐松开，仿佛无有。全身细胞处在温暖、平和的觉知状态下，人就可以超越肉体，将这总被自身祸福利害蒙蔽的人心，转成与天地万物合一的天心、道心。

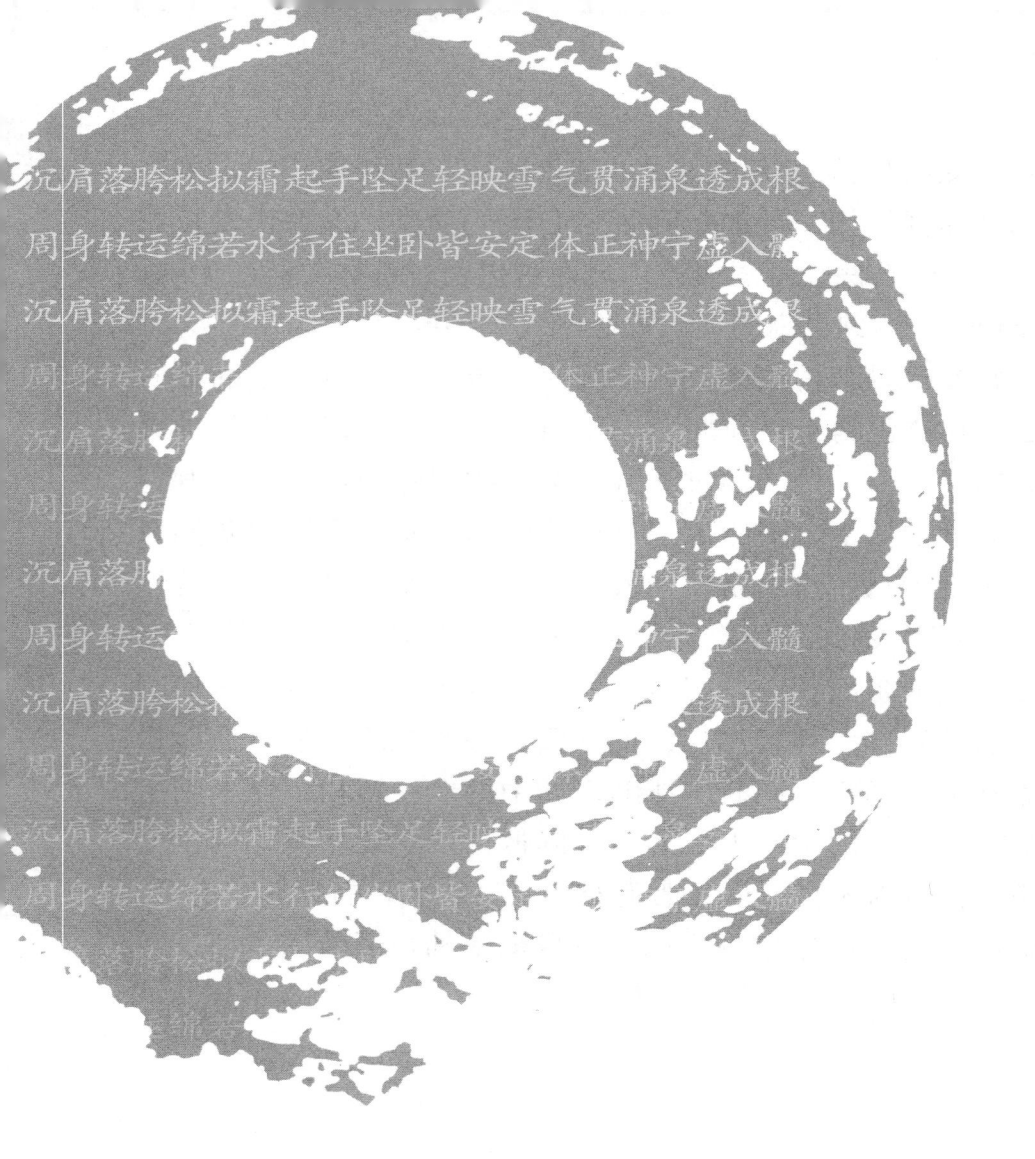

第一章 功法原理：左右开弓强心肺

第一节　心肺功能概述

心主血，肺主气，气推血而行，血载气而走，因此，中医认为心与肺的关系就是气与血的关系。而在血液循环全身的过程中，因为血生于脾、统于心、藏于肝、布于肺、根于肾，灌溉一身，出入于脉，所以血液与全身脏腑都有密切的关系。

从现代医学的观点来看，静脉血液从右心房回到右心室，再送到肺脏进行氧气与二氧化碳的交换。肺部处理过的含氧血液，则从左心房与左心室经主动脉送达全身。这个一丝不苟、效率惊人的工作，需要全身无数细胞的合作无间，例如，肺泡与微血管进行物质交换时必须分秒不差，否则会造成血液中的载氧量不足。因此，心血管的健康与心肌本体的生理功能、大小动脉与静脉血管的弹性，乃至血液的含氧量等都有密切关系。

此外，冠状血管是心脏专属的血液与氧气供应系统。人体组织多半有"备胎"，以免组织坏损造成生命的威胁，但因为心脏组织体太小、太精密，要执行的工作太多，没有多余空间为心脏冠状动脉设置"备胎"，故冠状动脉一旦阻塞，将造成心肌缺氧、受损，若未能及时处理，五分钟之内就会死亡。冠状动脉疾病都经二三十年逐渐积累而成，四十岁以上的人大部分都有冠状动脉阻塞五分之一到四分之一的潜在问题，只是自己并不知道。

现代生活方式对心血管健康的侵袭是无孔不入的，高脂、高胆固醇的西式饮食习惯，劳心多于劳力、严重缺乏活动的工作型态，加上现代人普遍存在心有余而力不足的生命倦怠感，以及睡眠失调、压力过重，导致高血压、高血糖引起的糖尿病、心血管疾病、心肺功能降低，以及狭心症、心肌梗死、心律不整等问题层出不穷。根据世界卫生组织的统计，全世界每年死于心血管疾病的约有 1700 万人。

传统中医对心脏疾病成因的理解，也是从五脏传链的机制来看的，在辨证论治的思维上，则会针对五脏生克与气机循环的原则投与处方，从整体的动态平衡，调整局部的功能偏失，故心脏的疾病常根源在肺与小肠。心脏结构体的相关病症，常需从调理脾胃入手，而情志的影响更不容忽视。怒、恨、怨、恼、烦与神、魂、意、魄、志，对应着肝、心、脾、肺、肾。被外在环境与个人穷达得失牵动的心理状态，对健康的影响往往更甚于生活方式、饮食习惯的伤害。因此，如何通过情志的调整，提升整体健康，又是医药之外人生修为的问题。

第二节　心肺功法要点

"左右开弓"系列功法专门针对心、肺的锻炼，但因为心肺在气血交换的工作中相互依存、合作关系十分紧密，故功法的叙述脉络虽以器质之心为主轴，但每个动作皆含有不同情境，需配合静心调气，以身炼气，以气炼心，以心制身，从而达到身心灵的全面跃升。在炼气炼心的部分，需要读者亲身实践，如人饮水，冷暖自知，仅能轻轻点到。

活动胸锁、肩胛关节，疏通心气

心肌细胞分为自律心肌细胞与工作心肌细胞。工作心肌细胞执行心脏收缩的功能，自律心肌细胞与自主神经系统共同执行心脏的神经传导功能。心肌组织与一般骨骼肌不同，骨骼肌可经锻炼而渐趋强壮，心肌过度收缩却会导致心肌肥大，反而造成功能退化。然而心血管疾病患者若要维持健康，适当的运动仍为必要手段，可惜现在即使是心脏科医生，也未必全然理解何种运动真正有益于心脏的自我调养。很多运动都强调可加强心肺功能，但往往也造成大量耗氧，若遇到相关疾病患者，就容易危及生命。因此，心脏养护的运动设计，必须整体考量心脏的机能属性，除了加强心脏与其他脏腑相互影响的功能作用，借以调整或促进心脏搏动速率的功能，也需考虑心肌充氧、气血循环的问题。

"左右开弓"的功法设计，以两分力、八分松的比例配比，可以满足需要运动又不敢运动、不知如何运动的需求。功法设计强调调运心气、循环心脉、清除心脏周围的痰饮堆积，给心脏更宽裕的空间，因此是从循序渐进的缓刺激开始，先以缓慢、温和的"活肩曲肘"扩展胸腔、增加心肌充氧，接着用"金盆洗手"挤压搓揉，活动胸锁关节，活络心脏，增加心的贮备力，促进血流，然后借"蹬跟引背"，将背部阳脉气机瞬间延伸推展，达到推气运血以增加心脏搏出血液的机能。因人体机能前胸对后背，"抱颈颠顶"的动作能将背部斜方肌到夹脊整个撑开，让内气贴背而行，达到道家的"踵息"深呼吸。"握拳争气"则是借由全身肌肉的瞬间收缩，锻炼心肌收缩的能量，加强心肺功能，促进心脏与全身血管的压缩共振。"双龙绞柱"是运动胸廓附近的肌肉，压缩胸腔关节与人体左右动脉，增加血液的纳氧量。

炼气推血，引心火下降

"鹰鹞捕食"和"攒拳压掌"是系列功法中较为激烈的运动，

但与一般增加心肺功能的运动有根本的差异。做完"鹰鹯捕食"后，心跳加速，呼吸频率大幅增加，内气上行，接着要用"攒拳压掌"，把内气往下带到丹田、涌泉，以此训练心脏在人体升降出入的循环作用中发挥更大的功能。最后，再以"左右开弓"进行心律的整合。

这一系列动作都具备胸腔开合、整合心律，通过弓步低马刺激大腿、增加心脏能量的特性，同时以动作配合呼吸与意识作用，开发相关穴位与经脉，以炼气推血的整体思维，引心火下降，促进心肾相交。

心脏系列功法共有九式，若时间充裕，最好从头到尾依序锻炼，可给予心脏组织多角度的运动锻炼。也可以选择其中一两个动作，深入地练习。在动作操作上，由浅而深，慢慢就可领会其中的原理原则，进而发现身体世界另有一片广大的天地。

第二章　心法要义

感恩而无恨

喜伤心，恨也伤心，现世生命是在有、无之间流转变化的过程。人生在世的许多执念，就是在有、无之际萌生的各种企图。世人皆执着生、执着有，得之则喜，求不得则恨，然而不论得失喜恨，对心的伤害是一样的。因为心为识神之官，统整眼、耳、鼻、舌、身、意所接收的讯息，再将讯息上传到大脑，经过大脑的比对判读之后，随其所愿，就产生喜乐的情绪，不从其意，就生出忧悲烦恼；而这些情绪，不论喜恨，都会改变呼吸频率，影响心跳和血流，进而影响内分泌和免疫系统。

练功要练出洞察有无的灵明觉性，那是身体六十兆细胞只比对、不判断的觉知系统全面活化起来，意识空无，经历一切而不执着有，也不执着无，如风起云涌，随顺自然。佛法说"放下"，道家讲虚静空无，但若未能经过身体活化的实证经历，"放下"与"虚静空无"都是口头禅，甚至连自己无法真正做到都不明白。所以，练功最要紧的是锲而不舍的行动与察觉，让身体的觉知活跃起来，对行动中产生的各种感觉了了分明，不依恋、不排斥，只是觉察，然后就能慢慢放开执念，心如万里长空，以容天下之大。

若要放下心中执念，使胸中块垒消散，必须先学会将膻中放下的功夫，否则气满于胸，心念浮躁，自己卡住自己。膻中一落，气沉丹田，透体虚空，一吸一吐、意念一动，均能气达末梢，所以这一定要心思单纯才做得到。想法太多，感觉太多，都会卡在身体上。身心格局太小会成为练功的最大阻碍，无论怎么努力开关窍、通气脉，都无法达到周身轻灵、一体贯串的境界。唯有真正放开，才能练到上乘功夫，到时身体一缩、一放，完全自然而然。

因此，虽说身体是炼心的最佳工具，若要真正开窍，还得在心上下功夫；而感恩是化解一切情执苦痛、打开心窍，让识神活跃灵动的良方。因为感恩才能平等看待一切，包括身体小宇宙，以及外于身体的大宇宙。所以，身体的每一个部位都是平等的，不受世俗道德制约，故可以免于是非之议。大宇宙的天地万物也是平等的，不论亲疏远近、伴侣仇敌，都是让生命更精彩、更丰富的元素之一。

人类历尽漫长的演化走向文明，科技造成对大自然的暴力，虽然演化过程中必须经过残酷的物竞天择，但人类的觉醒，仍有机会找到方法，将世界带往合乎自然律则的生存之道。例如，很多古老的民族都相信动植物之间的相互为食是无法违抗的自然之道；弱肉强食，但食物链顶端的掠食者最终也要将自己的身体贡献给大地。天地无情乃有大情，人的眼光太狭隘，反而伤天害理，归顺原始力量，服从自然演化的安排，似乎是更睿智的选择。面对天地，认识到自己的生之也有涯、知之也有涯，唯有感恩才能化解心中的不平之恨。

安心在无所住

练功的确可以从身体产生一种超越的觉知。当身体进入气功态，一切觉知将化为无所不在的气，因为没有"心"的干扰障碍，这种气能量就会产生匪夷所思的力量。由于身心都向无限扩散，所有觉知将穿透藩篱，无远弗届，仿佛分身遍于四方，于是，个人的得失成败、所属地区的盛衰起落都不在心上，因为已能觉知宇宙间有一种无形的力量在维系世界的整体平衡，就像太极图一样，此消彼长。资源的流动也是如此，这里多一分，那里就少一分。天下兴亡，无非是分分合合的能量循环。

有了这种觉知之后，方能如如不动，随波逐流，随意也随缘，面对任何事情都可以平心静气。也不必咬紧牙关压抑忍耐，只要是活着，处处是好景、时时有生机，再也没什么事可以动摇你的"国本"——心的"定"与"静"。这时候，心的动能就会越来越强大，随时随地游刃有余。这才是练功要追求的境界。

然而，这种功夫还是得从面对酸痛的心态开始修炼。需知腿要不痛，就要无腿；心要不痛，就要无心；气要慢匀细长，就要止息。我常说，既然有身体，疼痛就是伴随一生的课题。但我们学习面对疼痛，并不是消灭疼痛，而是超越疼痛，在身心受痛苦煎熬时，学习用缓和的方式化解、转化痛苦的冲击，改变整体环境。就像有学员长期受脊椎问题所苦，一动就痛，医生劝他尽量不要动。可是我认为，道家修炼讲"我命由我不由天"，就是指在与生俱来的各种疼痛威胁下，以痛为师，争取生命的主导权。所以，我每每建议有病痛的学员，千万不要逃避痛苦，一定要继续保持运动，在痛的地方缓和地动，好好跟疼痛对话，在苦痛中保持清醒，通过身心的放松再放松，身体自然会启动调整机制，重新分配资源，否则就只有坐以待毙，眼睁睁看着肌肉关节慢慢萎缩，继而影响脏腑的健康。

练功不断往这个方向走，慢慢就会产生一种空无的觉知力量。事件来了，就去经历，穿透过去，因为不执着在事件中，心境就不受事件影响，这就是"如如不动，心无所住，随波逐流"。古人说"卧冰不寒""遇火不热"，不断保持行动的人就可以真正体会到，这种功夫是可以练成的，因为经过"热"而不执着"热"。当别人给你一个不好的感觉，你的心经过它，但没有把不舒服的感觉留住；如果留住不舒服的感觉，就会耿耿于怀，当事件来时，你的心一定会生起某种感觉，这叫作"起心动念"。这时候非常重要，要清楚地觉知它，并且用"观自在"的方法，修习这门功课。所以，修行就在起心动念处。在生活中产生碰撞，在碰撞中起念头，在纷起的念头中改过，洞见自我，这就是修行。

最高的功夫是化掉业障

当我跟空气推手时，有时候空气的感觉没有了，有时候空气的感觉又来了，这都是因为起心动念。空气本来就在那里，为什么有时感觉有？有时感觉没有？这就是起心动念、心生心灭的过程。我有心感觉它，它就存在；我无心感觉它，它就灭掉，所以它是心生心灭，不是真相。当我无心、入定时，我什么都没感觉，但空气的真相依然存在，只是我没有感觉。就像风穿过树林会发出各种不同的声音，但风过去了，声音却不会留在树上。所有事件就像风过林梢，风过声不留。有这种体悟时，人生遇到对手就不需防备，虚静透空，松松地迎上去就好。我发现这个力量才是最大的力量，就像身体之所以会酸会痛，那是你跟身体互动出来的感觉，越是逃避、对抗，酸痛就越会欺侮你。迎上去，放松，不要想，就像爬山一样，慢慢走，不要快，酸痛就会化掉。

高手在推手时，手滑进去，对方全无知觉，力量就被化掉了。你给他软，他就软，即使你硬来，他也会在不知不觉中将你的力量化掉。因为在他身上找不到着力点，所以不是"以柔克刚"，而是"以柔化刚"，让刚的力量化掉，使刚的力量明白，拿一个铁锤去敲棉花是没有意义的。

任何一个人都可以练成这种"以柔化刚"的功夫，但真正能够以柔化刚的是悟道的力量，并不是苦练身体。即使练到身体松如流水，心性没有提升，毕竟还是低层次的有形功夫。练功要勤，但苦练未必有成，要能在心法上有所体悟。

所以，真正的武术并不只是化掉别人的力量，而是化掉自己身体的僵硬。第二个层次是化掉身心的酸痛病苦，最高明的功夫是化掉前世今生的业障。只要不断往内化的方向走，有形的身体会产生自我修补的元素，而那些元素非肉眼所能见，它可以让身心灵产生突变，可以转化、升华储存在 DNA 里的作业反应模式，开启更优质的基因，如此，就可以化掉累生累世积存的根性。化掉僵硬、化掉病苦、化掉业障，其实都是同一件事。

第三章　系列功法

第一节　活肩曲肘

【原理说明】

心肺经脉皆在手

肩膀直接承受有形无形的外在压力，长久累积，肩关节僵紧，膻中、夹脊区域气血不通，痰饮结于胸，位居其中的心脏就会受到压迫。而心脏的锻炼，无法直接运动按摩心肌，必须通过锻炼心廓附近的组织，增加纳氧，排除二氧化碳，以减轻心脏负担。所以，心脏功法的首要目标，就是以节奏缓和的动作，配合呼吸，一方面活络肩、胸附近等关节、肌肉组织，增加心脏的活动空间，强化心气；一方面调节心跳节拍，改善心律不齐的问题。

"活肩曲肘"系列动作，是将活动区域集中在膻中、夹脊之间，通过两手置放在不同的位置，与肩膀、手肘前后绕圈的活动，使胸椎与胸肋关节充分舒展，并活络手少阴心经与手厥阴心包经，促进脑神经与心脏血管的能量传导，同时配合呼吸与意识作用。吸气时尽量让横膈肌扩张往下，让胸腔扩充、心肌活动空间加大。吐气时压缩膻中，气落涌泉，引心火下降，促进心肾相交。日久功深，呼吸转成丹田呼吸，并以意识作用带动夹脊、膻中的能量传导，让全身毛孔具备瞬间压缩的庞大动能，所谓"身体要松，皮毛要攻"，可以开发深层内力。

因此，从养生保健的观点来看，本功法属功能性、物理性的自体按摩运动，让心脏病患者以缓和的身体动作调整心律节拍。从内功锻炼的观点来看，本功法乃是开胸活气、练劲蓄劲的基础训练。

做法一

1. 两脚张开与肩同宽，落胯。两手插腰，以胸锁骨的开合，带动两肘如车轮般由前往后旋转。
2. 吐气时往前旋转，两肘内收，尽量将胸锁关节往前夹合、压缩胸廓。吸气时往后旋转，身体微微后仰，两肘与胸锁骨张开，使心脏舒张。

图 2-1　　　　图 2-2　　　　图 2-3

做法二

五指捏合，置于腋窝处。其余动作同上。

做法三

1. 掌心朝上，两手左右平行延伸，手指放松，用意念提裆松肩。
2. 五指相合置于肩峰处。其余动作同做法一。

做法四

1. （动作接续做法三）吸气，两手从肩峰处往上延伸拉开，在头顶成大开扩胸状，拓开胸骨与胸锁关节。
2. 吐气，拉开背后肩胛骨并收合膻中，下腰，两手往前松落至地面，两腿放松微弯。
3. 吸气，两手拇指接脚拇指，坐胯，再沿肝经而上，经两大腿内侧、身体两侧，再经两耳向上，带动胸肋骨往上舒展延伸。

图 2-4　　　　　图 2-5

动作要诀

1. 图 2-4、2-5 是说明前三个转肘动作的身体角度。
2. 以意识带动丹田呼吸,以丹田带动身体开合。所谓"火逼金行",火是意识,金是丹气,也就是脐呼吸。

【课程综合摘要】

中指与心包经

"活肩曲肘"功法寓意深远,从解剖学和养生保健的角度切入,一般大众比较容易理解,这是借由胸腔放松的扩胸运动按摩心脏;但本功法尚有活气、通运全身气脉的实质意义。

动作中身体尽量放松,就可以感觉夹脊发气到劳宫,好像把空气拿在手上。当手指一扣进来,就会产生内气的压缩,仿佛用手指粘住腋下或肩峰。两手一松开,气就会从阴脉到掌心,再到指尖。

两手延伸、指尖放松时,可用意念让中指延伸出去,因为中指是心包经的终点。心包经是手三阴经之中气感最强的经脉,心包经一延伸,就会共振到其他经脉。

手放松延伸时,肩峰放松、手肘放松,用意识将肩膀往腰胯方向坠落,越落气越强,强到手指如触电般,把气导引到劳宫指尖。这是练动功待气、引气的基本要领。

动作第四步的焦点在夹脊。身体越放松,越能体察有一股能量从夹脊传导到指尖末梢,两手再飘落下去,特别要让两手有飘落的感觉。故整个动作都是膻中、夹脊两点的开合运动，一开，锁骨松开，落到夹脊；一合，就到膻中。从夹脊反弹前合时，气会共振到劳宫。劳宫的气来自膻中、夹脊的共振。这个动作可开发劳宫的觉知。练功若无法感觉身体空间的压缩，就不会有内涵。

两手飘落时必须坐胯，否则身体松沉压缩时没有支撑点，力量会落在腰椎，所以不是腰椎用力，而是用夹脊松开的反弹力轻轻将手甩到前面。手指也不能有力量，手像两条丝线，这是气的反作用力，要把力量练掉，全身像烟雾一样。多练几次，才能体会动作含藏的肢体妙境，同时胸口也不会再闷闷的。把心门打开，把大自然的清新之气吸进来，对于预防心肌梗死、心律不齐的患者有很大的帮助。

把劳宫的能力练出来，气感会增强。长期练功气机能布达全身，所有的功底都会深入毛孔，毛孔可以在瞬间压缩。所谓"身体要松，皮毛要攻"，攻就是张力。皮毛的张力训练，就从呼吸时整个毛孔舒张收合开始练习。身体松到只剩皮毛在作用，就可以以无有入于无间，向天地采气。

这个动作就是延伸体腔的空间开合，吸气时阳脉打开，吐气时阴脉打开，这都在体呼吸的范畴。

吐气到涌泉时，气沉、意沉，要全然学会松沉。动作往内走，用内觉的功夫，把身体内部虚无的空间感实践出来。用"仰转止息"（见手滚天轮系列功法）的方法，将两个阴阳点以相对位置形成气的旋转，将丹田之气带上来。升阳火而降阴符，一吸便提，一吐便咽，这些也都要练到位。

第二节　金盆洗手

【原理说明】

加强膻中的气机共振

人是动物，动物的本能就是动，但人类文明的发展却反其道而行，不论生活还是工作，动的机会越来越少，以致危及身心的平衡发展。而网络时代的"宅经济"让更多的年轻人从小就习惯长时间窝在电视、电脑前，这就不仅危及个体健康，还是整个人类这个物种走向灭绝的先兆。

大自然的设计有其深意，人在知天命、顺天命之外，还有所谓"我命由我不由天"的精神，因此中国古代天人观认为，人的创造力与自我超越的能力可以改变天命，而我们在这个时代留下的身体开发经验，也许就可以为后代子孙留下一条重新开启身体动能的线索。

长期缺乏运动导致的胸肋关节活动量不足，必定伴随着肩背僵紧、胸闷、气虚等问题。中医认为，心阳不足会造成许多心血管疾病，因为心属火，火的动力不足，体内的动能不够活泼，血液跟细胞之间的物质交换就有障碍，许多组织粘连的问题就因此而来。若胸肋关节僵紧粘连，膻中能量受阻，胸腺必败。一般的运动很难准确动到这个区块，但通过"金盆洗手"，以双手合十、肩关节夹合，直接挤压、搓揉胸锁关节的运动，可逐渐松开胸肋组织粘连，强化膻中能量，对心脏进行缓刺激，使心肺气机通畅。

动作过程中，配合松腰坐胯，将动作的作用范围固定在胸、腰、背等区域，一方面可让脊椎两旁的条状肌肉群进行伸展收缩的放松运动，改善背部僵硬、呼吸量不足等问题；一方面可通过大腿股四头肌的锻炼，间接刺激心脏。而臀大肌、腰椎、竖脊肌、腹部肌肉等协调锻炼，对于身体的整体协调操作，以及日后发展更深层的意识呼吸训练，都是很重要的基础。

此外，横膈肌位于胸肋中间，隔开心、肺与脾、胃区域，当吸气吐气时，横膈肌会随着肺脏的扩充而上下延伸。若脊椎、胸腔不正，就会使横膈肌产生不平衡的伸展。身不正则气不正，气不正则心不平，因此，通过两手掌相贴做前后开合，让肩膀、手臂始终保持在水平线上，借此水平伸展的开合压缩，可调理、提振胸廓的气机。

跟其他功法一样，"金盆洗手"对身体开发的效益，初期是通过肌肉关节的锻炼，作用到脏腑、经脉与气血。随着身体整体协调操作的能力渐渐提升，就会从肢体动作的螺旋、延伸、开合、绞转，转为经脉、穴位的操练，并配合呼吸与意识作用，形成静心、旋转、压缩、共振的气机功能，此即为活动针灸。因此，动作的动机始终不在手，而在胸锁关节配合呼吸的开合。当身体越来越放松，胸锁关节的开合与呼吸已配合无间，即可明显觉知此动作可牵引两手末梢神经与心包经，并促进夹脊与劳宫的气机共振。

做法

1. 两手合掌，松腰坐胯，脊椎打直。
2. 吸气时，右手向前延伸至极，左手掌沿着右手臂内侧缩回胸口，尽量使肩背扩充拉开，压缩胸腔。
3. 吐气时右手不动，以胸锁关节的压缩，带动左手循线滑抹至两手掌相合。
4. 左右来回操作 12 次。

图 2-1

图 2-2

图 2-3

图 2-4

动作要诀

1. 吐气压缩时,若长期心脏、胸腔缺氧者,胸口会有轻微的疼痛感,继续练习即可消除。
2. 一手前伸、一手往后拉展时,后拉的手掌必须始终贴在手臂、胸廓上,以左右胸腔的反向拉开,拓开整个背部和肩胛骨。
3. 若体力允许,不妨以马步蹲姿操作,使效能更为提高。因大腿是人体第二个心脏,刺激大腿,即可刺激心脏。但一开始不必蹲得太低,因大腿刺激,加上胸廓的压缩按摩,心脏会跳动得更快。可依个人体力渐次调降马步高度。

【课程综合摘要】

中指和尾椎的相对力量

两手掌相合,两手放松延伸,坐胯,尾椎往前推时,中指尖和尾椎两点呈相对力量。手延伸的力量相合作用于尾椎往前推的力量。膻中始终固定不动,脊椎打直,用左右胸廓(胸肋)关节揉搓膻中。吸气提缩海底,气会吸到胸椎背部;吐气压缩,气到涌泉。身体完全放松,就能体会为什么这个动作对心脏有帮助。这个运动量很大,只要拉对点,才做几下就有喘不过气的感觉,心律不整的人马上会感觉不舒服;但可达到整个背脊、膏肓的深度运动,慢慢把肩背的能量开发出来,这些症状就可以获得改善。

蹲马步的关键要领

大腿是人体的第二个心脏，所以心脏功法多半强调弓步、马步，以锻炼股四头肌，间接刺激心脏。但有很多打太极拳的朋友因为长期蹲马步，造成膝盖磨损，这是因为方法错误所致，绝不是练功的"必要之恶"。

马步要蹲得轻松自在，身体各部位的协调配合当然是关键，这也是长期锻炼的结果；但是，掌握方法，就可以在短时间内得其要领，节省很多摸索的时间。

首先要学会坐胯。胯往下坐，重心才能下涌泉，这是练功的第一关。坐胯就像坐在椅子上一样，让髋关节放松，其次，腰椎放松，膝盖、踝关节都放松，把力量放在踝关节上，重心往涌泉移，不要放在脚跟。踝关节放松后呈锐角，则膝盖也会出现一个角度。脚踝、膝盖、髋关节自然形成三个角度协调的弓，三弓定位，身体就可以像弹簧一样用最少的力气上下弹动。

两膝稍宽，不能太窄，太窄就把自己限制住了。脚尖内扣，把力量锁在脚拇指，可让髋关节、脊椎、两腿保持在自然的角度上。刚开始不必蹲得太低，因为还不会正确使用力量，力量无法放到脚踝，反而会让膝盖受不了。马步的精华在练胯，是落胯而非蹲膝盖，日久功深，自能会其意。

第三节　蹬跟引背

【原理说明】

促进跟管与督脉的开发

西方复健术之所以能成为现代医疗的一环，因为它有精确的科学证据，对于补强哪一条肌肉即可增加关节伸展的力量非常清楚，所以，每个复健动作都是针对人体工学的需求设计的。过去气功学和各派武术就是缺少这套技术性工具，故无法成为可大量复制的技术中介。其实，古代导引术也包含生物力学、人体工学的道理，比起西方复健术的人体观，也有更为整体的认知，只是缺乏现代科学性的语言。东医气机导引即主张以古代导引术结合中国武术、丹道气功的原理，再参考分子生物学与西方康复医学的思维建构而成，并尝试以浅白易懂的文字描述之。每一个动作都有针对性的专属目的，以或仰或俯、或弯或转的本体运动，产生不同角度的身体传链，借以形成体腔内不同的压缩面，再结合呼吸与意识作用，引动内气的微妙变化。

为了拓开胸廓空间，"左右开弓"系列功法也从不同的身体传链角度，让每一个组织细胞都得到充分的锻炼。例如，"活肩曲肘"和"金盆洗手"是比较缓和的运动，从"蹬跟引背"开始，则有较为激烈的动态锻炼，通过脚跟与百会的反向瞬间延伸开展，拓开背脊、胸腔，刺激心肺功能。动作中，当背部瞬间开展时，其他部位则保持放松状态，这是以瞬间蹬出的动作训练心脏压缩的贮备力，增加血液搏出量的效能，并辅以大量的呼吸，令心肌充氧，虽然会造成心脏的剧烈跳动，但与慢跑等运动造成的心跳加速相比，对心脏的作用是截然不同的。

此外，吐气时呵气出，可降心火。脚尖翘起，足跟往后蹬，有助于血液运行周身，亦可锻炼双腿韧性，缓解膀胱经、肾经及腰背疼痛等问题。当脚跟瞬间蹬直时，脚前的四头肌收缩。脚部、背部肌肉伸张，会带动经脉的伸展，促进气脉运行。四头肌收缩则可增强大腿力量，达到间接锻炼心脏的目的。

因为身体前侧属阴，主血；背部属阳，主气，气推血而行，心脏输送血液到全身，就靠内气的作用。此动作强调两脚往后蹬直时，脚跟着地，脚尖翘起，身体前倾，双手握拳往前延伸。亦即从脚跟到头顶延伸成一直线，让背部属阳的经脉全部拉开。这是炼气助血，借由引动属阳的气场，强化阳经的作用，帮助心脏推血而行的内循环机制。同时，由于跟管位于脚部后侧，是内气从脚底往上推送、直通督脉的主要管道。而古代道家的"呼吸以踵"，要诀就在跟管的开发。"蹬跟引背"在气功锻炼上的意义，即在促进跟管与督脉的开发。

做法

1. 两脚张开与肩同宽，松腰坐胯，两手握拳放松，拳心向上，置于两腰侧。
2. 吐气时出"呵"声，两脚跟向后蹬，脚尖翘起，将身体首尾两端瞬间拉开，百会向前延伸，尾椎后拉，两拳心相对往前放松撑直。

图 2-1　　　　图 2-2

3. 吸气时身体从两端向肚脐缩回，两手收回。
4. 反复练习12次。

> **动作要诀**
>
> 　　两脚瞬间蹬开时，用脚跟往后蹬开的反撑力，让臀部往后坐，身手成一直线。刚开始站不太稳，待动作操作越来越协调，就会越来越稳。

【课程综合摘要】

练拳要诀在炼丹

　　拳要饱满，一定要有气。饱满才有压缩的能量，所以台语说"练拳要练到手尾"，就是说练到末梢毛孔。脚跟往后蹬跳时"呵"气出，是将心气往下压缩。脚尖提起，脊椎往前延伸，协助气机进入肾脏脉络，再压缩出去。一吸一吐都要震动，让气血不断往丹田压缩。所以这个动作是缓吸急吐，有炼气推血、促进心肾循环的功效。

　　长吸气主炼气，短吐气主炼血，所以炼气要长吸短吐，炼血就要短吸长吐，或者吐气要快要猛，意识在吐气。"蹬跟引背"主要是引气炼血，出"呵"声，瞬间压缩到丹田。心脏主血，但不能过度直接刺激心脏，否则易生危险。炼气助血、保持气血平衡，这才是上策。炼到气血平衡，就能精神相济，否则精不足、神过猛，或神不足、精过猛，晚上都会睡不着。精气神讲的就是生理、心理。神就是大脑的脑波状态；气就是毅力，包括耐力；精就是肉体强壮。无法蹲、跑、跳，就是精亏损；意志力不够、耐力不足，就是气不足，气不足则意不足；神亏就是大脑无法稳定。

要学会气沉丹田，可先熟练"息卧坤泉"（请参考"手滚天轮"系列功法）和"攀足长筋"（请参考"攀足长筋"系列功法）。马步收提，瞬间蹬出引背时，整个背部往头尾两端拉开，冲撞力要适中，要善用尾椎的功能。全身要协调，出去的手跟往后蹬的腿成反向的平衡，所以脚跟可以很稳。把动作练到有体会，不用多久，腰背坐骨神经痛、腿部无力都可以大幅改善。

在这个看似激烈的动作中，好好体会松到透、松到底的意思。动作跟体操的差别在内丹学，若动作中没有把内丹学运用出来，动作做一万遍也还是体操，不然运动选手每天苦练，不早都练出神功了？正是因为没有丹田的概念，也没有经脉左右对称和经络伸展的概念，所以"练拳不练功，到老一场空"。

第四节　抱颈颠顶

【原理说明】

开通玉枕关

大脑组织的新陈代谢率高，血流量大。在安静状态下，脑部的血流量约占心输出量的15%，脑组织的耗氧量则占全身耗氧量的20%。因此，颈部动脉和静脉是维系生命的重要通道，但调节脑部的血流量，取决于颈动脉压。当颈动脉压升高时，脑血流量就会增加。位于颈动脉窦区和主动脉弓区的化学感受器，负责侦测血液中的恒定系数，并启动相关机制。例如，当血液缺氧、二氧化碳升高时，一方面刺激呼吸中枢加强呼吸，一方面下令血管收缩，让血压增高，以维持血压的平衡。各种营养物质通过血液运输上大脑，但是为了对脑部组织内环境有严密的保护，血脑屏障机制会在脑组织的微血管壁对物质的进入发生屏障作用，除了氧气、二氧化碳和葡萄糖、氨基酸，其他分子结构较大的物质，如蛋白质及神经药物之外的药物则无法通过。

因此，若要将氧气与营养物质送到大脑，不能光靠加强呼吸作用，因为过度呼吸会造成二氧化碳浓度增高。必须通过身体活动分泌的激素，随着血液循环送到大脑，提升大脑的思维活动。这就是我们练功强调"炼精"可以"还脑"的意义。

而道家功法在通三关到百会时，还有"莫忘提贴抱顶颠"的练功口诀。这"抱顶颠"就是"抱颈颠顶"的功夫，但过去文献记载并没有说清楚。"莫忘提贴"就是小周天功夫，"抱顶颠"即为开通玉枕关。玉枕乃人体阴阳交界之所在，通关时若夹脊僵硬，气血就无法到玉枕。真正的深呼吸是在下丹田作用，使气贴背上行，而非笼统的腹式呼吸。西方运动的呼吸法无法理解这种功夫的意义，但身体开发的诸多秘诀都隐藏在不同的导引术中。"抱颈颠顶"看似平易简单的功法，学者如法勤练，必当有深刻的体会。

"抱颈颠顶"是以尾闾往下、脊椎往上，两端同时反向拉开，再通过手与颈争力，让胸廓往前、往后开展，拓开肩胛骨，以扩大胸腔的活动空间。结合大量缓慢的呼吸换气，令心肌充氧，并使吸气扩张到背部，对心脏气机进行缓调理。动作中胸廓一开一合、一吸一吐的有氧运动量很大，可帮助气血上行，让脑部充氧，但不会过度消耗热量而增加心脏工作量，对心脏与头颈部组织体的循环供氧，能发挥深度固养的作用。

做法

1. 两手指交叉置于头颈处，头往后与手争力，并上顶，刚好卡在小指与手掌连线的手刀处。
2. 吸气时脚跟上提，同时将手肘往后、往上撑提，将头部整个往上拉拔，拓开胸腔。
3. 吐气时落胯、手肘前夹，压缩，将背部斜方肌到夹脊处撑开。
4. 动作需缓慢进行，配合呼吸，反复练习12次。

图 2-1　　　　　图 2-2　　　　　图 2-3

动作要诀

1. 两手在脑后往上撑推时，要将后脑勺往上拉，好让颈椎往上拉直。此时顺势将手肘往后拓开再上提，以手

> 和颈部的争力将整个胸廓从背部往上拉提，并大量吸气。吐气时，手肘往前夹合，挤压胸骨，将胸廓的气尽量压缩出来。
> 2. 动作时配合收下巴、百会上顶，可帮助玉枕通气。

【课程综合摘要】

莫忘提贴抱顶颠

两手指交叉置于头颈处，头往后顶，刚好卡在手刀处。用手刀托住头颈交界处，夹紧，用手掌把头部整个往上托、拔。手肘往两侧上提，头往后抬，可将背部斜方肌到夹脊的区域完全撑开（斜方肌交界处成"人"字，此处就是膏肓），使胸腔扩大。吸气时脚尖上提，吐气时落胯、手肘前夹，压缩膻中，把气压缩到丹田、涌泉。

肩背的形状就像古代帽子连着肩颈部的战袍，这个特殊的形状提示我们肩颈是一体的。不要小看颈部的肌肉，因为肩膀、手臂的肌肉群受到颈部肌肉的牵动。"抱颈颠顶"就是要利用手臂、肩颈连动的关系来完成动作的诉求。将这一块肌肉掀动起来，这里是接通上丹田与中丹田的通路，上面是脑神经，下面是中枢神经。这个所在沟通了"心藏神"的概念。西方科学已经证实心脏可以思想，跟大脑的关连性很强，所以心情郁闷、压力过大时，那是大脑将压力通过这个组织的能量传导，影响到心，所以导致脑神经衰弱、心肌梗死、压力重、中风，肩颈僵硬是第一个讯号，因为通道出了问题。把压迫到心脏的区域松开，就会觉得头脑比较清楚。

玉枕不容易开，所以许多门派练功时都强调收下巴、头顶悬，好让玉枕打开。但不论打太极拳还是静坐，一般都要数年工夫才能开通玉枕。勤练"抱颈颠顶"，可以帮助及早打开玉枕关。

第五节　握拳争气

【原理说明】

拳头有力心脏就强

人体最有力量的肌肉是臀大肌，韧性最强的是心肌。科学家在实验室发现，即使心脏离开身体，还可以在培养皿中持续保持跳动。顽强的心肌永不停止，压缩时工作，舒张时放松。心脏统领五脏六腑，靠收缩作用锻炼其韧性，所以心脏是人体能量运输的最大动力来源。

人体肌肉有阴阳属性之分，收缩时由属阴的肌肉主导，伸展时由属阳的肌肉主导。身体在自我保护时会产生瞬间收缩的反应，这种瞬间收缩的反应，也是由属阴的肌肉执行。属阴的肌肉都有弧度，像四肢的后侧肌肉都是弧形肌，因为要执行反射动作，必须柔软而强壮，充满弹性，需要更为充足的热量供应。心肌也是一块弧形的收缩肌。当心脏一收缩，瞬间搏出大量血液，将身体所需的营养物质迅速送达全身。因此，要评估一个人的心脏是否健康，要看心脏每次收缩时输出的血液量，以及在舒张时静脉血液回流的充血量。其中，静脉血液回流状态，会影响主导心跳频率的节律点。"握拳争气"可促进静脉血回流，改善心律不齐或心悸。"握拳争气"就是通过交感神经与副交感神经对血液的管制作用，吸气、蓄劲时以全身放松的体呼吸降低心跳频率，吐气、发劲时借由握拳收缩锻炼全身肌肉瞬间收缩，使气机由内往皮表传导，对心脏进行能量引爆的压缩训练，可提高心肺功能，增强力气。即使是心脏病患者，也是很实用的自我锻炼法则。

在内功锻炼的领域，本功法则是以"柔行劲，刚落点"的原则，将《太极拳论》"其根在脚，发于腿，主宰于腰，行于手指"的身体操作方法实践出来。同时，在蓄劲、发劲的锻炼中，培养沉着、松静的心理状态。初学者只要依法练习就可以掌握要领，不必盲修瞎练一大堆拳架套路。

做法

1. 坐胯、马步，两手握拳置于两腰处。
2. 吸气时两手放松延伸，缓缓舒张而出。当全身舒张到顶点时，吐气，从丹田发劲出"呵"声，手掌同时瞬间收缩握拳。
3. 或以左右手来回操作。左右1次为1回，做36回。

图 2-1   图 2-2

图 2-3　　　　　　　　　　　图 2-4

动作要诀

1. 全身需放松，力量必须下涌泉，出拳时用丹田压缩带动腰的力量，才能形成瞬间的爆发力。
2. 胯松才有丹田。肩沉，夹脊才能出力。
3. 出拳时全身肌肉同时由拳心往内收缩，所有力量集中在瞬间的接触点上，其他时候保持全身放松状态。
4. "呵"声需从丹田发出，出声是因为力由脊发，对胸腔形成强大的压缩。出"呵"声将气吐出，可疏导心气，避免内伤。
5. 此动作病人亦宜，但可不必蹲太低，速度也需更和缓。心气弱的朋友做完后可能会脸色发白，这是自然现象，很快就会恢复正常。

【课程综合摘要】

手臂松如软绳

出拳时将能量逼到手掌,借由瞬间握拳,将之回传身体,以全身的收缩促进气血运行。五指连心,拳头通心脏,但出手要松、软,爆发力集中在接触点的刹那间。所以,要练出绝对的松与瞬间紧缩的反应。因为出拳时整个心肌同时收缩,每一拳都会牵动到心脏,对心脏是很激烈的刺激,所以要特别注意呼吸的协调。

很多练拳的同好不明其理,只看到出拳的爆发力,看不到蓄藏爆发力的松劲。每出拳时以力打力,看起来气势刚猛,但因为力量会锁住肌肉,使全身肌肉僵硬,力量反而都落在自己身上。所以,想要拳打得出力量,而且每一拳都打得心平气和,就要时常练习握拳、运掌,掌无掌形,拳无拳形,手出去就没有能量。但训练的方法不是打沙包,打沙包只能练到肌肉,练不出真正的力量。身体越松,拳越有力量。手臂松如软绳,拳头如软绳的一端绑着石头,出拳时就会像石头被绳子甩出去,力量在撞击点爆发。

练拳出拳,反点是最精彩、最关键处。"反者道之动",拳打出去的接触点要能反缩回来,那就是反点。所以,出拳七分打对方、三分打自己,其实是给自己留三分回旋的余地。这是宇宙之道。一拳出去不是玉石俱焚,如果拳出去而不知道踩刹车,自己会先受伤,所以留三分力,虽然减三分力,但可以留一条命。练习"握拳争气"的道理是一样的,可以练到手酸脚酸,但颈椎不能酸,否则会受伤。吐气时出"呵"声,真气是从下丹田压缩,下至涌泉,让身体瞬间产生收缩,促进交感神经作用,这是很剧烈的心脏刺激活动,但这个剧烈活动是自己可以控制的。

出拳要打平行线，拳往下打，脑袋会受伤，颈椎会不舒服；往上打，眼睛会酸。此功法与一般拳术的正拳攻击外形很像，但道理完全不同。

第六节　双龙绞柱

【原理说明】

以顺、逆缠丝形成胸廓的开合压缩

养身运动的功法需从神经组织与人体结构在自然使用状态下，再思考肌肉、肌腱、关节、韧带的各种特性，精确计算动作与组织操作的原理。因此，心脏练养的方法，除了上述几个功法所涉及的层面，"双龙绞柱"功法则兼顾深层肌腱、韧带、血管与淋巴的运动。

人体的退化表现在心血管的功能，就是气血循环不良。心脏从主动脉搏出血液送达全身，再从脚趾末梢经由静脉回到右心房，其中经过长达约十万千米的血管组织，所需时间不到一分钟，这个工作效能会受到许多复杂因素的影响。当呼吸功能不佳，血液中的二氧化碳及乳酸含量过高，血液中的携氧量不足，毛细血管与组织间隙进行物质交换时，无法将废物经由淋巴或静脉血液排出，就会造成肌肉僵硬；而肌肉僵硬又会增加血液循环的障碍，心脏为了增加血液输出量，只好加倍做工，所以心脏功能的退化，通常会从左心室肥大开始。

胸廓左右各有十二根肋骨，将胸肋往上抬高做上下活动，再结合肩胛骨、肩膀、锁骨旋转外翻与上下活动，可帮助胸廓收缩，以及包括背括肌、冈上肌、冈下肌等深层肌肉组织的充氧放松，减轻对胸腔产生的压力。因为心脏属深层肌肉，其外围后端有很多深层的旋转肌，又称为红肌。红肌较多深层肌肉，属于慢速度的肌肉。这些慢速肌肉配合浅层肌肉的活动与拉展，负责身体深层而较费力的伸展功能。平时很少运动的朋友，大抵只能动到如二头肌、三角肌、胸肌等浅层肌肉，深层肌肉则鲜有运动机会。无法动到的深层肌肉容易缺氧，造成肌肉僵硬，导致胸廓组织、心脏周围的空间受到压迫，浊气不易排除。僵硬又会导致血管缺氧，造成体循环的机能减弱。

"双龙绞柱"功法是以两手带动身体左右边的伸展、旋转，形成顺缠丝与逆缠丝，借由双腿从踝、膝、胯开合旋转而上至胸肋、肩颈，让气机由足下如龙盘柱而上。以全身关节的旋转压缩，促使淋巴与静脉血的流动，加强体内排毒与全身上下的气血循环，减轻心脏负担。动作过程中，配合慢匀细长的呼吸，一方面带动整个胸腔做开合压缩，改善心脏周边环境，并增强心脏压缩的能力。同时，两手一前一后的运动设计，旨在让肌肉以螺旋运动带动深层旋转、牵动深层肌肉组织，若只是平行延伸，就只能锻炼到浅层肌肉，运动的效益就很有限了。

做法

1. 两脚与肩同宽，松沉落胯至左脚，右脚尖点地斜出为虚脚。两手一前一后，与右脚尖同方向往前延伸。
2. 吸气时，踝、膝、胯、腰椎、胸椎、颈椎、肩、肘、腕九大关节同时转动，两手反向旋转，带动胸背、肩胛骨旋转展开、全身延伸，如龙盘绕而上。

3. 吐气时收合胸廓，将气压缩而出。
4. 左右脚各做 6 次为 1 回，反复练习 6 回。

图 2-1　　　　　图 2-2

图 2-3　　　　　图 2-4

动作要诀

1. 此动作需注意胸腔、肩胛骨、胯与骨盆腔等部位的放松、开发。两手往前方延伸时舒指，松肩坠肘。做动作时身如双龙绞柱而升，手如老鹰展翅，一吸气就可将胸廓胀满、肩胛骨展开。
2. 胸廓与肩胛骨旋转拉开时，虚脚也要随之旋开髋关节，调整骨盆腔。例如，重心在左脚涌泉时，右脚为虚步，旋转时，右脚随之旋转。故此功法要求身体每个部位同时做旋转、上下开合的动作，令气机由身体下方往上运行。
3. 动作中若有手麻的现象，说明动作已动到深层的神经根，继续练习即可缓解。
4. 动作中始终保持单脚坐胯，吸气时身体因内气灌满全身而膨胀撑开，手指延伸出去，百会上顶、下巴内收、夹脊张开。吐气时全身收合，力量落至实脚的涌泉。

【课程综合摘要】

上下一条线，虚实须分辨

记住"上下一条线，虚实须分辨"的原则。实脚坐胯，动作中身体高度始终不变。将实脚涌泉扎稳，其他全身松开，像放风筝一样，线头这一端固定，风筝就放它飞得越高越远越好。手指最长为中指，中指顶端等于百会（人体最高点），百会要领上去，所以手指不能垂头丧气，指尖要有张力。两手松柔就能引动气机，指尖才飙得出去。吸气时身体张开，但不是用力拉开，而是令气灌满全身，膨胀撑开组织间隙，使能量物质顺利交换，故身体空间会大到产生身体的绷劲。

"上下一条线，虚实须分辨"是我的练功心得。"上下一条线"是练功的基本素养，因为身正气必正，练到自然而然，成为本能，就能进一步体会"脚下阴阳变"的身体作用。

"上下一条线"是指百会、会阴、涌泉保持在一条垂直线上，更精确地说，必须包含：从后面看时，后脑、尾闾、脚跟一条线；从前面看时，鼻尖、膝尖、脚尖一条线。

练功要从脚底下功夫，首先就要练松沉到涌泉的功夫，让身体的线路全部归位，因为气不往下导引，身体浊气就无法排除。但一般人的身体觉知太迟钝，如何才能养成这种能力？以下是初学者自我练习的良方。

第一步：全身放松，手臂下垂，双目垂帘。调息片刻之后，从头部开始，做全身正骨统一的练习。首先用"觉知"，特别是用"灵觉"，检查头是否正确地摆在颈椎上面。身体有八种觉知，眼耳鼻舌身意共六种，其次是动觉，亦即借身体动作唤醒的本能觉知。第八觉为"灵觉"，那是一套更高层次的内视系统。用灵觉检查自己的身体，才能超越肉体，真正地认识身体。

第二步：看看鼻子跟下巴底端是否连成一条线，而这条垂直线，是否也正对着肚脐？如果是，表示头部已正确地摆在颈椎上。

第三步：检查颈椎有没有摆在胸椎上，有没有驼背，如果驼背，表示颈椎摆放的角度不正确。接着，再依序检查胸椎有没有摆在腰椎上，腰椎是否端正在骨盆上，骨盆是否水平在髋关节上。

要怎么判断骨盆是否正确地摆在髋关节上？全身放松，两脚与肩同宽，自然站立。两手垂放于身体两侧，双目垂帘。

百会微微往上领，下巴内收。先检查肩膀是不是水平摆放着，有没有一边比较高，同时用意念看看两个手指端高低是否一样，两腿承受的力量是否相同，假如一样，表示骨盆已正确地摆在髋关节上；假如感觉右腿比较重，表示髋关节左高右低，需要稍微调整一下。

第四步：再往下看膝关节有没有放松置放在踝关节上，踝关节有没有正确地放在脚掌上。

逐一检查后，此时不论是身体的角度，还是全身关节垂直的受压能力，都在最佳状态。在身形统一的情况下开始练功，就有事半功倍之效。

阴阳之变在松沉

身形统一之后，就要把动作的"根部"练出来。下盘不稳，涌泉无根，上身就无法虚灵如风吹柳。

练功强调"下"功夫。这个"下"字，道尽气沉涌泉与脚底阴阳变化的重要性。"左右开弓"系列功法特别强调弓步与马步的锻炼，特别是在重心移转与步法变换时，关键在松沉。能松沉，才能练出脚底的真功夫。所以，重心的移转是由脚底的阴阳变化带动力量渐变转移，就像太极图一样，从老阳到少阴、老阴、少阳、老阳。而其变化之机，是以身体的开合，配合脚底的阴阳变化。

试把初学时的坐腕、旋腕、突掌、舒指练习，在脚底操作。坐踝时力量沉到脚拇指，突掌时到涌泉、脚跟。舒指时脚趾舒展，整个脚底平贴地面，尾闾放松。胯沉、膝沉、腰沉、肩沉、踝沉，全身沉到不可知的深渊。脚底有功夫，即可反过来以脚底根部的开合起落，带动身体的开合起落。

松沉的关键是全身关节腔面的压缩。我们练动作是为了开发身体空间，身体卡住的地方就更放松，放松才能化掉僵硬，从身体里面化掉卡住自己的力量。当身体松到全身关节无一处不能松开，力量就可以透到脚底，气机方能转运全身。所以阴阳之变在松沉，不是盲目移动重心。练功要慢步如猫行，那是两脚虚实对应产生的力学原理，其实就是松沉。

第七节　鹰鹯捕食

【原理说明】

宜缓宜急的左右心室重力刺激

心脏功法的设计是由气血循环到心肌充氧，从心脏系统周边环境的调理平衡，再深入心脏本体直接锻炼心脏功能。接下来的三个功法虽然较为激烈，但相对于球类、赛跑等竞技式的运动，这些功法是更具保健意义的本体运动。同时，对心脏的刺激也在自我控制的范围内。因为球类等运动常有无法预期的瞬间立即反射动作，心脏若无法承受突如其来的压力，就会发生危险。气机导引功法不论多么激烈，都在个人控制之下，因为运动对手就是自己，患者可随自己的承受力调整速度与强度。若有严重的心脏病，刚开始先试探性地选择如"活肩曲肘"等较缓和的功法，再随着身体的适应程度慢慢加深。若有气血循环不良、呼吸不顺等气虚现象，则不妨尝试用强度较高的"鹰鹯捕食"和"攒拳压掌"以图改善。

我们时常强调松柔缓慢的运动才是高效能的运动，因为减少细胞中的能量燃烧才能产生更多ATP；但是人体机能仍需要通过无氧呼吸的糖解运动产生力量，以合理的消耗，刺激合理的发展，否则身体侦测到需求降低，用进废退，就会降低资源的供应。因此，维持快、慢二比八的运动方式，对健康最有利。以心脏而言，心肌细胞是线粒体密度最高的所在，这意味着心肌需要更大的能量供应。若缺乏运动刺激，心脏的贮备力降低，当身体需要瞬间产生强大动能时，心脏就会不堪负荷。这也是静功修炼必须兼顾动功锻炼的主要原因。

"鹰鹯捕食"功法源自长沙马王堆汉墓出土的《导引图》，动作模仿身形灵活、速度敏捷的鹯鸟左、右转颈，跳跃觅食的情景，借此训练身、手、步同时爆开的身体张力。在快速的移动前进中，保持全身放松稳定，用呼吸调整一松一紧的动作节拍。动作快慢、长短相兼，身体从肩膀、胯骨向左向右180°瞬间反向翻转，带动两手前后甩动，以及胸腔的瞬间舒张、压缩，除了可以直接刺激心脏与左、右两肺，增强心肺功能，还是内功训练的重要法门。

动作中以弓步跳跃前进，可锻炼股四头肌与下肢体的灵活反应，并间接刺激心脏，使身体得到充分的运动量，促进气血平衡。身体在步伐交换、左右甩荡之间，必须保持稳定，这一方面要靠脚力，一方面要靠左右脑平衡、身体协调能力，以及节奏稳定的呼吸。刚开始不容易做到，通过本功法的锻炼，即可开发人体整体灵活度与内功的基本能力。

做法

1. 准备动作：吐气，沉左脚，右脚虚步点提。两手交抱，气沉丹田。
2. 吸气时手脚同时前后甩、跳。左脚往前大步跳开，右脚往后拉开成左弓右箭步。左手前甩，右手往后拉开，上身再往左边迅速旋转，带动两手前后交换甩开。
3. 吐气，后脚前收点提，沉左脚。两手交抱，气沉丹田，右手下，左手上。

4. 动作如上左右反复，左右为 1 次，反复练习 36 次。

图 2-1   图 2-2

图 2-3   图 2-4

图 2-5

图 2-6

动作要诀

1. 动作时身形需轻灵如鸟跳跃觅食状，并与呼吸配合，开展为吸，收合为吐。
2. 往前跳跃跨步而出时，前手略低，后甩手略高，眼睛看前手。上身甩转时两手掌尽量撑开，转头看后手。
3. 功法包含肢体逆惯性的操作，亦即逆着身体的惯性而动，可平衡左右脑、训练身体协调度，亦可平衡身体惯性造成的过度劳损。

【课程综合摘要】

身、手、步同时爆开的张力

跨步时前后脚跳开，前脚跨小步，后脚跨大步拉开，脚步需灵巧轻快。配合吸气，两手迅速前后甩开，转头不转身，可带动胸腔压缩、刺激左右两肺，锻炼心肺功能。肺经在拇指，故前后手拇指都朝上。跨步跳开时后脚跟可离地，手像把盘子丢出去一样轻快矫健。吐气时将气合到丹田、涌泉，手臂交抱，或在两手内关处重叠，握拳成十字手架开护裆。总之，要表现出身、手、步同时爆开的身体张力。

这是两段式吸气，吸气要实、要满，吸一口，再吸一口。吐气要稳。别管是不是吸到丹田，自然就好，让整个身体吸满。动作要稳不要急，练功要学会掌握高峰当中的恢复期，动作当中也要有恢复期。不能像短跑一样一味往前冲，正如心脏收缩与舒张的功能特性，一急一缓才能走长远的路。要从动作当中揣摩其中的关键，不必像赶路一样，该调息时调息，吞一下口水，站稳了，继续往前。

这个动作初学者若操之过急，动得太猛，会感觉吸气不够，这是因为动作刺激让整体机能活跃起来，需要大量氧气，但许多人的心脏贮备力往往不足以应付这突然而至的强大需求，所以要量力而为。为什么身体越强壮的人越容易心肌梗死？因为身体强壮的人如果平常不运动，身体突然动起来，压力就会很大。练功会使肢体越来越勇壮，如果心脏不够力，就像一辆大车换了小车的引擎，车身太重，一飙起来引擎就会烧掉。所以，心脏的练养要一步一步来，不要急躁。

所有转身拉开胸廓的动作，都对心脏有益。心脏病患者要操作这个动作，可先用两脚尖交互点跳练习，跳到两脚灵巧有力，再配合甩手。再者，也可以将这个动作的速度放慢，像跳舞一样，慢步走路，左右甩转，一样可以拉开胸廓，让左右心室受到缓慢的刺激。一百岁的老人都可以做。

第八节　攒拳压掌

【原理说明】

血液上下循环的导气训练

心脏功能异常，一定要避免剧烈运动。因为剧烈运动时身体必须快速换气，导致浊气上浮，若循环不及，就会造成心脏缺氧，甚至窒息衰竭。但身体的动能又必须快慢相兼以平衡机体功能，"攒拳压掌"就是针对内气上浮而做向下导气的训练，帮助心脏功能异常患者面对快速运动的障碍，借由气沉丹田与背脊的瞬间延伸，锻炼肩胛与背部组织，再将胸廓从正面、侧面做瞬间开合压缩的锻炼。同时，将内气从膻中经下丹田压缩到涌泉，锻炼心脏的循环功能，使人体出入升降的能量循环机制更为健全。此外，也可以结合打虎式，以一手下压，一手旋转提肘，瞬间落拳下打的击虎状，压缩胸廓，锻炼心脏抗压能力与内气的爆发力。

动作练习时，心脏跳动会逐渐加快，但不会喘，近似"握拳争气"的功能，但"握拳争气"是以瞬间击拳压缩提高呼吸频率。"攒拳压掌"有呼吸吐呐与气沉丹田的调和，一般不会造成喘息，但心脏的跳动会循序变快，是一般人强心保健和心脏病患者自我调养的良方。动作次数可依自己的承受程度而定，不必太勉强。

"攒拳压掌"主要来自少林拳强身健体的概念，在其他武术派别也有类似功法；但武术与养生保健的功能诉求略有不同，因此我在功法的设计规划时，针对心脏练养的需求，选择具有瞬间爆发力的部分，加以裁剪融合，一方面避免太过激烈，一方面让身体借由呼吸调节，在一松一紧之间，以"柔行劲，刚落点"的原则，锻炼身体欲刚则刚、欲柔则柔的无限潜能。

做法

1. 右弓左箭步，两手压掌，置于胯两侧。
2. 吸气，握拳扣肘。
3. 吐气出"呵"声，朝前方出拳，顺势将背脊延伸拉开。此为"攒拳"。
4. 吸气，手肘内扣收回，落胯，随即将胯弹起，同时将手肘往外瞬间撑开，使两手臂平行，两拳松开，指尖相对，此时将气吸满。
5. 两掌下压，经两肋身侧下压吐气，将气压到丹田。
6. 收右脚成虚步，重心沉左脚，掩掌、提肘、抬脚，百会、会阴、涌泉保持一直线，此时将气吸满做打虎状。再吐气，瞬间落拳，成平马步。
7. 从重心落右脚开始，如上操作身体左侧的动作。左右1次为1回，依个人体力，反复练习6～12回。

图 2-1　　　　　　　　　图 2-2

图 2-3　　　　　　　　　图 2-4

142　气机导引：内脏篇

图 2-5　　　　　　　　图 2-6

图 2-7　　　　　　　　图 2-8

第三章　系列功法

动作要诀

1. 从膻中压气而下时，需保持弓步，让胯垂直落下，但不需落得太低。慢慢地腿劲会越来越强。
2. 两肘扣回时往丹田吸气。两臂由内往外弹开时，气从腹腔吸满到胸腔，再下行压缩，就有很大的空间。
3. 若为了加强心脏的作用力，可加打虎式。一般读者可免，故无图示。一手压掌，一手提肘成打虎状时，采手握拳如螺丝旋转，越旋越紧。此时肩与胯仍保持松沉状态，百会、会阴、涌泉成一直线，眼睛注视压掌的手心下。
4. 后脚跟步向前时提收尾闾，在身体高速运转时，有意想不到的益处。

【课程综合摘要】

"以气逼气"与"以意逼气"

吐气时下压丹田，出"呵"声，此是行功运气之法。将气逼往下丹田，并以下丹田之震动促成早日结丹。逼气之法有二，一为"以气逼气"，一为"以意逼气"。通常两者相辅相成，效果最为显著。以意逼气，又称为"火逼金行"，火者，心为火，指意识而言；金者，气也，气为金刚，无坚不摧。在我看来，《金刚经》通篇都在讲无相，亦即气之为用。

吐气时配合不同嘴形的出气声，可对不同的脏腑形成内气的压缩共振，这就是陶宏景六字诀呼气法的基本原理。例如出"呵""哈"声，作用最深，可泻心火；"嘘"以泻肝火；

"呼"以泻脾火;"呬"以泻肺火;"吹"以泻肾火;"嘻"泻三焦之火。从此可知,吼一吼对心脏健康的确很有帮助。从情志的角度来看,喜恨最伤心,长期力不从心、心想事不成,满怀怨恨无处诉,心脏病就会发作。

气机导引静坐法强调,用意识从鼻根吸气到中脘,吐气从膻中下到丹田。一般吸气时横膈肌活动幅度不大,但通过吸气压缩练习横膈肌往下延伸,配合动功的锻炼,久而久之,身体空间就会出现,呼吸自然形成"抽提相"。"抽提相"出现,静坐中的动功就形成了,静坐就可以产生庞大的内部能量,这才是静坐武火的本来面貌。这种"抽提相",就是冲脉呼吸。"攒拳压掌"就是运用冲脉呼吸的原理,内外气鼓满身体内部空间,才有瞬间压缩爆发的动能。

脊椎要放松,很多时候力量会被脊椎卡住。透身松开,气才能往下引,身体松开才能膨胀,不是刻意鼓大。练功要往松的方向发展,才能蓄积无坚不摧的力量。身体的爆发力是松到极限的功夫,极柔乃能极刚,刚从柔中来,柔行劲、刚落点,以柔蓄刚,虽刚犹柔,才能登峰造极。所谓"柔极必反刚",心刚则刚、意刚则刚,因为松柔到极限,能量自然就放得出来。到刚点的时候又化圆下来,一圈套一圈,循环不已,与气血循环的属性相谋合,所以是心脏功法。

在高速度行进时,尾闾不收,中枢神经容易受损,这就是动物在面对危急时会夹起尾巴的原因。往下蹲时务必要收尾闾,眼看是吃亏,其实是占了大便宜。外三合的比例要对,肩松靠胯松,手肘的力量来自肩膀,肩膀的力量来自胯,胯来自脚踝。守住这些原则,练下去就有功夫,否则会练到全身都是病。

第九节　左右开弓

【原理说明】

从五脏六腑到身心灵的统一

练功是追求内外统一的过程，从身理的统一、心理的统一到环境的统一，由内而外、由小而大，从小宇宙到大宇宙。在一即一切、一切即一的宇宙中，大系统里面有小系统，小系统又具体而微地包含大系统。因此，我们练功就是从身理的统一，逐渐开启透视宇宙真理的能力。身理的统一包含肝、心、脾、肺、肾等内脏系统的平衡。在小系统的锻炼时，兼顾其他脏腑与人体大系统的传链关系，就可以得到身心灵的整体平衡，这门大学问，气功学统称为丹田，即上丹田、中丹田、下丹田。

心脏功法的主要作用就是从各种不同的角度整合心律、激发心能，借此达到内脏系统的整体平衡。"左右开弓"是通过身体的开合与两脚涌泉的重心变化，令身体循着8字形的太极曲线移动，配合两手如拉弓状，以左右手交换的侧向伸张，拓开肩胛骨。借由胸腔的开合压缩，开发胸腔空间，调整心律，并促进胸腔与腋下的经脉活络。吸气吐气皆由丹田带动，以蓄积身体更强大的内劲。呼吸采长吸短吐，让交感神经亢奋。借此动作运转全身气血，控制有形与无形的机能平衡。

此外，在"上下一条线，脚下阴阳变"的原则下，全身上下贯串，通过全身关节腔面的放松与压缩至两脚涌泉，循着太极曲线形成一松一紧、一进一退的阴阳变化。配合呼吸与意识作用的开合、升降，动作练到微妙之处，呼吸深达幽玄之处，即气吸不尽、气吐不尽，心理完全进入虚静之处，就可以渐渐超越有形的身体与物质界，洞察宇宙人身的变化循环。如此则不只是五脏六腑的协调统一，也是心理和环境的协调统一。

因此，"左右开弓"除了练心脏机能，最重要的是锻炼心神，练稳定、练感应、练觉知力。拉满弓时，将气吸满，此时需屏气凝神，将眼神锁住远方虚空处的一个定点。再吐气压缩，将重心从后脚涌泉压缩到前脚涌泉，同时形似将手上的无形之箭射向远方虚空之处的目标。如此通过眼神的锻炼，眼睛的专注能力将越来越精准，因为那已经成为可以穿透虚空的非眼之眼。所以，练功的最高层次，就是要找出隐藏在肉体之中的原始力量。也只有超越实体，无形无相，才能成其为最大的力量。

总之，"左右开弓"的功法最早出现在两千多年前，经过历代各流派的传承，也已累积一千多年人体实验的经验。因此，不论是有形的锻炼，还是无形能量的开发，本功法都是人类身体文化的瑰宝。

做法

1. 两脚与肩同宽，全身放松，两手自然下垂，双目垂帘，调息片刻。
2. 重心沉转于右脚，左脚跨出成弓箭步时带动两手自然荡出。右手握拳如拉弦，左手拇指扣指，指尖朝上立掌如撑弓。
3. 吸气，右手往后拉展至极，左手立掌不动，使两手臂与肩齐高。此时重心渐渐转退到后脚涌泉，闭气，目视前方，变成右屈左直的仆步。
4. 吐气，右手往前推挤至左掌根处，同时重心松沉至左涌泉，成左弓右箭步。
5. 如此反复 6 次或 12 次，再换边操作如上。

图 2-1

图 2-2

图 2-3

图 2-4

图 2-5

动作要诀

1. 动作开始前先做全身的自我检视，让脊椎放松地一节一节各安其位，使身形统一。如同即将拉动一把巨大的弓箭，身体一定要有充分的准备，否则身体歪七扭八，身体不正，越动越糟糕。
2. 本功法亦可活步走动练习。
3. 动作中需保持百会、会阴一条线，不只是胯转，而是全身关节的协调连动。底盘要稳，通过全身关节腔面的压缩，脚底松沉如虎爪般粘住地面。
4. 拉弓时，由丹田带动身体从腰椎开始旋转，转到颈椎，所以眼神会跟着拉弓的手肘走，但注意力仍在远方目标点上。吸满闭气时，螺旋下沉锁落到后脚涌泉，再吐气压缩而出。做到"卷之则退藏于密，放之则弥六合"。

【课程综合摘要】

反点的力量

"左右开弓"要走太极曲线,去为阳,回为阴。太极要守虚点,守阳中之阴、阴中之阳,练其微不练其显。太极图中的一大片黑或白是显,你能练到的大家也练到了。你说气沉丹田,大家也懂气沉丹田,这是显,是基本功。我们要练其隐微处,这才是上乘法门。动作要练到微妙之处,呼吸要吸到隐微之处,心理要到达虚静之处。我现在谈的是练功的方法,不是解释《道德经》,只要照着学,都会有成就。正因为它不好练,所以学问道行就在这里。练其所知,知之于微,洞察不易觉察的幽微之处。练功不是练肌肉,是练别人不知道而你看到的能量之所在,也就是"道"。

"左右开弓"就是要练出内部的线路,守住一个阳点,进为阳、退为阴;进为吐、退为吸;进为攻、退为守;进为合、退为开。开合、吸吐、阴阳往来之间,守住开合之间的缝隙,就像电灯的一开一关之间,守其明暗之际。开合之间守其隙,因为那是能量最强之处。阴极转阳、阳极转阴,谷底反弹的能量最强。呼吸要守一呼一吸之间,所以停闭呼吸很重要。就像海浪卷上来之后再反转而下的极点,那就是停闭呼吸之处,也就是练功最重要的"反点"。古代修行人静坐时闻沉香,停闭呼吸是很重要的,因为停闭是引爆点。气满之后,不让它动,它会自然酝酿爆开,充盈扩散至周遭的经脉,如同水湿在体内的渗透作用。

这要从很多地方去练,练动功时不要猜疑自己到底做得对不对。就像写书法,必须通过不断的练习逐步肯定自己,心对了、意对了,形就对。你写的字不必跟我相像,你认同我谈的观念，并开始行动，自然就会走上与我相同的道路。所以，静坐时从鼻根吸气经后庭、大椎到中脘，吐气从膻中到丹田。开合之间守其隙，呼吸之间守其闭，守其交接之处，丹田跟膻中之间的呼吸往来才能微细。这两点之间就会产生交通，这个交通非常重要，它并不是丹田，而是冲脉。能练到这里，才有办法带你往下走，静坐才会有意义。

松才能如如不动

身体要松要沉。吸气后退时，胯的转退要以前脚半圆、后脚半圆转退。重心在前脚时胯转半圈，重心在后脚时胯转半圈。两个半圆的交接点在中间，身体还不稳就不管丹田，先练松沉，但是胯要保持在同一高度上进退。拳有松紧，弓要张满，也必须松开。要让箭射出去，弓要怎么松？怎么紧？这要一边练，一边体会才行。张满弓的时候肩膀不能绷紧，肩膀放松，张满了弓，就会牵动胸腺和心脉。

手荡出去准备张弓时开始吸气，转退时继续吸气。吸气是蓄劲，吐气是发劲。两两推手时，一松沉，就会把对方的力量卷上去，他就被你推出去了。手不能僵硬，如果害怕、有所顾忌，就会被自己锁住。松，即随他去，任我东西南北风，就能做出立即反应。泰山再高再大，泰山崩于前，不要被它压到就好。害怕无济于事，大难来时，及时的反应才重要。

拉弓时立掌就好，不必在手指上有太多刻意的表现。许多八段锦教学者会用夸张的手指动作，除了好看，并无任何作用。两千多年前的导引图上，这个动作的手指是平伸的，我们立掌是为了刺激掌根末梢，掌根稳了，身体其他几个点就会稳。

掌有拦打之意，拦一定往前，握拳之手则一定跟随在后，准备随时应出。一手拦,另一手一定握拳,这不用思考,是大脑平衡的自然反应。注意两肩的平衡和拳掌的协调,拳掌不协调,动作就不协调。所以,我们的训练是全身各个部位的协调训练,拳掌协调是其一。我将来还要教你们手指、脚趾的功夫,你们慢慢会练到手指末梢都能开通。五指连心,掌握不了自己的手指,就掌握不了自己的心。手指、脚趾的功夫都需要定,那是非常内觉的功夫。如如不动,环境都在动,你也动,但心却从来都没有动过。把功夫应用在生活之中,各方面都会有大突破,但一定要先跳脱原来的恐惧与视框,把格局拉大,不要被人类的游戏规则限制住。

外部动作是身体内部的开合之相,用全身的关节同时产生压缩,气才能上下引动。一手拦,一手用内劲轻松地扳住,拉弓时好像扳着一条绳子进来。闭气,沉转,再吐气压缩过去,依脚跟、涌泉、脚尖的顺序,从后脚压缩合到前脚涌泉。有张力,有合力,一张一合,一松一紧,如日月交替,身体有绷张开合之感,练功就会充满乐趣。因为每一个细胞都注入新的思维,你的意识不可能不改变。

凝念、专注、空,以无箭练有箭

闭气压缩转回时,用意识锁住远处一个虚空中的目标。吸气时,似将目标拉过来,但目标仍在原处不动,练习日久,这个目标就在意识里。刚开始这个点如果晃来晃去看不清楚,是因为专注力不够,那就先锁住一个较大的目标,再渐渐缩小为一个点。眼球的习惯反应会焦聚在有形的物体上,不会在物体跟眼球之间的虚空点上;但是,眼球当中有一种气,姑且说是眼神,它是可以训练的。练到后来,静心专注,眼睛的判读能力就可以超越实体而看到虚相。最后,不管身体怎么动,目标都不会移动,随时可以一箭中的。这要用全然放松的专注，练出本能反应，所谓"屏气凝神"。过去的文人很多都练武，他们写的优美的文辞很多来自武术的心得——凝念、专注、空。心中有箭才会射不准，无箭时箭就是光，故能无所不至。练功练到最高层次，就是要找到隐藏在肉体当中无形的最大能力，而最大的能力是虚相，不是实体。意识要空，才能听气、接气，因为意识跟气的速度都是超音波。

我去训练获得奥运会金牌的跆拳道选手时，一是训练他们的眼神，二是训练他们的爆发力。射箭的道理也一样，当瞄准已经变成本能，就要学习用手去计算风速的节拍、去感觉风速的阻力。掌握到风速，箭就能射出去。我不懂射箭的技术，但我知道怎样让精神和肉体整合到那个目标。

心脏功法最终要练的是"心平气和"。从调整心脏频率开始，慢慢地连心跳、脉搏都可以控制，到时候心能定，能量的发散与吸收都可以控制。通过心脏机能的锻炼，练出心的无形素养，这才是达到高层次健康的功夫。肾脏功法要练心性的稳定，让水波不要溅出来；锻炼肺功能的"旋转乾坤"，最终要练的是无形内化的呼吸管道；"引体旋天"要练内气与外气的共振；"攀足长筋"练无筋，有筋就会僵硬，所以不练肌肉不练拉筋，只有脏腑上提；心脏功法的最高原则，是练稳、练目标、练感应、练觉知、练传递的能力。所以，气机导引是地球的运动学，并不是哪一派的气功。

心藏神，心气稳，神就稳；心气乱，神就乱。气定神闲，就可以看到非眼之眼所能见到的世界。肉体可以苦练，但这种功夫只能悟，不能只是苦练，因为这是一种既存在又超越的心境。只有悟到这样，才可能走到哪里都不会被伤到，一句话、一个动作所引起的感觉，你接到了，不做反应，它就过去了。焦聚空掉了，就没有主副眼，看一切事情都不会产生偏差。

结　语

　　心脏练养功法是通过身体活动深入了解自己的"心"，必须注意的是，这个"心"不只是心脏，还包括可以"藏神"的"心"。这个识神之心具备感知一切的能力，跟大脑的思考、分析能力不同。我们对世界的认知，是通过心去认识的，而心的认知，就是身体的认知。身体有六十兆细胞，每个细胞上面有十万支可以接收讯息、传递讯息的天线，所以身体的感知能力比只有一千亿个细胞的大脑更为敏锐。身体感知环境变化与应对方法的所有讯息，这个讯息由心的识神统整，再交由大脑分析、判断、下指令。身体记忆38亿年物种演化的所有经验值，所以是先天的。大脑的分析判断、思考理解能力是后天的。出生时我们带着仿佛是空白录音带的大脑，开始记录此生，死亡时全部消磁，所以才有"孟婆汤"的传说，用以清掉所有的人生记忆。

　　练功要活化身体的觉知力，杜绝大脑的干扰，让因为用进废退而逐渐关闭的基因重新开启，找回人体的天赋本能。这也是心脏功法的基本概念之一。

　　除此之外，配合时间节律的饮食、起居，对心脏功能的养护，也有重要的作用。

　　心脏跟肝脏不一样，肝脏需要通过充分的休息，才能让肝脏功能发挥到极致。心脏则需要适当的身理刺激，以维持周身气血循环，保持其特有的运作强度与规律。我们把挚爱称作"心肝宝贝"，因为心与肝受病时往往不易觉察，故需要特别仔细的关爱与呵护。肝经的子午流注时间在深夜一点到三点（丑时），心经的子午流注时间为中午十一时到下午一时（午时）。过去中国人习惯午睡，曾受西方国家指为散漫、缺乏效率，然而现代的医学研究已经证实，午间小寐片刻，对心血管健康颇有助益。晚间休息要保持室内黑暗，不能有灯光，以刺激褪黑素分泌。午间休息则需保持适度的光线，否则午睡乍醒时光差过大，细胞会受到惊吓，全身都会不舒服。

在饮食方面，虽然中西医对影响心血管疾病的饮食建议很不一致，不过我认为，维持肉类与蔬果的二八比是合理的。食用过多蔬果造成的体质寒凉已是事实，人类毕竟是杂食性动物，就养生的观点而言，适量的肉类摄取可以维持营养的均衡，反而可以避免高血糖、高血脂、高血压对心血管健康的威胁。

再者，情志是影响健康的重要因素，但它的影响力无法用数据测量，很容易被忽视。练功的人往往因为情志疏于管理而功亏一篑，尤其是喜、恨都伤心，大喜人人爱，仇恨人人怕，殊不知两者都是源出一同的极端情绪，除了会让心血管承受突如其来的舒张收缩压力，造成心血管循环与心脏机体本身的病变，还会影响工作、生活之中的心力表现。

练功包括运动的身体管理和饮食起居、情绪的调控，最终的目的是身心灵都能与大自然合而为一，顺自然而生，顺自然而死。我们从运动的身体管理做起手上功夫，目标诚高远，但步伐平实稳健，而一切的人生实践，都在其中了。

内脏功法三

引体旋天

脾

胃功法

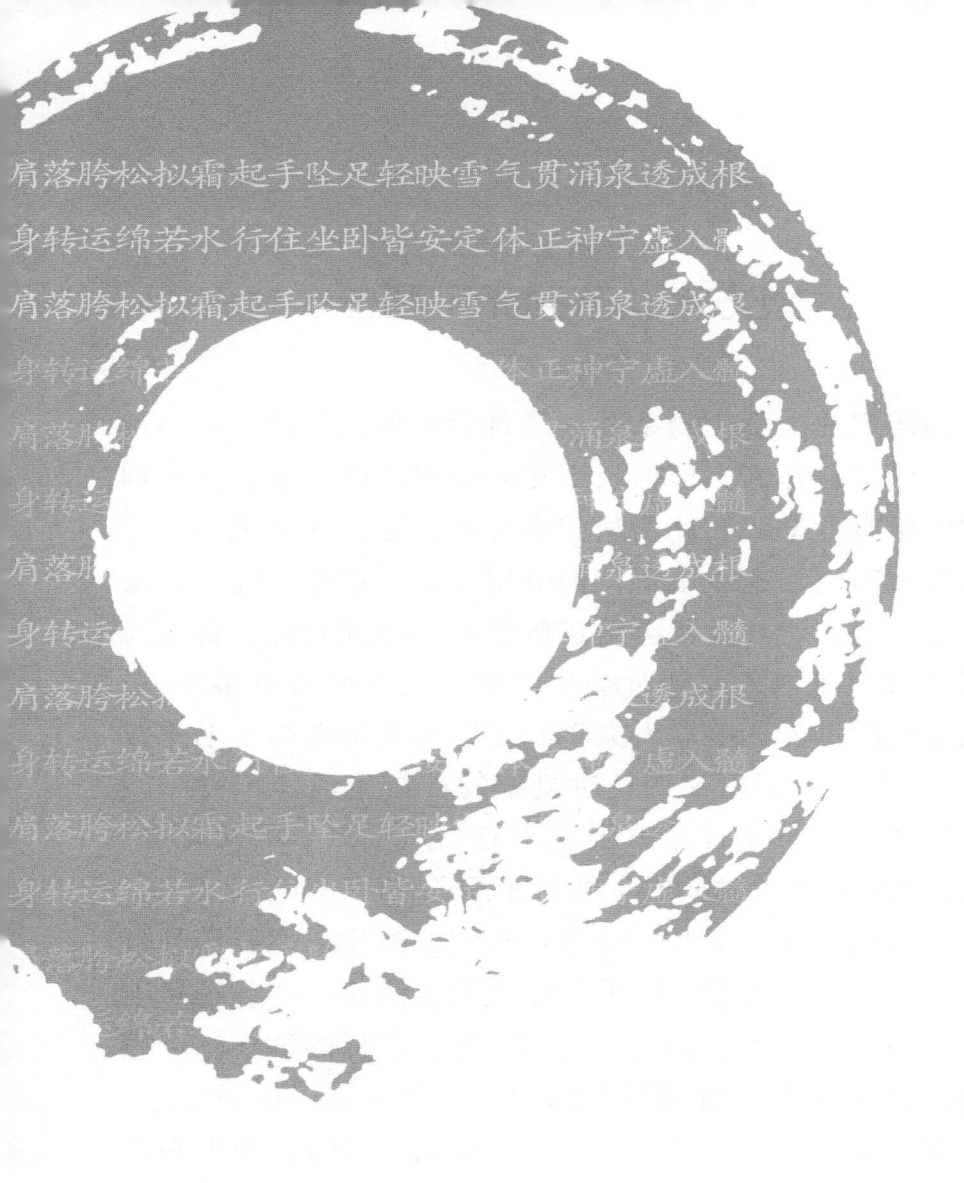

肩落胯松拟霜起 手坠足轻映雪气贯涌泉透成根
身转运绵若水 行住坐卧皆安定 体正神宁虚入髓

楔子

直方大，不习无不利

美国斯坦福大学生物系暨神经科学系教授萨波斯基是一位知名的医学科普作者，他擅长用充满幽默感的笔触，把生涩艰难的医学专业知识转化为趣味盎然的话题。在《斑马为什么不会得胃溃疡》这本书里，他就用非洲大草原上随时将惨遭狮吻的斑马跟纽约大都会上班族的处境相互对照，直指人类自从脱离蛮荒进入文明社会生活后，反而制造更多压力，对健康造成深远的影响。人类学者王道还先生在为本书作跋时也说："人类发展出文明、过复杂的社会生活才不过一万年，我们体内的自主神经系统至少有五六千万年的演化史。文明与自然的对决，输赢再明白不过了。"

事实的确如此。虽然已经过长时间的演化，但我们的自主神经系统至今仍未学会摆平伴随文明生活而来的各种思虑活动引起的压力刺激，例如，我们有各种各样的欲求、牵挂与不满，这些情绪不断刺激交感神经，身体为了应付需求，只好抑制副交感神经，长久以往，健康亮起红灯，脾胃则首当其冲。中医历史上的金元四大家之一李东垣引用《黄帝内经》的理论，从而开创以脾胃为主要治则的"补土派"，他认为："元气之充足，皆由脾胃之气无所伤，而后能滋养元气。若胃气之本弱，饮食自倍，则脾胃之气既伤，而元气亦不能充，而诸病之所由生也。"而病从脾胃起的首要原因是："苍天之气，清净则志意治，顺之则阳气固，虽有贼邪，弗能害也。此因时之序，故圣人传精神，服天气而通神明。失之则内闭九窍，外壅肌肉，卫气散解，此谓自伤，气之削也。……

故苍天之气贵清净，阳气恶烦劳，病从脾胃生者一也。"

把脾胃跟"苍天之气"拉上关系，的确匪夷所思，但若从五脏与五行的对应关系去想，应当可以理解。脾胃为土脏，莽莽苍天形而上的阳气能量要转为形而下的具体物质，在自然界就是山川大地，在人身则是脾胃，这跟中国思想文化的总源头《易经》是一致的。所以乾坤父母卦，一阳一阴，万物资始、万物资生。但是，当无形的天的能量落实为有形的大地，大地所畜养的一切生命就必然遭遇重重险难，所以老子说"吾所以有大患者，为吾有身"，其体悟是很深刻的。

人类在蛮荒大地力图生存，经过漫长的演化，形成我们今日所理解的文明。而这个文明的核心，始终无法脱离这个课题——如何与天地自然相处？或者说：如何与自己的身体相处？甚至可以说：如何与自己的脾胃相处？

民以食为天，饮食养脾胃，而处理消化吸收的脾胃功能受到副交感神经的制约。上古人类虽然过着穴居野处、采集捕猎的生活，物质常匮乏，但恬淡自在，即使常有生死交关的情况，也都是短暂的压力，对他们以副交感神经主导的生活影响甚微，所以脾胃强壮，是"其寝不梦，其觉无忧"的"真人"。文明带来富裕的物质，也带来如影随形的压力。现代人随时都在交感神经紧绷的状态下，脾胃气机失调，十之八九都有脾胃衰弱的问题。

美国人本主义心理学家马斯洛将人类的需求分成五个层级，即生理、安全、社交、尊重，以及自我实现的需求。若从中医脾主忧思的观点来看，我们甚至可以作出这样的推论：人类在运用思虑聪明以追求自我实现的同时，如何能不伤害到提供营养物质以养活自己的脾胃仓禀之官，恐怕是下一阶段的人类文明寻求出路的一条重要线索。

《易经》坤卦就点出一个方向："直方大，不习无不利。"直为地道，大为天道；方者，仿效也。以直仿其大，地藏谦而直，天藏虚而大；以有身炼无身，以行动实践梦想，将肉体之躯的生理欲望作为不断向上修证的桥梁，以性灵之躯的超我意识作为终极目标，这才是脾胃功法最终的目的。

第一章 功法原理：引体旋天理脾胃

第一节　人体消化系统

从西方医学的观点来看，人体消化系统包括消化管与消化腺，主要是受自律神经的副交感神经作用。消化管包括：口腔、咽、食管、胃、小肠、大肠。消化管主要借由磨碎、搅拌与蠕动来运送食物。消化腺包括：唾液腺、胃腺、肝脏、胰腺、肠腺。消化腺会分泌消化液，滋润食物与消化、吸收食物。略图如下：

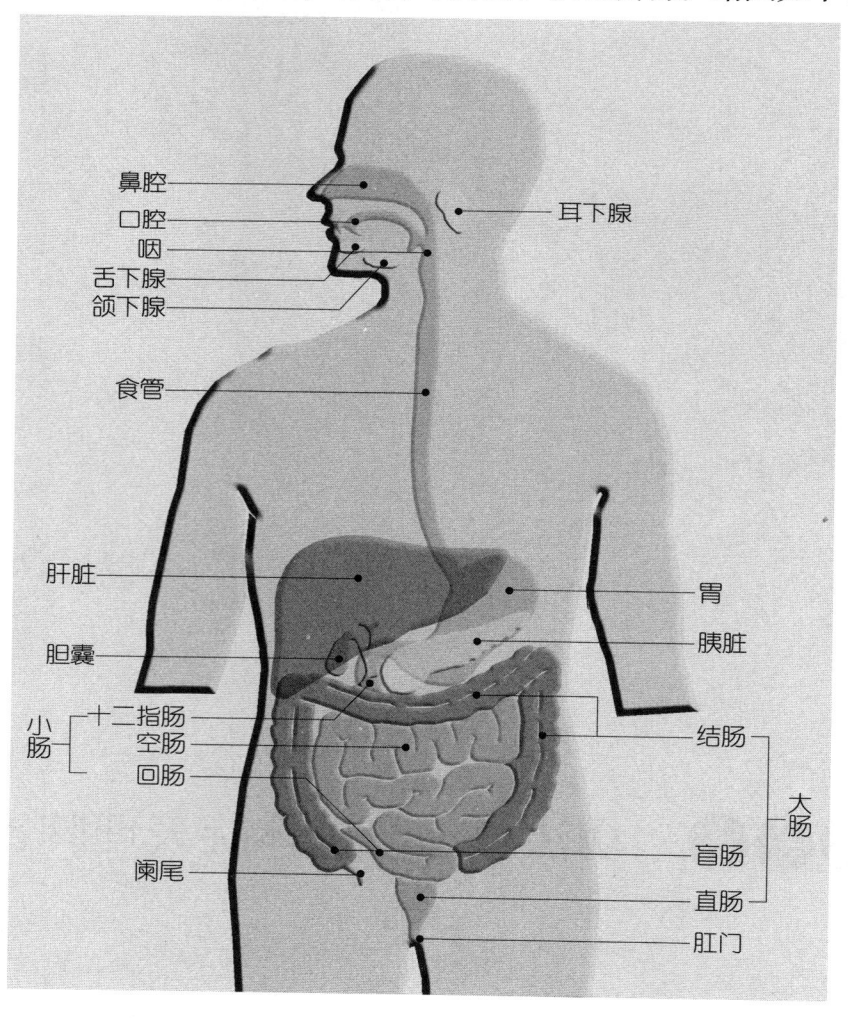

食物从口腔经咽喉、食道进入胃，通过咀嚼和唾液中的淀粉酶将食物做初步分解，然后送入胃中，在胃酸和胃肠道蠕动的作用下分解食物。当咀嚼食物时，各种激素与神经就会将食物的相关讯息迅速传递到食道、胃、小肠等下游器官，以做好相应的工作准备。例如，咀嚼较粗硬的食物时，胃就会针对此讯息分泌足量的胃酸与酵素，以利于食物的分解。

不同的食物成分需要的消化时间不等。一般来说，食物进入胃部，平均四小时会完全离开。胃部通过蠕动将已经分解为小单位的蛋白质挤压输送到十二指肠，由小肠吸收。小肠的消化吸收作用是整个消化过程中最重要的阶段，但小肠的消化机能需借由肝脏分泌的胆汁乳化脂质、胰脏分泌的胰液及小肠分泌小肠液等共同完成。胆汁与胰液为碱性液体，经由共同导管注入十二指肠，能中和酸性食糜，以利小肠各种消化酶的作用。

肝脏与胰脏在消化机能上扮演的角色，是通过消化腺体的分泌参与肠道中的消化吸收。营养与糟粕在小肠进行分清泌浊的消化吸收之后，富含五谷精微的血液会经微血管及门静脉送到肝脏解毒，再从下腔静脉送至心脏，再到肺中与氧气结合后进行体循环，中医称此为"宗气"。糟粕则经大肠排出体外。

胰脏位居胃部之后，与脾脏相连，外形像一片舌头。传统中医将脾脏与胰脏功能统称为"脾"，与胃肠共同统摄人体的消化系统，并从"脾胃属中焦"的角度，将脾胃归入人体能量上下传链的重要枢纽。胰脏会分泌胰液，胰液中包含胰蛋白酶、胰淀粉酶、胰脂肪酶等消化酶，可分解蛋白质、糖类和脂肪。此外，胰液中的胰岛会分泌胰岛素，可将血液中的葡萄糖转变为肝糖储存于肝脏，使血糖下降。

由胰岛 α 细胞分泌的升糖素则可在血糖降低时，帮助肝脏将肝糖转化为葡萄糖，使血糖升高。两者互相制衡以保持血糖的稳定。

脾脏是人体最大的淋巴器官，分红髓区与白髓区，状如海绵，能储存、过滤血液，清除受伤及老旧的红细胞，可对血液中的异物进行免疫作用。骨髓中的 B 淋巴细胞与胸腺中的 T 淋巴细胞，皆在脾脏进行免疫反应。故脾脏在人体免疫系统当中扮演非常重要的角色，是人体专一性免疫的推手。从中医营气、卫气理论来看，脾胃互为表里，而人体两大循环系统中，血液循环系统等同于营气，淋巴循环系统等同于卫气，营气的大本营在胃，卫气的大本营在脾。传统中医以脾脏统合胰脏的功能，似有解剖学无法理解的深意。

肝脏是人体最大的腺体，与人体消化、代谢、免疫、解毒等皆有密切关系，在消化系统中的主要任务是分泌胆汁。胆汁内含胆盐，可将脂肪乳化成脂肪小球，形成物理性消化，利于小肠的分解与吸收。

食物经过胃与十二指肠的分工后，化为人体细胞可吸收的营养元素，例如淀粉转为葡萄糖，蛋白质转为氨基酸，脂肪则转为脂肪酸与甘油，最后由小肠统一吸收。小肠吸收的养分可分为水溶性与脂溶性，分别由不同管道输送至心脏。

水溶性养分如葡萄糖、氨基酸与其他维生素等，由小肠内微血管到肝门静脉，经肝脏解毒后，入下腔静脉回到右心房，为人体能量的主要来源。

脂溶性养分如脂肪酸、脂肪性维生素与甘油等，由小肠绒毛内之乳糜管，经过淋巴管、胸管，进入左锁骨下静脉，最后由上腔静脉回到右心房。

以上养分是借由主动运输与扩散方式进行。整个消化系统都受到副交感神经之迷走神经控制，所以气机导引"引体旋天理脾胃"系列功法,就是以刺激肠胃蠕动,并借由呼吸与意识的锻炼,强化副交感神经作用,以不同的动作姿势协助消化器官加强主动运输与扩散作用。

第二节　脾胃功法的要点

《黄庭经》是道教上清派的经典,以七言歌诀讲说道教养生修炼原理,精彩剖析有形与无形的气机变化,从凝神养气到五脏调和,都有深刻的论述。黄庭为一身气化之枢纽,黄为中央之色,庭为四方之中,所谓"外指事,即天中、地中、人中;内指事,即脑中、心中、脾中,故曰黄庭"。故黄庭泛指人体有形与无形的神灵、精神与脏腑组织。一般认为脾胃主中宫,其色为黄,故黄庭以脾胃为主宰。这与中医经典《黄帝内经》对脾胃的看法是一致的。

中医谈脾胃的功能,需先从气的不同性质切入。气有宗气、营气、卫气与元气之分,前三者属后天之气,与脾胃有关。元气受之于父母,为先天之气,与肾有关。而人体之盛衰,则系乎气的出入升降是否顺畅,其中,脾胃又为升清降浊之枢纽。脾主升,胃主降,胃中消化的食糜化为五谷精微之气,需借脾的升提之气上输于心肺,与氧气结合,称为宗气。宗气入血管以供应机体组织营养,称为营气;宗气行于脉管外,可以保卫机体、防御外邪,称为卫气。而胃中的五谷糟粕,则需借胃降浊之气向下排出。

升降得利,则脾胃健旺,可以回补元气,使元气充足,百病不生。若脾胃升降不利,则脾胃受损,导致脾胃元气不足,心火独盛。因为脾胃属土,得火可以生土,元气乃固。若脾胃气虚,心火不降,这就是中医所谓的"相火""虚火",

将对元气造成很大的伤害。许多脾胃湿寒的人都有火气太大的问题，需从补中益气的角度先谋巩固脾胃。脾胃安则五脏安，脾胃为中央之土，与他脏互为相使，治病养生，常以调理脾胃为捷径。

相对于中医对脾脏的重视，早期西方医学认为即使切除脾脏，对健康的影响也不大。这在中医看来，恐怕是匪夷所思的吧！当然，中医所认定的脾不只是有形的脏腑，而是一种功能性、系统性的存在，所谓"脾主运化""脾主忧思""脾统血"。脾的气化功能统筹人体消化系统，对于胃、大小肠等消化吸收的机能皆有直接、间接的主导功能，同时与肝、心、肺、肾合作分工主导消化、循环、免疫、排毒等功能。

此外，解剖学看到的胃肠，有如人体的食物处理机，通过蠕动与各种激素的分泌，将食物做分层处理，再交给其他器官使用。中医则从"六经为川，肠胃为海"的角度，看到肠胃在人体出入升降当中扮演的关键地位。海纳百川，营养精微、食物的糟粕都要经过肠胃，六经与脏腑的病变，也会通过肠胃表现出来。故治疗过程中，经验丰富的医生常会假借胃肠的通道，把病邪引出体外，这对于身体来说是最省力、最无害的方式。《黄帝内经》甚至有"胃之大络，名曰虚里，贯鬲络肺，出于左乳下，其动应衣"的说法，认为心脏的跳动需要胃气的支援，故胃气是人体的最后动能，一旦胃气绝，生命也就结束了。以上这些观点，若不是从足阳明胃经与其他脏腑经络的阴阳表里虚实关系中体察，就无法得到更全面的应证。

对于长期通过练功而探索、聆听身体的人，医学理论的了解固然有助于"未学拳、先明理"的"知道"，可以帮助练功的自我校正，但真要得到身体之道的力量，仍需持之以恒的"行道"功夫。唯有实践，才能让自己成为"道"的一部分，否则，再多的知识也无法产生力量。因此，气机导引十八套练养功法的设计原理，贵在从实践中体验参照。功夫越深，体会越多；体会越多，发现越多。久而卓然成家，则开枝散叶，己立立人，己达达人，才是肢体文化传承的精义。

"引体旋天"系列功法兼采中西医脾胃理论，针对脾胃的功能属性，故而有下列四大要点。

动作内化，强调意识作用

历代养生家多主张饭后缓步慢行一百步，以帮助消化，唐代名医孙思邈更提出"饭后即自以热手摩腹"的建议。"引体旋天"系列功法跟其他脏腑功法最大的不同，在于动作幅度都很小，除了"夜狼翻身"之外，都可以在饭后进行。因为脾胃是营气、卫气的大本营，脾胃功法强调借由外呼吸引动脾胃气场，再利用脾胃气场引动五脏气场传链的机制。同时，脾胃最容易受到情绪波动的影响，紧张、忧急、思虑过甚，都会导致内分泌失调，造成胃肠疾病。而且，胃部是一个借蠕动、分泌执行工作的器官，如果连续按压胃部三分钟，造成紧张，就会增加胃酸的分泌，引起打嗝，因此脾胃不宜剧烈运动，要以缓和放松的运动，配合心理入静，引动外气，使脾胃放松发热。

"引体旋天"系列功法是气功学的入门，旨在训练对内气的观察与觉知，动作都很简单，但强调意识作用，借由三丹田相合的桩步训练，培养知下而有上的内觉知。所以，在功法执行时着重气沉涌泉与劳宫发气的练习，再根据劳宫引出的气场，从不同的角度，提供脾胃适切的抚慰、摇荡或按摩。

通过呼吸调整自律神经

民以食为天，处理消化吸收的脾胃功能受到副交感神经的支配。这个工作量很重，大约占人体总能量支出的10%～23%，但是当我们面临紧急压力时，交感神经全部启动，副交感神经暂停运作，消化功能也会暂停，这是保障人身安全的自动防护机制。上古人类的生活方式主要是以副交感神经的支配为主，即使面临千钧一发的性命之忧，也是短暂的压力，故生活大抵恬淡自在。现代人长期紧张、焦虑与情绪激动形成长期的、持续性的压力源，造成交感神经的过度亢奋，副交感神经的活性降低，人体频频出现系统当机的混乱状态，这就是从脾胃的自律神经失调引起包括失眠、便秘、胃溃疡、忧郁症等诸多现代文明病的主要成因。

"引体旋天"系列功法通过呼吸调控平衡交感神经与副交感神经，为脾胃创造最佳的情境。当身体不断伸展时，配合吸气与内脏缩提，让交感神经亢奋；当身体全然放松时，配合吐气与内脏放松，让副交感神经亢奋。同时，通过专注内守、内气下沉的作用，让大脑放空、情绪稳定，保持自律神经系统的安定平衡，恢复脾胃的正常机能。

以顺、逆时针方向调整气场

"引体旋天"系列功法强调意念守住劳宫穴，在身体前面以顺、逆时针转圈调动内气场。人体气场是顺时针旋转，右心房入、左心室出，调动内气场则需以逆时针方向平衡之。顺与逆关系到身体的运作机制，主要是补泻的分别，顺为泻，逆为补，只是一般人不易感觉。所以养身运动是很专业的，如果不按规矩来，就会造成身体的偏向。例如刮痧，我从小跟老师学刮痧，刮痧要顺着毛孔、经络循行的方向与途径。例如，手阳明大肠经是从食指末端走到头，手太阴肺经从胸走到指端。所以阳经要向内刮，阴经要向外刮。脚则相反，阳经向外，阴经向内。为了考虑补泻，阴经、阳经有时也需考虑顺逆。此外，还有长刮、短刮，以及浮、中、沉配合施力等考量。

练功也是一样，动作的顺、逆时针旋转，都有必须讲究的道理，故而养身导引每一举手投足都有其目的。一般运动不明其理，再怎么努力也只能停留在体力锻炼，无法提升人体的能量层次，只是没有练功经验的人，会觉得这是无稽之谈。人体气场跟天地气场本来是互动的，灵敏的人才可以感知它，并且善用它以自助助人。山、医、命、相、卜，无一不以此为基础。我们并不强调玄之又玄、未经科学验证的东西，但中国气功学已经累积很多具体经验，可证实人体气场确实存在，其累积的价值，远超过科学所能洞见。

气根在脚，桩步引气

"引体旋天"系列功法以劳宫气场为调运脾胃气机的基础，行功之前，需先引气站桩，全身放松，让身体与四周的环境互动，形成一个稳定的磁场。所谓磁场，就是内在气机的流向平衡，也是气的整合。这种气的整合，会在腹部、丹田区域产生对流，使身体成为一个安定的磁场，或称"气功态"。因此，借由特定的动作姿态，引导内气不断往下沉，这就是"桩"。"桩"是上面架着东西，下面的基盘始终不变，上面则有不同的手势切换。手势不管怎么摆，都是为了引气于端，让气机趋下，形成周天循环。

"引体旋天"用桩步引气的原理原则，是进入气功学习的门槛，其中许多关键要领，无法借文字完整传递，必须借口授心传，当面点拨。勉强大略分项条理于下，希望读者诸君自行揣摩。

1. 先在劳宫、涌泉各形成一个气场

要练养脾胃之气，就要让中土虚空，让木、火、土、金、水相生的内气沉到涌泉以入肾，然后借由旋转推气上行到劳宫以入心。因此，这个桩步借由劳宫、涌泉上下各形成一个气场，中央脾胃所居的腹部区域则提吊悬空，用以调动木火金水四方气机，再汇入中央脾土。所以，脾脏功法不做直接的压缩锻炼，而是以气炼气，以心（劳宫）肾（涌泉）之窍所形成的上下两个球（先天真气），补脾胃后天之气机。

"引体旋天"是初学者很好的气感训练功法，借由人体上下两端引气练功。这是以单一动作形成的气感，与其他如"熊经摇荡"借由摇晃震荡产生的气感性质不同。例如，两手上举以劳宫引气带动身体的旋转，焦点会刚好落在脾胃及脊椎的脾俞、胃俞。人体有固定的比例，从手指尖到天突穴，刚好是百会到会阴，也刚好是会阴到脚趾的长度。所以旋转时每一个动作的支撑点，正是能量传耗的极大点。支点的思维非常重要，因为动作所牵引的部位不只是骨骼、肌肉、经脉，而是全方位地将关节、骨骼、经脉、气机与呼吸作整体的思考。

2. 站桩是为了导引气沉涌泉

"引体旋天"的第一个桩步，就是抱元守一基本桩。将两脚踩实，平贴地面，重心在涌泉，后脚跟贴地，尾椎往下拉开，落胯，虎口贴在大腿两侧。目视前方，下巴内收，视线落在地平线上。肩膀放松，腹部缩提，意念放在丹田。膝盖

放松，大腿放松，四头肌、踝关节都放松，气就下去了。把卡在身体上的本力松掉，全身的力量就会下放到脚底。两手臂自然下坠，感觉气下坠到脚尖，并将趾端胀满。站桩的目的是将膻中的胸中大气引到下腹腔，让中丹田的气下坠到下丹田，再让下丹田的气沿两腿内侧的阴跷下脚跟、涌泉。所以，站桩就是为了导引气沉涌泉，形成上虚下实。倘若力量无法下涌泉，就会练到脸色发白。因为"引体旋天"各节动作导引内气往上下两端走，心脏机能较弱的人可能会练到脸色发白。因为火生土，心脏机能有障碍，火不能生土，脾胃马上收缩。

桩步站稳了，再配合"抱元守一"不同的手势站桩引气。"抱元守一"有在小腹前、胸前、额前，或上下抱元等手势。"抱元守一"桩步一定要在气场稳定、能量稳定的安静场所进行。现在有很多人在人来人往、气场混乱的公园站抱元桩，实在没道理。

站桩最重要的就是落胯、膝盖放松。初学者先什么都不要做，只要能练出落胯、膝盖放松就很好了。站约二十分钟，脚底会发热，一脚抬起，再踩下去，会感觉一阵热气往下，我们就是要用这股气站到脚底生根，这就是桩步。日后就从这个桩步为起点，进一步练习气的整合与传导。

3. 桩步与结丹

结丹的原理与台风的形成原理非常相似。台风的动能是冷热气旋带动水汽形成云层的气压，结丹的动能是动作配合呼吸与意识带动水湿在丹田形成气压的漩涡。吸气时将内气水湿带入丹田，让丹田膨胀，久而久之，就在丹田形成低压带，水湿的密度越来越高，最后就形成结丹。

"引体旋天"桩步是以三丹田相合促成结丹。所谓三丹田相合，就是精气神相合。三丹田相合的关键，各有其重点。上丹田为神，也就是意识，以意识作用让上丹田神意往下放，而不是把头垂下来。中丹田（膻中）也往下放，横膈膜就放下了。下丹田要靠胯的放松，胯一放松，下丹田的功能就出现了。总之精气神合一，都合到下丹田；但这个状态只是符合气机的管道而已，并不能代表已经气沉涌泉。管道内部气机与能量的多寡，则需要火候。空气的"气"这个字，繁体为"氣"，"气"靠肺，"米"靠胃，两者都需要勤加锻炼与管理，才能让身体内部的"炁"越来越旺。所以，吃饭要管理，呼吸要学习，等到进入辟谷阶段，吃得越来越少，就会返老还童，进入龟息、胎息状态，内能量越来越强。外部的"气"跟"米"越少，内部的"炁"就越旺，这就是气机，也是人世的妙理。

丹田训练可以促成脱胎换骨，练到关节腔面充气而松，身体就会膨胀，圆而饱满的身体自然产生高压缩的弹力，也就是所谓的"绷劲"，所以炼气必强。练气功是走软路线，内明外暗，阳在下，阴在上，就是外柔内刚的泰卦。一切身心脆弱的问题都可解决，而脱胎换骨的依据就在丹田。

4. 桩步与换力

桩步练习初期要练到脚步沉重，走起路来好像抬不起脚，又酸又重，故而身体会经过一段长时间的换力，本来的肌肉力量会质变为另一组系统的力量。经过各种锻炼之后，各部组织会越来越强壮、结实，身体也可以承受这样的重量与质量，整体组织就会改变。整体组织改变，必须有更高功率的动力系统才拖得动这个组织。换成更高功率的马达，这就是换力。因此到了换力期，会感觉每一步都很重，就像大象走路一样。在意识作用下，手上好像抱着一个重重的炉，一步也跨不出去。若能跨步走出去，那就是武林高手了。

　　所以，无穷的意识作用才是我们真正的对手。对手就在手中无形却具体的觉知，让意识跟手产生相对的能量互动，当肉体可以克服一切意识的动能，身体就拥有庞大的力量，那么一切有形的敌人就不存在了。如何能在这里跨步出去，而手上的火炉不消失？我们就是要练这个功夫。

第二章　心法要义

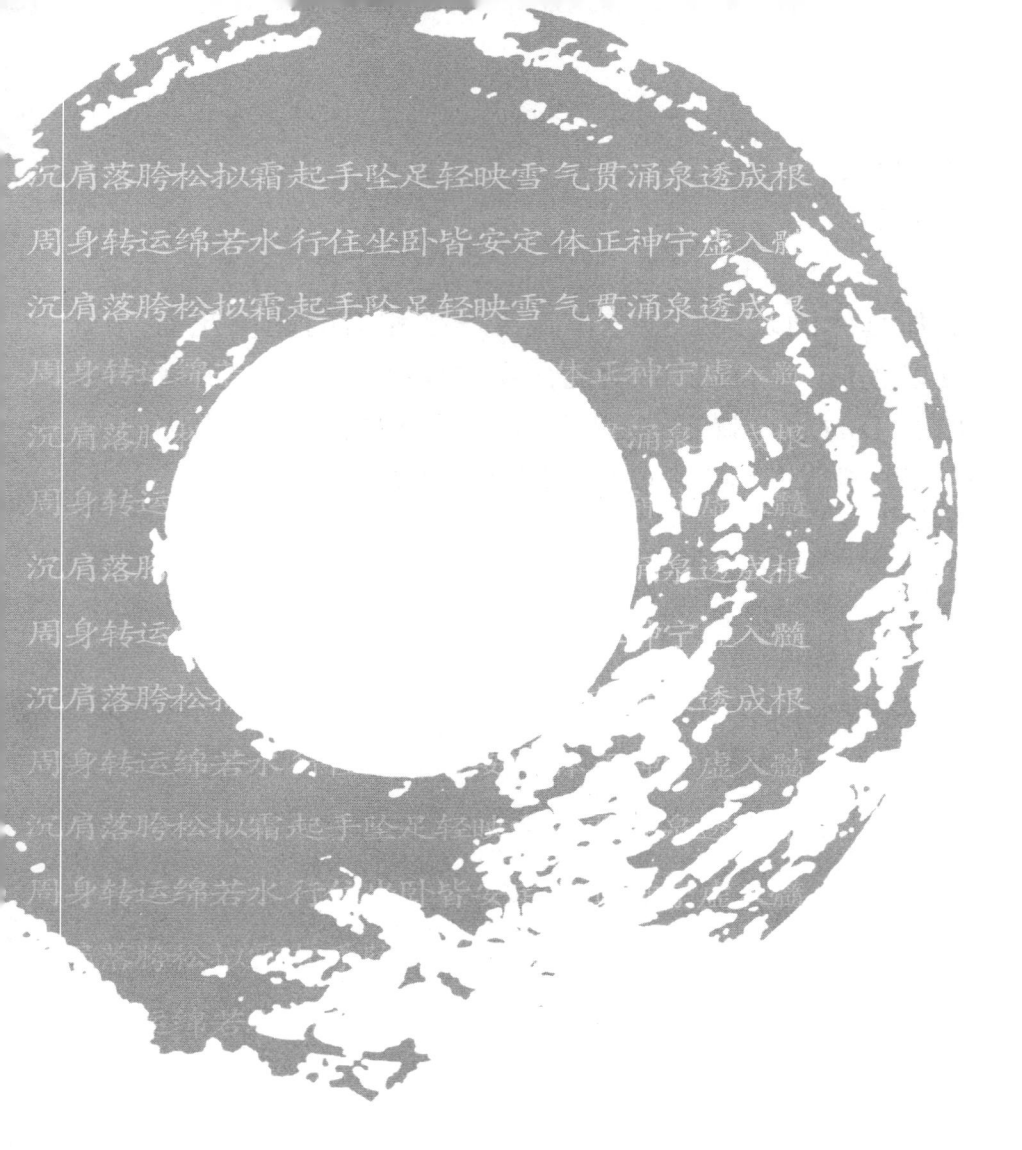

谦卑而无怨

活出张力，找到内部的着力点

　　脾主忧思，怨伤脾胃，这些对生命造成伤害的负面能量，其实并非生命本身，而是人通过大脑的思辨能力，对原本并无是非高下之分的宇宙万物起了分别心。有分别心，就有道德好恶的取舍，也有亲疏远近之别。练功会产生谦卑的力量，那是因为不断通过动作感觉自己、放空自己，就可见到身体小宇宙一切完满具足。若有私情干预，有了分别心、计较心，反而会阻断气机，让原本可以随顺自然道体逍遥游的生命，局限在生老病死、忧思悲恐的牢笼里。

　　因此，当生命从无形的能量转为有形的身体，呱呱坠地时石破天惊的一声大哭，究竟宣告着生命是一场灾难，还是一场欢乐的飨宴？端看你设定他是一场灾难还是一场飨宴。

　　追索生命演化的轨迹，也许可以为我们揭示某些神圣的旨意，但其实通过身体，我们自己就可以拨开迷雾，看到云端射出的光束。所以，身体就是柔软的圣殿。基督教经典也说，你必须挖掘自家的泉水，就可以得到上帝的圣眷。所谓"自天佑之，吉无不利""帝出乎震""万物出乎震"，通过天高地远的人间跋涉，仆仆风尘里，众里寻他千百度，蓦然回首，柳暗花明，原来生命的真宰不在他方，就在自家脚下。

　　所以，这充满生机的生命，怎么会是一场灾难？尽管有这么多的辛酸与无奈，但毕竟这一场接一场都是自己编剧、自己导演的戏码。见诸相非相，即见如来。所有的遭遇和情感都是一场随生随灭的幻影，不要掉进任何感觉里，否则就无法自拔。

练功也是如此。练功贵在守虚，虚乃能见其有，见到生命内在自有真理。但是，在动作中倘若掉入一个"安静"的错觉里，就无法达到真正的内化，而这个感觉的陷阱，会造成气的动荡不定，旁人是一目了然的。没有感觉，才能进入如如不动的衡气机状态。

内功学是内部的功能学，要活出张力，就要找到身体的内在着力点。找到生命的着力点，人就安定了，充满自信、不心虚、不怨叹，也不怀疑。不论世界怎样变化、人心世事如何艰难，你的脚步一样很稳、很慢、很从容，不管别人怎么想，虽千万人吾往矣。当生命再也没有疑惑，怎么会得胃病呢？

手指和脚跟都是身体内在着力点的指标之一，以中指引领，延伸到身体里面，再往外穿透出去。没有任何东西可以阻拦意念的穿透力，当气机的发动将动未动之时，有一股庞大的能量气势已经开始酝酿，"机发于踵"就是这股气势的着力点。这是很深的、虚的力量，是一种功能性的存在，存在于内在极深处的根部，这根部，唯有全身透空，即一切相、非一切相，意念一到气就到。所以，不断洞察内部的作用，在身体内部找到这个真实的力量。能操作内部系统，随心所欲而不逾矩，人生在世，无处不悠然。

第三章　系列功法

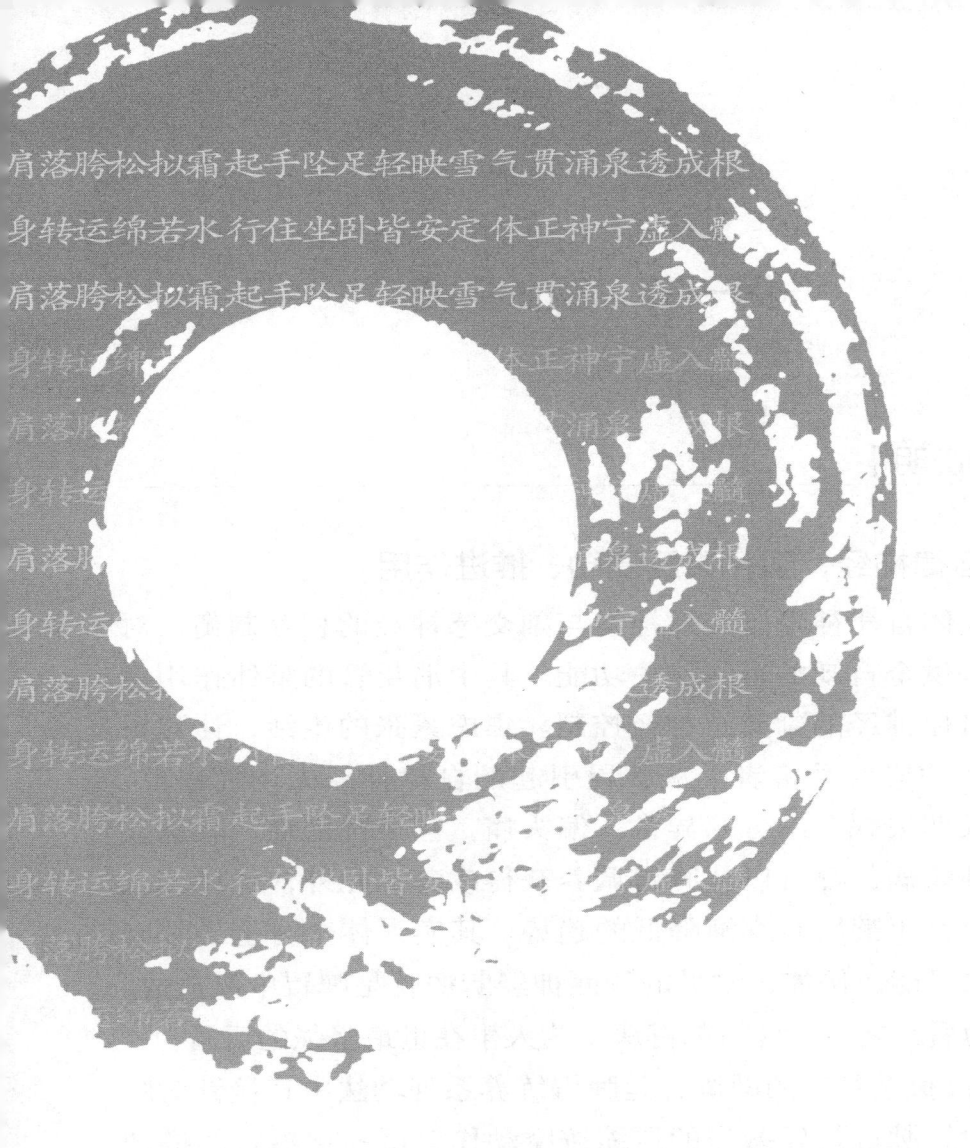

第一节　夜狼翻身

【原理说明】

平衡自律神经，强化胃肠蠕动、推进作用

人体自律神经以交感神经与副交感神经的相互制衡，对人体提供全自动的恒定保护功能。其中消化管的整体作用主要受自律神经的副交感神经控制。焦虑紧张的生活，让脾胃首当其冲成为受害者，从脾胃引起的自律神经失调症候群，包括长期失眠、内分泌异常、偏头痛，甚至忧郁症、躁郁症等精神疾病，都可以从脾胃调养获得改善。此外，中风人人怕，而且年龄层有逐渐降低的趋势。其实人体全身上下都有中风的可能，例如，常见的颜面神经麻痹就是脾胃中风造成。脾胃为后天之本，脾胃的健康实为人生在世最坚强的后盾。

"夜狼翻身"的锻炼，是脾胃练养系列功法中直接针对脾胃脏腑经脉进行较激烈的压缩按摩动作，可强化器官的蠕动机能，兴旺脾土。以腹部缩提配合呼吸，对脾胃、大小肠等消化系统进行按摩压缩，令气血得心火之助，下归中土，以增加腹腔脏腑能量，平衡自律神经，避免中焦气机下陷造成脾湿胃寒与胃部下垂等问题。

做法

1. 成金刚坐姿势，两手掌压住两脚踝。
2. 吸气，以小腹缩提将身体往前往上撑起成后弓，使腰腹部

往前推出。
3. 吐气，全身放松，额头触地。回复准备动作。
4. 反复练习 36 次。

图 3-1　　　　　　　　　　　图 3-2

动作要诀

1. 两手始终压在脚跟上，初学者若无法做到，可先金刚坐，以全身放松上下弹压开始练习。金刚坐弹压可锻炼腰胯、股四头肌的力量，使之分担膝盖的负重。
2. 吸气时用腹部收缩的力量将身体撑起，使身体后仰成弧线，尾椎往上，使任脉延伸至极。撑起的幅度以两拇指放在脚跟上，不可用力，亦不可离开脚跟为度。吐气时，下巴收，任脉合，坐回脚跟，头部放在两膝盖之间，将任脉缩紧。
3. 最好在饭前、饭后两小时练习，以免造成肠胃的负担。

【 课程综合摘要 】

练功与减肥

现代人十之八九都有脾胃问题的困扰，如便秘、便不成形、饿就痛、吃饱就胀气等问题，虽然不是太严重的疾病，但也造成很多身体的压力。脾主忧思，思虑过甚，或者脾胃气机失调，都会严重影响心理健康。"引体旋天"系列功法从不同的肢体伸展角度，或以外呼吸、内呼吸的应用，达到脾胃保健的功效，也从根本处解开肢体枷锁，让身心得到彻底的放松。

然而，肢体的枷锁除了对健康造成牵累，思想观念对身体的束缚与钳制，才是最难觉察的，而它才是影响身心健康与生命品质的主要因素。就以身材的塑造而言，维持适当的身材，固然是有效的自我管理，但一念之差，往往导致本末倒置。近几年以维持身材为主要诉求的各种运动大行其道，其所造成的影响值得注意。

练功养生并不处理肥胖问题，因为环肥燕瘦，各有先天体质的趋势，人体只要能维持机能的正常就是健康。须知以减肥为目的的运动就必须强制燃烧热量，最有效的燃烧就是快速度的运动，短时间内将呼吸心跳调到一定的频率，同时最好在空腹时进行，并达到一定的时间与强度，热量的燃烧就会转换成浅层肌肉的脂肪燃烧。因为快速运动会动到肾上腺素，并刺激胰脏分泌升糖素，将储存在肝脏的肝糖转成葡萄糖，供给肌肉使用。这种快速度运动有助于增进肌肉、关节的灵活度，促进新陈代谢，避免多余的热量转换成脂肪囤积体内，也可以保持日常生活的动静平衡。因此，倘若缺乏运动又摄取过多的高热量食物，就要借短暂而快速的运动燃烧，以达到热量进出的平衡，避免肥胖；但是脂肪的过度燃烧会增加自由基跟乳酸，造成肝脏的代谢负担，亦损伤元气。同时，过度地令肝糖转成葡萄糖，也会增加肝脏压力。而快速运动刺激交感神经亢奋，会造成脾胃的消化机能障碍，可以说是弊多于利，故养生学对于现代人普遍的肥胖问题，强调从源头管制，除了选择没有后遗症的运动，还要配合饮食控制与代谢机能的调整。气机导引主张以螺旋、延伸、开合、绞转的运动原理，做低能量、低频率、高波长的运动，以最低的能量消耗，达到最高的运转机制，让从食物摄取的葡萄糖刚好足够供应身体所需，避免单糖与肝糖来回转化造成的身体负担。所以，练功养生可以提高五脏六腑的吸收能量，身体会变得比较强壮，此时需配合减少食物摄取量以保持平衡。正常饮食一天两餐半，一餐八分饱，半餐是五分饱。早餐午餐吃得好，晚餐吃得少，中间不吃零食甜点，晚上七点以后不进食，甚至连水也不多喝。练功一段时间之后，逐渐启动人体内摄取的机能，会自然越吃越少，一天的食量减成两餐或一餐半，身体即可维持良好的机能状态，也可以保持身材适中，这才是练功以养生保健的正确方法。

第二节　引体旋天

【原理说明】

三丹田相合的脾胃按摩

维持人体健康的条件，有脏腑器质性的条件与功能性的条件，气功主要是从功能性的锻炼改变器质性的条件。例如脾胃功能失调，未必是脏腑的器质条件出了问题，故而脾胃的保健功法除了针对脏腑的血液循环与经脉特性，还必须从五脏传链与情志安定的角度着手。"引体旋天"是以两手上引、百会上顶，牵引脊椎往上延伸，使脾胃自然往上提吊，可平衡地心引力对胃部的影响；以松腰坐胯，尾椎往下拉，使胸椎牵引拉开，将动作焦点落在脾俞和胃俞。脾俞和胃俞位于两肩胛骨下方交接处，这里会牵引许多入脾胃的神经及神经结组织，可强化脊椎中枢神经，并延伸到脊椎神经和脾胃神经。意识守住两手如抱一球，不要让手上的球消失，所以不是旋转脊椎和手臂，而是旋转手上的球。身体越放松越好，重心沉涌泉，腰椎、胸椎成一直线。腰椎、胸椎的角度和两腿的高度始终不变。动作中可加长吸气，使气满中焦，缓缓吐气，协调自律神经，慢慢会感觉胃部发热，平衡胰液的分泌，可有效中和胃酸，消除脾湿、胃寒等症状。胃部胀气者转几十次就会打嗝，使胃气下降，就像小宝宝吃过奶要拍背。配合逆腹式呼吸，吸气时气从涌泉循两腿上会阴，再循督脉上百会，可促进三焦通气，疏通胃经，消除胃部胀气。亦即吸气时以意念将两手的热象上引到百会，令脾脏气机上升；吐气时引导热气从百会沿任脉降到会阴、涌泉，使劳宫热能贯穿全身，令胃气下降。

　　此动作可依不同的症状，采取不同的呼吸法。例如，因胃气上逆引起的胃痛、胃酸、胃痉挛，可采用顺腹式呼吸。胃下垂或脾气下陷，病情严重者建议一边就医，一边练习此功法，刚开始采取顺腹式呼吸，待病情稍有好转，再转为逆腹式呼吸。吐气后闭息三秒，再进行下一次动作，可借由呼吸的升降作用，让脏腑下垂的症状得到缓解，并逐渐恢复功能，以此巩固脾胃、增强体质。

　　动作练习中保持舌顶上颚，可刺激津液生发，吐气时配合吞咽津液，有理脾健胃的效益。动作之后可进一步引动真气，将两手心的热球重迭，置于胃部，以顺时针方向画圆按摩中宫，以助胃气，帮助消化，故此动作可于饭后练习。

做法

1. 两脚分开与肩同宽，全身放松，重心落涌泉，两手于小腹前呈抱球状引气。
2. 松腰坐胯，百会上顶，尾椎下引，两手臂放松打直，两手如抱球于百会上。
3. 胸椎为底盘，以膏肓、夹脊之间的转机，带动颈椎和头部做 360° 旋转。前弯时吐气，后仰时吸气，尽量吸气到下丹田。
4. 顺、逆时针各转 6 圈为一次，做 12 次。

图 3-1　　　　　图 3-2　　　　　图 3-3

动作要诀

1. 动作中始终保持舌抵上颚,尾闾前顶,松腰坐胯、两手抱球始终对准百会。
2. 两手上提时,以意识带动,使中指尖持续往上延伸。两肩峰放松,颈椎自然放松。百会上引,胸椎、膏肓、夹脊也受到自然拉引。身体上下两端放松延伸,就能作用到脾胃。动作中必须保持两手伸直坐胯、收尾闾,否则旋转时会以腰胯代偿,使转机落在腰椎,影响动作的效果。
3. 旋转时两手臂需贴近两耳,以两手抱圆对准百会为轴心,画出像伞面一样大的圆。
4. 双手和颈部同步运动,让头部沿肩膀滚动。所谓"旋天",是指百会转而腰腹、肚脐以下不动。膝盖、脚踝必须放松,才能气沉涌泉。
5. 动作配合呼吸,初学者先朝一分钟6息的目标练习,慢慢再以一分钟3息为标准。

【课程综合摘要】

检视桩步

练功时要先调正身形,才能达到更佳的动作效果,这种"调正"的功夫,就是"站桩"的主要目的。说得更浅白一点,就像"捡骨"一样,通过一次又一次以动作进行向内的自我调正,凭着对身体越来越细腻的体察,将身体各部位摆在最正确的位置上,就是一种自我检视、自我管理的功夫。

就以"引体旋天"为例，动作开始之前，先检视自己的站姿是不是合乎练功的要求。松腰坐胯、尾闾中正，然后将拇指朝上、指尖朝前，肩膀放松。接着，逐一检查自己是不是将头摆正了，颈椎、胸椎、腰椎是不是都摆正了，然后从膻中开始检查身体是不是放松了。配合意识作用，将膻中放松到胯、胯放松到大腿、大腿放松到膝盖、脚踝，再松到脚底涌泉，身体仿佛被一个重重的球往下压。整个过程完全用意识的觉知操作，觉知越敏锐，越能觉察两手劳宫气机的相互作用。

等到这种自我检视的"捡骨"工作已十分熟练，身体随时放松下沉，就会处在正确的位置上。所谓身正则气正，气正则心正，这就是练功可以调息调心，提升身心灵品质的原理。因此，气机导引的身体开发亦经常需借意念主导内部真气，将真气引到身体任何一个病痛之处，就可以启动更深一层的身体自疗功能。刚开始的练习重点是用意念引真气在任督两脉循环，真气能在会阴、百会之间行任督循环，即是小周天；接下来要引动涌泉到百会的循环，这就是奇经八脉与十二正经脉皆通的大周天。

气的感应

脾胃功法强调通过以两手劳宫引气，引出身体的气感。所谓气感，就是气的觉知。人体本来就有气，譬如人体的麻、痒、刺、重、热、胀，都是人体能量的表征，冰冷的尸体没有气场，因为血液凝结，热能已经消失。气是看不见的功能态，要先引出气感，才能利用它来练功。所以炼气需要配合身体放松、心理入静，以提高敏感度，感觉更虚无、更微细的存在样态，从而提振生命功能、改变生命态度。

锻炼脾胃必须考虑脾胃的属性，首先要心情放松，舒缓脾胃痉挛，改变内分泌，情绪紧张与压力对胃部造成的伤害不亚于三餐不正常。情绪一有波动，全身细胞进入紧急备战状态，肌肉紧缩、消化机能暂停，所以身体僵硬的人通常容易紧张，这些都是人体自然的反射作用。而这种习以为常的身心反应，正是脾胃功能的慢性杀手。

　　一般人不会发现日常生活中随便发一顿脾气、生出一个烦恼、引起一段感伤，会在五脏六腑掀起多大的蝴蝶效应。要体察到情绪、意念对身体的影响，才能对意念保持警戒，对任何会引起情绪波动的思想作为，产生自然而然的厌离。所以清心寡欲不是压抑克制，而是自然的身体选择。

　　在此动作练习中，反复几次将手上的球放松落下时，先不急着把手放下，试试用意念将肩膀放到两胯的位置，再把手肘放到膝盖，让手和球自然放下，就会发现气感一次比一次更强。要将手上沉重如铁的球搬到头顶上，必须借涌泉下沉的反作用力，这都需要极为灵敏的内气感应与操作才做得到。练气功首要相信自己具备这个本能，先用皮肤感觉，再用身体感觉；先感觉内在的空相，再感觉外在实存之物；先学习感应内在无形的能量，再慢慢感应宇宙外在的阴阳运动。这就是先炼己，再炼人我与天地的觉知。故而动作熟练后要懒洋洋地做，没有姿态，任其飘荡，让身体松透。必须强调的是，这种懒洋洋任其飘荡的身体样态，必须经过严格的锻炼，下盘扎实、桩步站稳，才能上虚下实，身轻如风吹柳。桩步站好，三丹田相合，身体的动作就不是关节肌肉的运动，而是三丹田的气机鼓荡。上丹田是意识，用意识作用让中丹田往下丹田合气，故而三丹田都往下放，身体一定看得出来有下沉之意。

　　内气往下沉，浅层的情绪波动自然会安静下来。气的感应越灵敏，对念头的生灭也越灵敏，要抓住自己的心猿意马就很容易了。

手中的球是此刻唯一的真相

抱球到头顶百会时，两手需放松伸直。意识作用强，球就会很重，如同整个地球被抱在头上做360°转动。整个过程都要让这个球往下沉压，从上丹田压缩到中丹田、下丹田、膝盖、脚踝，全身上下像一个弹簧，要把弹簧压到底，全身透空放松，只有涌泉跟劳宫存在。

转动时球的中心点始终在人体垂直中心点；颈部往后放松，头在肩膀滚动时，尾椎要往前拉紧，才能将脊椎上下拉开。意识在中脘，感觉胃被手上的球提吊带动旋转，越放松越能感觉到身体都空了，只有脾胃在转。顺、逆时针各转6次，放下时维持坐胯姿势，球停在胸前。球是真的，身体是假的，因为身体完全放空、虚掉，手中的球成为此时唯一的真相，堕肢体，黜聪明，离形去知，同于大通。在这个功法中，所谓的"大通"就是手上抱出来的球。球把丹田再往下压，身空、腿松、手肘放松，再慢慢放下。整个放松下去之后，大腿会自然站起来，其实也非站起来，是气沉到底之后身体的自然反弹。

练功时一分钟3息，调息时一分钟6息（吸5秒、吐5秒），每一息都要到丹田，胃气才能下降。倘若觉得两手上举夹球很辛苦，可试试以拇指朝上提吊手掌，用上丹田控制调息。调息的原则是在膻中、肚脐之间调息，感觉吸气到丹田，吐气到膻中，不能到鼻。一呼一吸就在膻中、肚脐之间往来，用意念管理这两点，以上丹田泥丸观想中丹田膻中的后天气与下丹田肚脐的先天气。吸气到先天，吐气到后天，形成先后天交媾。这个过程完全在上丹田意识的灵光下照促成。所谓"天根地窟常往来",就是指意守丹田。这就是三丹田合一,合在一个作用上。

每一套功法都为了训练身体一种功能、一种功夫,慢慢建构,身体渐渐就会脱胎换骨。

盘在腰间,根在涌泉

"引体旋天"的桩步要站到"盘"与"根"。盘,就是不塌腰,让气灌满腰腹间,让它扎实。刚开始步法站对、手上的球成形就可以了,但慢慢要让手上的球与盘中的丹球一样大。

台北101大楼顶楼有一个大圆球,那是为了在地震时帮助大楼保持平衡。"引体旋天"的道理也是一样,胃部如有一个铁球,头顶也有一个铁球。在摇晃时,头顶的球可以让脾胃的球保持放松安定。好像千斤顶顶着超过一万公斤的球,两手上撑,但是要放松。头上重重的球压在下丹田,压在盘中,形成上丹田、下丹田的整合衔接,象征天与地的整合。天与地的力量往下压,涌泉才能长出天地根。天地是意识的力量,天地根扎得多深,功夫就有多深。

整个转动过程,球盘要压稳,尾椎、腰椎不能错位,百会跟着球转。跟舞龙时的龙珠一样,龙珠要转360°,龙头在百会,转出一个伞面大的圆。丹田实相的气要盘在腰间不动,手上的虚相在头上转动。脾胃被吊在中间,转动的根部刚好是脾胃神经,脾胃就可以得到放松。若脾胃机能差、胃酸过多,可能会有膏肓痛的问题,顺其自然就好。

第三节　抱运脾元

【原理说明】

以意识与劳宫引气，活跃脾元

肾有肾气，肝有肝气，脾有脾气，脾气就是脾元，也就是脾胃消化吸收食物的动力来源。中医认知的脾脏功能包含现代医学认知的小肠与胰脏功能。脾为元气之本，脾畅气旺，则整体消化系统才能健全。在食物还未转化为能量之前，有一个本来就存在于身体的能量，这就是元气。食物进入身体，运化成可以固养机体的真气也叫作元。所以元气有来自食物的能量转化，也有来自身体本然具有的真气。

脾胃属中土，居五脏六腑之中，负责协调联系脏腑传链的关系。胃主降，脾主升，食物摄取约 4 小时就会离开胃部，借胃部的蠕动将食物推挤到十二指肠时，胃会将讯息传递给肝脏与胰脏（脾脏），分泌胆汁、胰液与肠液进行营养的分解，并中和胃酸，再由小肠将有用的营养吸收，将糟粕交给大肠排除。从小肠吸收的营养精微结合脾血运化入肝脏，经心脏再送入肺脏，与后天呼吸的氧气结合，再经心脏由血液送达全身，以输布到四肢百骸、固养全身。整个过程就从脾胃进行分工归纳，故脾胃元气畅旺是人体健康的基础。

然而脾胃元气无形无相，要进行专属的锻炼，必须全身放松，强化副交感神经，使脾胃放松，并配合守虚入静的意识作用与劳宫引气作用，引动身体本有的能量，使人体消化系统的整体气场产生谐波共振，促进胃与小肠的分解与吸收功能。一方面活跃脾元，使人体整体元气充足，促进升降机能，一方面可对五脏六腑之气的共振有更清楚的觉察，亦可以此锻炼定静的内省功夫。

做法

1. 两脚打开，全身放松，自然站立。两手劳宫相对，引气。
2. 吸气时向左或向右转动，吐气时回到正面，反复练习12次。
3. 再以膻中到肚脐为直径，以顺时针方向由下往上画圆旋转，上半圆吸气，下半圆吐气。旋转3圈，再做逆向的旋转。
4. 顺、逆旋转各12圈后，将手放下调息。

图 3-1　　　　　　图 3-2

图 3-3

图 3-4

图 3-5

动作要诀

1. 重心在涌泉，尾椎前顶，命门自然拉开。
2. 吸气到丹田，不能到胸腔。用丹田的气机带动脾胃四周的能量旋转，膝盖、胯不能动。全身松透，看似球在转，实则全身在转。转动时，意先行，气在后。意念守住中脘。
3. 把球放下时，先用肩放，再用手肘放下。

【课程综合摘要】

气场的重量

　　劳宫相对，让全身气场衔接。肩臂放松，颈部、脊椎放松，头颅在颈椎上自然摆正，肩膀依序放松到腰、大腿、小腿，再到涌泉穴。劳宫相对的距离约篮球大小，捧在膻中、胃脘之前，指掌微撑，四指轻轻合并，拇指朝上，让两手劳宫气息相通产生的热感如抱一球，借意识作用慢慢增加重量。身体越放松，越能感觉气场的重量。这种热感除了在意识形成，身体也会真实感觉到一个实在的气场。

　　两手臂松沉就好，身体安静，意念守住中脘，觉察脾胃的存在。循顺、逆时针方向，以胃为中心点旋转引气。引气需要高度的意识作用，用劳宫的气场画圈，好像有一股气在旋转，带动全身气场从右涌泉荡到左涌泉，从右手心荡到左手心，气场就在两劳宫、两涌泉四个端点之间回荡。这是"抱运脾元"的基本原则。血液从左心室出、右心房入，故人体气场在自然状态下是顺时针旋转的，"抱运脾元"就是顺着人体自然气场的作用轨迹，帮助气场顺畅运作。只要能入静放空，慢慢就会发现全身气场跟着旋转，上经膻中、下经肚脐，圆心正在胃的位置，会感觉是由腹中带动全身摇晃。古代养生家教人饭后走百步帮助消化，就是让身体处于放松状态，帮助胃肠蠕动与腑中酵素的分解作用。

　　很多瘦弱的妈妈因为懂得以借力使力维持放松，所以连续抱小孩一两个小时都不觉得酸。"抱运脾元"同样也会引导学习借力使力的放松过程。在顺、逆旋转十二次之后，再左、右旋转十二次，去感觉整个气场，用气场的旋转帮助脾胃得到缓和的按摩。饭后练习会很舒服，可能会打嗝，却解决胀气的问题，这就是"抱运脾元"的重要功能之一。

所以，这是通过意识作用和劳宫引气，形成一个虚有而实存的球来引动脾胃元气与平衡自律神经，借以活络脾胃，帮助脾胃安定放松。如果抱一个真的球，那就变成交感神经亢奋的肌肉训练，完全达不到效果。初学者只需学习画圆放松即可，经过一段时间的练习，慢慢就会产生气场。但也不要过于执着而有所期待，所谓"在气则滞"，只要客观地维持手心的重量，慢慢摇荡，就会对脾胃放松产生一定的效果。想一想，当我们抱着很重的东西慢慢转动时，一定会作用到身体的根部，从手、肩膀、胸腔到脾胃，在放松状态下一定可以温和地活动到这些部位，增强腹间气血循环，同时把全身气场都带动上来。

气功练习必然会强制命门的共振，所以强调尾椎下拉，重心沉涌泉，把命门拉开，腰椎神经就会放松，督脉的气自然往上传导到夹脊、劳宫。故所谓"力由脊发"，是因为命门打开，让命门火上蒸到夹脊、传导到劳宫，所以劳宫会有发热的现象。劳宫的气场能量一定会跟涌泉产生互动，因为涌泉为肾水之窍、劳宫为心火之窍，促进心肾相交，是练功的重要目标。至于调动劳宫和涌泉之气的媒介，既不是肌肉，也不是运动神经组织，那得靠自己慢慢摸索体会。

第四节　摇磨谷仓

【原理说明】

以气场的晃动按摩脾胃

《管子·牧民》说："仓廪实而知礼节，衣食足而知荣辱。"

发展经济，让人民生活无忧，再谈礼乐教化，这是治理国家的硬道理。人生在世，吃饱穿暖是基本需求，把有形的身家性命照顾好，才有余裕关心修养之道。人身的谷仓在脾胃，故脾胃保健也是立身行道的硬道理。

　　了解脾胃健康的道理很容易，但平常我们很难对脾胃的健康状况有所感知，不免依循惯性、任意糟蹋，直到长期的压力与思虑过度及饮食不当造成脾胃不适，才会警觉它的存在。"摇磨谷仓"是通过全身放松，双手抱元引气，以意识作用使全身气场形成一个球体，将胸肋关节和腰胯关节当作两层石磨，借由顺逆交替的反向摇晃旋转，使食物与消化液充分混合，并对胃肠进行缓和的导气按摩，增进消化系统的蠕动机能。因为脾胃属中土，沟通五脏气场，从脾胃的按摩，可串联五脏气血，形成整体气场的运动。此功法除了可以强化脾胃内气，唤起对脾胃的觉知，还可以暖胃，促进胃内阴阳的平衡，活化胃蛋白酶的分解作用，帮助消化。亦可加强胰液与小肠液对胃酸的中和效果，利于小肠的营养吸收，增进胃肠气机的共振。须知血液虽是主要的营养输布管线，但推动血液的动力来源却是气。气足则血足，气虚则血虚，许多血管疾病都因气不足所致，故练功养生主要在炼气推血，以共振的原理促进血液循环，提振脏腑整体机能。

做法

1. 两腿一前一后自然站立，两手如环抱圆柱，指尖相距约5厘米。沉肩坠肘，拇指端用意念微微上提，两脚落胯，膝盖微弯或平站皆可。
2. 以水平圆圈旋转摇磨，先摇磨转动6次，再跨步换脚做6次。右脚在前以逆时针旋转，左脚在前以顺时针旋转。

3. 此动作可定步或活步操作，动作中保持丹田的自然呼吸即可。

图 3-1　　　　　　　　　　图 3-2

动作要诀

1. 此动作在饭后进行，可帮助消化。胃胀气时也可以做。
2. 动作中始终保持百会、会阴一条直线，不后仰、不前倾，也不前后左右摇晃。但也不必刻意将脊椎打直挺胸，要在胸腔肋骨和腰胯坐骨放松相合，慢慢地旋转摇晃，自然会形成荡势，按摩到脾胃，并帮助脏腑放松。
3. 动作需以气带动，以力带动则不免激烈。

【课程综合摘要】

舌、腰、腹与三阴

练功过程中，下列几个身体现象，具有指标性的意义。

1. 全身放松，能量才能进来；用力时，能量反而会耗散出去。

2. 鼻息渐渐停止。

3. 一定要有先后天呼吸的区隔，先天呼吸吸气时骨盆底肌往上提，内脏上提，吐气时用意念放松到涌泉。

4. 气一定要往下沉，练习丹田开合，腹腔（神阙、气海）就会发热。

5. 要能动到脊椎的能量。

6. 胯要松，上下鹊桥接通，才能接通任督两脉。

总结上述各项重点，可归纳为：舌、腰、腹、三阴。"舌"指练功时舌根下会有津液涌出；"腰"指命门、肚脐之间的作用；"腹"指丹田；"三阴"是前阴、后阴与会阴。在"摇磨谷仓"的功法练习中，上述重点皆需到位，才能以意识作用引动全身气场，并进一步以气练功，达到脾胃放松按摩的效果。

找出身体中轴线

身体要松、心要静，呼吸绵绵若存，抱球提肘时，就会觉得是手中的"气球"慢慢膨胀而把手肘撑开。指尖相对，用意识作用将拇指提着，两劳宫相合，把能量推向心脏、膻中，会感觉劳宫气场与膻中气场通气。如果没有感觉，就调整丹田、胯。再没有感觉，就注意脚底，检视涌泉是否平衡，腰椎、胯是否平衡，百会、会阴是否一条直线，大腿有没有松透。吸气时把膻中的气导至丹田，劳宫就会产生气感，再把劳宫的气感推向膻中，好像抱着一团棉花，再轻轻地压着。

找出球的中心点，以百会、会阴延线为中心轴，转动这条中心轴，带动整个球体转动。旋转中意守丹田，气就会往涌泉走，因为涌泉受力，气会往受力点跑，这是身体的自然规律，而炼气下沉就是练功的重要标的。身体这条中轴线就是冲脉，把冲脉拉直做垂直的旋转，它会穿过球心、脾胃，带着脾胃做同步的旋转。气很松很轻，但手很重，如同推动一个重重的石磨。

要在手的放松上下工夫，这完全是内在的觉知，先感受内部的现象、做出内部的功能，在身体内部的虚处找到着力点。吐气时气沉丹田，放松、压缩出去，手就会膨胀。吸气为合、吐气为开，开则落，一落，气就膨胀。如此一而再、再而三地为胸中这庞大的能量球蓄积密度，在球的膨胀收缩之中感受丹田的张力。这球有多重，端看从丹田下沉可以产生多少反作用力。根部的训练越扎实，丹田一沉，气就会膨胀起来，气一膨胀就会产生庞大的力量，这亦是太极推手的原理。

从外三合到内三合的内外整合

一吸一吐，手自然会转动，所以重点是吸吐都在丹田。呼吸的锻炼有两个层次，一为先天，一为后天。后天呼吸在胸腔与横膈肌，先天呼吸在腹腔与骨盆底肌。内气如潮水，两手如水道，吸气时用意念微提骨盆底肌，气从水道倒流入丹田，手上的球微有退潮的感觉。吐气时丹田膨胀如涨潮一般，将水从夹脊推出流注劳宫，水满溢出来，球就会变大。如此一吸一吐就形成气的内张力，这个张力的吞吐跟丹田开合的吞吐同步运作，同时，呼吸与气球的开合同步，与转动绕圈亦同步，这是内三合。内三合指开合都在"意"，形与气合，气与意合，意与形合。外三合是指肩与胯合，肘与膝合，腕与踝合。手肘放松时必与膝盖相应，肩膀与胯有磁铁相吸的感觉，脚踝一动，手腕随即与之互动。气功会在"内三合""外三合"的内外协调一致之中产生宁静感，所以这是一种自我整合的功夫，先整合身体小宇宙，再整合小宇宙与大宇宙的互动，这才是天地人三才合一。如果自己的身心灵都无法整合，如何能与环境产生协调融洽的互动？

因此，气功的价值不只在强身健体，亦能增长智慧，让生命因为思维能力与信心、毅力的提升而变得更完整。所以，气功不是单纯的运动学或医学，而是形而上与形而下整合的实践哲学。在练习过程中因为逐渐洞见这虚无而实有的内气存在，而且能具体地拥有它，以它为根据，就能自成一套变化无穷而自相圆成的哲理、身体健康反败为胜的基地，一切作为皆有他人无法透视的深度和广度。当身体动作都有丹田为依据，静如处子、动如脱兔，即来即应、灵动流畅。所谓气者，虚而待物者也，松则虚，虚就无有恐惧。握紧拳头是因为心里有恐惧，有恐惧，就有成败毁誉得失心，要放松得气就很难了。

用气的荡势"摇磨谷仓"

刚开始动作是由运动神经主导，慢慢由呼吸主导，接下来是内气带动，然后是意念带动。气功学是内修学，外部形象越少，能量越足，越放松，能量越大。每一个阶段都有新的动能取代原先的动能。初学者只要明白这是安静、放松的动，虽不能至，但持续往这个方向走，将来一定有所感悟。

当身体进入气功态之后，就是用气的荡势来做"摇磨谷仓"。动作越放松气感越强，意念仿佛立足于群山之上、遨游于长空万里，像抱着一个球，轻轻浮在水面上。动机都在身体里面，以后手一上来，能量就上来，一搭到对方手上，能量就来。彼不动我不动，彼微动我无有不动。气推血而行，根本不需要动能。因为我是内部在流动，身体没有一处会卡住，每一个动作都随着当下的气机状态而动。气是内敛的，听任自气，依规矩而摆脱规矩，当能量蓄藏在身体内部时是没有外部形象的，这才是宇宙之道。

第五节　抱推气海

【原理说明】

以脾胃气场串连五脏气场

人体各脏腑的传链关系是密不可分的，如肾脏的激素分泌会影响自律神经，除了对消化系统产生作用，还刺激胰脏分泌升糖素，将肝脏的肝糖转化成血糖以供应身体机能的需求。丹田主肾气，炼气的主要目标，就是把能量聚在丹田，与肾脏的先天能量结合。因为肾脏主先天元气，脾胃主后天之气，以后天之气引动先天元气，是人体脱胎换骨的关键，也是"抱推气海"的主要功能。"气海"就在丹田的位置，为黄庭之底。黄庭约在膻中到肚脐的区域，包括五脏六腑的整体气机。"摇磨谷仓"与"抱推气海"的气场作用十分类似，但"摇磨谷仓"是借由气场的晃动按摩肠胃，调动脏气，加强消化系统中各脏腑分泌液与物质的混合。"抱推气海"则是通过劳宫的拉极引气，以脾胃气场串连整体消化系统上下气场，用轻缓的气场晃动而不是体力的作用，如浪潮翻涌，使消化系统上下传导的气机顺畅，同时动作中让身体进入虚静松柔的情境，身如大海中的舟筏，随波逐流，彻底放松五脏六腑，强化副交感神经的作用，令脾胃如婴儿躺在摇篮里轻轻摇荡，就容易安定入睡。

操作"抱推气海"时，上不过膻中，下则到涌泉，这是为了引心火温肾水。因为心脏居五脏最高位，肾则居处最下，心肾相交，表示五脏分工传链效果良好。心肾不交意味着肾水不足，无法通过五脏传链送到心脏，因而造成心火上亢，交感神经亢奋，而心肾相交与五脏传链、三焦通畅皆有密切关连。三焦经专司利通水湿，举凡汗液、血液、水液都跟三焦经有关。三焦受阻就是脏腑之气受阻，譬如中焦指脾胃，中焦受阻，脾胃功能不好，就会导致上下脏腑传链受阻，故"抱推气海"虽属脾胃功法，也兼顾整体机能的锻炼。

做法

1. 两脚分开做高马步或弓步，全身放松，专注内守。
2. 两手放松，缓缓浮荡而起，手心相对，用意念将劳宫撑开。
3. 吸气时两手如抱球，劳宫从涌泉引气入膻中，吐气时从膻中沉落至丹田，再下涌泉。
4. 如上反复练习。

图 3-1

图 3-2　　　　　　　　　图 3-3

图 3-4　　　　　　　　　图 3-5

动作要诀

1. 随着由下往上、由上往下的抱元旋转，身体随之一缩一放、一屈一张。吸气时缩提，吐气时伸张。
2. 两劳宫滚转上来时，高度不超过膻中。

第三章　系列功法

> 3. 两脚不必蹲得太低，否则造成腿酸气滞、身体紧张，反而牵动脾胃的紧张。
> 4. 手抱球是由肩肘的提放来完成，手肘以下虚掉，才会有抱球感。
> 5. 随时守住内部的觉知，假如手上的球存在，吸气一定到丹田。这是相对力量，吸气到腹部，球才上得来。

【课程综合摘要】

调整气场频率

"抱推气海"是抱着一个气场，让劳宫气场的圆心跟三丹田的圆心同步连动，五脏六腑之气就会随之传荡。故动作跟呼吸一体，身体自然会形成一开一合。劳宫开合、丹田开合、呼吸开合，全身开合同步，所以一动无有不动。动作中必须无手，把手放松，才能引动劳宫之气，让劳宫气场自然转动，然后才能练到以意导气、以气运身。这是一种功能性的存在，是内部能量的作用，要很灵敏、很专注、很内化，才能无中见其有，找到内部能量与其功能现象。

不过，一般人每天都活在不自觉的情境中，莫说灵敏的内觉知，就连身体浮显的许多警讯也无法觉察，每日行走人间，所有的情绪起伏都交给身体去做本能反应。身体的本能反应就包括许多代偿作用，身体会分泌脑吗啡，用麻醉的方式达到身体平衡的效果。所以，疼痛的地方感觉神经慢慢会迟钝，久而久之，肢体的姿态慢慢扭曲了，外形如此，四肢百骸如此，五脏六腑更是如此。身体的改变，就会形成人体气场的改变，就跟电台靠电波频率输出讯息的道理相同，人体气场在一定的角度、位置、距离就会形成频率。每个人都有自己的气场频率，"引体旋天"系列功法都要用劳宫引气，就是要引出这个气场频率，然后用这个气场来练功。但很多人的身体气场都已经被阻滞破坏了，所以要练"抱推气海"，把气场调整回来，同时还需配合身体关窍的松开。若关窍不开，气阻中焦，气就无法下到丹田和涌泉，所有排泄系统也会因此受阻，毒素糟粕就无法顺利下向排出。所以，除了强调动作放松，还需要一定的火候，才能达到预设的效果。

　　火候就是次数与时间。一个动作做到有体会，这些体会就会带着身体不断往上超越。有些动作需要大火候，有些需要小火候。大火候是日积月累的功夫，需要很长的时间累积，用量变产生质变。小火候是阶段性的，像筋骨开发的动作，就要慢慢过渡到用气而不用力的内化原则。气机导引的动作几乎都可以火候化，做久了身体松开、气脉打通，身体会找到协调的方法，不需用力就可自然运转。身体运转需要能量与力量，身体储存的能量，必须经由细胞的呼吸作用才能释放出来。轻柔缓慢地运动时，细胞会进入有氧呼吸的阶段，将葡萄糖等有机物质彻底分解为二氧化碳和水，并释放大量ATP。用力地快速运动时，肌肉细胞用剧烈收缩进行无氧呼吸，产生有害的乳酸和酒精。所以，最理想的运动是进入动而不燃烧的境界，那就是气动而非力动。气动非但能减少燃烧，而且可以凝聚内力，这是较高深的身体层次，而所谓气功，就是循序渐进地带领我们进入这个功能领域。

从改变内分泌到改变认知

　　气是一种功能性的存在，四肢百骸、五脏六腑是物质性的存在。唯有功能健全，五脏六腑、四肢百骸才能正常运作。人是水做的，成人体内水分含量约占体重的50%～60%。《黄帝内经》说"阳密乃固",人体能聚合成形,需靠无形的气产生功能作用。人死后"四大散坏",肉体就会化成一摊血水。练气功就是要操作气的功能,超越有形的肌肉骨骼,用一种低成本的"省力"方式实践人生。人要放下肉体的执着绝非哲学空谈,气机导引的身体训练,从身体放松、心脑放空、身心整合的训练开始,逐步进入气的功能状态,以减缓后天负面环境因子的影响。当然,要达到这个成就诚非易事,除了毅力,还需要具备质朴内敛的根性,并且敢于跳脱世俗规范,用全宇宙的视野审度生命的价值,而气功学就是要激发这种人体潜能。用现代科学的角度来解释这种庞大的动能,勉强可用脑干对大脑的生理神经传导和内分泌的影响来说明。内分泌会左右大脑的认知,当大脑受到内分泌的回馈系统影响时,大脑就会产生认知的改变。因此,气功锻炼就是通过刺激内分泌,从内分泌对大脑的影响,加速神经元传导,活化脑干细胞,这就是"炼气还脑"的原理。

  气功锻炼对内分泌的改变,是通过内外呼吸来完成的。一般人外呼吸一分钟约16息,气功练习者从一分钟6息循序递减为一分钟2息,进入气功态的息相。一分钟16息的呼吸很浅,心思的波长很短,东想西想,念头很多,通过呼吸频率的控制,心的频率也就被控制下来,所以"息"就是"自心",调心首重调息。当呼吸调到三分钟1息,就进入龟息,而自然与内息相合,心安静地蛰伏在脚跟底下,息慢心就慢,心中清朗如镜,不太容易受到外界刺激的挑动,自律神经就自然平衡。

吸气缩提为任督循环奠基

  "抱推气海"的功夫熟练时即可配合走动,但走动比较容易造成紧张,初学者可能导致动作不协调,就先从定步练习开始。走步操作时,气机的鼓荡必须荡到前后脚的涌泉,因为两手劳宫已形成一个圆磁场的极点，若两脚分开平站，它会在两个涌泉之间保持平衡，两脚一前一后气机亦应到达涌泉。因为肾水开窍在涌泉，心火开窍在劳宫与膻中，吐气往前往下，三丹田一合就到前脚涌泉；吸气往后如海浪浮荡而上，三丹田打开，重心退到后脚涌泉。如此来回往复，心肾相交，促进任督循环。

很多动作都指向开发任督循环的功能，但呼吸的后升前降、任督两脉的觉知一开始还不清楚，做此动作时，就先慢慢揣摩吸气时从下腹腔收缩（先天气）而把劳宫荡上来，同时后天气从鼻子穿透到膻中。吐气时从膻中落到丹田、涌泉，再从涌泉滚转出去。就像推着一个轮胎，先轻轻往外、往上推滚到膻中的高度，再向膻中滚进来，然后滚到丹田、涌泉。最后循着这个圆周，循环往复。通过反复练习，体察滚转上来时有三股吸气的力量在作用：督脉后升、腹部缩提与鼻息，三股力量交会于膻中。故吸气时的缩提至为重要，若不缩提，就没办法"升"。至于腹部缩提为什么与气的后升有关，这得留给习练者自行揣摩体悟。能体悟到这一点，将来再要通往跟管吸气的身体层次，就是水到渠成的功夫了。

第六节　抱元引体

【原理说明】

牵引胸廓，引心火生脾土

早期西方女性的马甲跟中国女性的缠足，都对女性的身心健康造成莫大的伤害。马甲用提胸缩腹强调丰乳肥臀与细腰，美则美矣，却造成无数女子因为胸、腹受到强力挤压，而出现呼吸迫促、晕眩甚至短暂失去语言能力。可笑的是，这些症状成为"美人"的标准症状，使她们从生理到心理，再到精神与意志，都受到严重的扭曲。

现代女性虽然已经解除马甲与裹脚布的束缚，但这种企图钳制人类身心的黑暗意识，却以更隐微的形式，藏匿在现代生活的各个角落，男女老少，无一幸免。若非具有深刻、冷峻的自觉，很难洞悉这些无形的侵蚀，如何以蚕食鲸吞的速度，掠夺我们的生命自主权。就以长期伏案的工作方式而言，我们几乎无法辨识造成这种谋生方式的原始初衷，是否包裹着善意的糖衣。或者，人类为生存奋斗的过程，本来就得用身体或者用智慧对抗严酷的环境，然后从中提取更高的生存能量。

人类花了千百代以学习跟宇宙相处，犯过无数错误，才约略有了某种程度的体悟。同时，人类也耗费千百代的轮回经验，学习与自己的身体相处，其间或有由迷渐悟的时期，但多半时候大多数人仍在迷雾之中，看不清方向，找不到出口。气机导引试图延续追求身体自觉的传统，"抱元引体"，是整体思维中一个具体而微的片段。因为工作与生活惯性压力引发的脾胃神经受到压迫，会导致脾胃吸收功能减退，身体能量不足，势必会连累其他脏腑，造成机能下降，通过"抱元引体"坐胯盘腰的身形密码，借由牵引两肘、两肩及脊椎，从各个角度将胸廓牵引开来，可防止胸椎组织粘连，促进心火下生脾土，抑制交感神经，并通过不断刺激脾俞，强化脾胃能量的血气。脾脏是人体最大的淋巴器官，不但具有重要的免疫功能，而且与血液循环系统相连，能储存、过滤血液。脾主忧思，所以练习"抱元引体"从改善生理而改善心理，从提升能量而增长智慧，通过严谨的身体纪律训练，寻求最大的自由，然后才能在严苛的生存环境中，保持平衡的心态。凡事看得透，脾胃才能开。

做法

1. 两脚分开与肩同宽，松腰坐胯，尾椎先往前提收，再往下引。
2. 吸气，两手浮起，抱元于头顶。待气调息。
3. 全身放松，以两手劳宫气感抱出来的球带动脊椎向左、向右缓缓转动。向左、向右转时吸气，回正时吐气。
4. 各转 6 圈后回到正面，吸气，颈椎放松头往后躺，下盘不变，将脊椎牵引开，并将两肘撑开，两虎口相对成八卦图，持续吸气。
5. 吐气，两肘内合，双手抱元于头顶，再从夹脊处放松往前延伸百会，将手上的球往前送出至远方。
6. 如上反复练习。

图 3-1　　　　　图 3-2　　　　　图 3-3

图 3-4　　　　　　　图 3-5　　　　　　　图 3-6

图 3-7　　　　　　　　　　图 3-8

210　气机导引：内脏篇

动作要诀

1. 在头顶抱元时，手肘需放松抬高。两肘在额前相合时，手肘尽量相贴，才能压缩到脾胃、中脘。
2. 球在头顶自转时，带动颈椎、胸椎、腰椎、尾椎转动，膝、胯皆不动。
3. 手肘拉开，头尽量往后躺，此时仍保持松腰坐胯，尾椎的位置不变，才能把胸廓向后引开，压缩心脏，刺激胸椎、腰椎交界处的脾俞。
4. 将手上的球往前送到最远方时，百会跟着引项出去，下盘不变，腰不能前弯。

【课程综合摘要】

培养聆听身体的能力

"抱元引体"是通过劳宫发气产生球体，借球体的拉引，对胸腔与中脘脾胃区域进行内气开合压缩的运动，以助养脾胃能量与蠕动，促进心火与脾土气机的共振。

劳宫相对就会形成一个球状的气场觉知，借由意识作用引动气场，手肘往后扩张，将胸腺气场拉开。手肘前合推挤，将气场合起来，再往前牵引，使身体前拱，通过这样往前挤、往后扩张的胃部按摩训练，可刺激胸腹部血液循环，以旺心气而助脾土，激发胃部能量，促进胃脘蠕动及气血循环，所以叫作"抱元引体"。往前弯、往后拓开的身形要能结合内气作用，而内气作用需要经过长期的内觉察训练，可以感知身体更虚无的存在，这就是气功学。我对气功学的定义是："心识与宇宙作用的空间学，借阴阳往来互动，透视其机的一种实践哲学。"所以，气功修炼渐渐可以看到细微的身体作用，是一种既虚无又存在，既超越又内在的作用。譬如，我们无法感觉血液的奔流、细胞的新陈代谢，而一个修炼者就要养成聆听的能力、灵敏的觉察力，所以气功学第一阶段炼精化气的修炼，就是教我们觉察短暂将朽的肉身，只不过是实践生命、追求梦想的工具，然后才能放下对肉身的执着，更进一步地觉察这副工具常被无明的欲望、恐惧所驾驭，如此，才能真正解开枷锁、炼气化神、炼神还虚，继续往上跃升。

三弓与三丹田

抱球到头顶百会时，只有脚底涌泉和手掌劳宫的存在。涌泉踩地、劳宫抱球，球的圆心点对准百会。用意识主导三丹田相合，让球将人体往下压。膝盖、脚踝像弹簧一样，把弹簧压到底，全身透空放松。身体要能透空放松，最重要的前题是下盘要扎稳，所以马步的训练很重要。马步高低可以根据体力慢慢调整，所谓体力，就是蹲在一个角度而身体可以处在放松状态，气可以往涌泉放下，这个高度就是体力所能承载的适当高度。通常越练体力越好，马步就会越蹲越低。

人腿上有三个弓（踝弓、膝弓、胯弓），三弓相合，就形成类似弹簧的力学结构。弹簧越低弹性越大，往下放松，气下涌泉的感觉也越明显。所以三弓的角度越小、重心越低，马步越稳。

下半身的三弓放松，上半身的三丹田才能放松。三丹田合三弓，人体放松先由上丹田意识往下作用，下来一定到肩膀，肩膀下来到手肘，手肘下来到手腕，这就是外三合：肩与胯合，肘与膝合，腕与踝合。颈椎、胸椎、腰椎分别合上弓、中弓、下弓，上弓指胯，中弓指膝，下弓指踝。颈椎合胯，胸椎合膝，腰椎合踝。上下呼应，上为阳，下为阴，所以下行气为阴，上行气为阳，气要上行一定经过腰椎、胸椎、颈椎，在后方为督脉，在前方为任脉。阳气上升是升阳火，阴气下行是降阴符，下行气一定到涌泉，所以三弓需放松，才能气下涌泉。故练功练腰马，其实是练三弓的折叠。

盘腰

动作一开始，吸气抱球而上时，腹部如海绵吸水般慢慢鼓胀饱满，所以手是被一个看不见的气球缓缓托上来的。这里面仍蕴藏着阴阳相生、一松一紧的道理：当外面的气场往上提，另一股内气则以相对力量往下沉，如日落月升，循环交替，所以脚底的受力会跟手的受力产生关连。用脚的力量去练手的感觉，手是心脏，脚是肾脏。先盘腰，让腰腹间充满气机，身体的转盘就会落在腰胯之间。倘若气不能下涌泉，转盘就无法盘在腰胯，因此胯要开，鼠蹊要开，裆要圆，盘腰始终不能跑掉，吸气吐气一定要回到顶点。每次在一个动作上多一点体会，一套功法只要对其中一式有内觉知，功夫就会不断往上累积，越练越深，也越来越敏感、越来越明白。不必追求成就，练功不过练一个明白，自在地面对死亡，庄严地走向衰老，这才是自然之道。

引动身体，好像把天撑住、抱住，然后旋转它。旋转时，百会如龙头，球的圆心跟百会对准。中指往上延伸，心包经对下来，要刚好穿过任督两脉的中心点。尾椎扎稳，下盘不变，膝盖张开、放松，脚不必打直，命门打开，鼠蹊打开，要站得四平八稳，鼎炉才会出现。脾胃悬空，只有手上的球与头在转，转机会刚好落在脾俞，可以活动脾胃的中枢神经。

头后仰，把双肘与劳宫的球往后拉开时，屈膝坐胯，尾椎前顶，一定不能跑掉。头往后躺，身体不能往后倾。脊椎本来是往前弯的，现在要反向引开脊椎，将百会往后，尾椎往前拉开，同时将两肩窝跟下巴交界处的胸骨拉开，让肚脐以上到下巴这段中焦与上焦区域往后扩张，如此才能作用到自律神经系统。因为交感与副交感神经皆与脊椎有关，以西方康复医学而言，这就是反向扩张运动，但注意胸廓并不往上提，所以气还是聚在丹田，这是一般扩胸运动做不到的深层动机。接着吐气合肘，中丹田合到下丹田，再由手肘带动往上推挤，百会往前，气往上顶，整个过程都有丹田被揉搓的感觉。

往这个方向去体会，慢慢会练到骨缝饱满，全身都能充气，每一个动作就会有内气浑然的开合、荡漾之势，再回头去练开筋拔骨的基础功法，如"大鹏展翅"之"雁行顾盼"，就能把气的内张力表现出来。

揉丹

桩步站出来，下盘一定要稳，否则就像《易经》鼎卦的"鼎折足，覆公𫗧"，一个鼎的脚折损了，鼎中的食物就会倒出来，没得吃了。"引体旋天"系列功法锻炼脾胃中焦，把桩步站好，就是要让中焦这个鼎稳稳地架住，好让三丹田可以串在一起，产生五脏传链的作用。上丹田是意识，以上丹田的意识串连中丹田和下丹田，故"抱元引体"的动作形如"串"字，用意识守住"串"的中轴线，让能量从百会到会阴串过去，然后缓缓转动这条中轴线，其他地方完全放松透空，但是胯不能动，这就是过去讲的"揉丹"。"揉丹"的目的是让丹气均匀饱满。我们让脾胃悬空放松，然后从下焦、中焦、上焦的吸气下功夫，促进心火生脾土，并利通下焦水湿代谢，对脾胃形成内气的按摩，胃气平顺，就不会发生痉挛。

建立"揉丹"的概念与动作意识之后，再运用在更多动作上，揉丹久了，丹会扎实，气血循环顺畅，就可以达到身强体健、回春驻颜的功效。

第七节　引摩腹气

【原理说明】

引脾胃中土传链五脏

"引摩腹气"是参考"卯酉沐浴"功法演变而来。道家周天运转包含"子午周天"与"卯酉周天"，分驻四个时辰的不同变化，以一天十二个时辰中的子丑寅卯辰巳（从晚上十一点到中午十一点）为阳时，以午未申酉戌亥（从中午十一点到晚上十一点）为阴时。阳时、阴时需配合不同的引气呼吸度数，再由意念导引，由督脉后升，由任脉前降。此为升阳火、降阴符之"河车逆转"，带动微妙的身体气机作用，形成身体循序性的整体能量共振，使五脏六腑与四肢百骸之气维持平衡。人体胸腹中气机循环皆为顺时针方向，但道家养身认为"顺成人，逆成仙"，若要长生久视，必须逆夺天地之造化。

"卯酉沐浴"是指当周天运行进阳火、逆转后升时，神住夹脊，并以吸气为主，称为"卯门沐浴"。退阴符、前降时，神住黄庭，并以呼气为主，称为"酉门沐浴"，需配合玉液还丹术采真种子，亦即将舌根下的津液以意识作用神光下照，送入丹田。舌根下的玄膺穴有两个孔，这两个孔冒出的口水称为"津液"（又称"龙涎"），跟两颊出来的唾液不同。津液如甘泉，有时冰凉甘冽如醍醐，含有多种矿物质与微量元素，是最好的脾胃良药。将津液吞咽入丹田之后，丹田在下焦之气的运化动能就是肾气。肾气属先天元气，肾气的共振将促进任督两脉周天循环，刺激脑干，使津液源源不断地喷涌而出。这也是练功可以脱胎换骨、返老还童的关键。

　　风水地理与人身皆有左青龙、右白虎、南朱雀、北玄武四个方位。左青龙为东方，东方主肝木；右白虎为西方，西方主肺金；南朱雀主心火；北玄武主肾水。全真教炼丹歌诀说："西家女，东家郎，彼此和好两相当。只因黄婆为媒证，配合夫妇入洞房。""西家女""东家郎"指左肝右肺，黄婆是脾土，脾胃主思虑，亦即通过意识作用的媒介，使肺金、肝木通过中土而进行能量的交换，进而促进心火、肾水上下相济。这些其实指的就是人体消化与循环系统的交互运作传链关系。因此，"引摩腹气"是借由劳宫气场环绕脾胃，从肚脐到膻中，依顺、逆时针方向做整个腹腔的按摩，引中土脾胃之气，温蒸肾水回济心火，促成肝、肺、心、肾等脏腑之气的传链与平衡。

做法

1. 两脚与肩同宽，坐胯，重心在涌泉，意守丹田。两手掌心重叠。
2. 从腹部下方开始，沿着肚脐与膻中，分别依顺时针与逆时针方向绕圈。
3. 由右上向左下转为顺，由左上向右下转为逆。

图 3-1　　　　　　　图 3-2　　　　　　　图 3-3

4. 顺转吸气时，以肚脐（肾水）为起点，经肝木到心火时，闭气，令气机随意识至中脘，闭息三秒；接着吐气到肺金，再回到肾水。
5. 逆转吸气时，依肾水、肺金、心火的顺序推抹，同样从心火闭气到中脘，再从中脘吐气经肝木回到肾水。
6. 如上周而复始。

动作要诀

本动作是以劳宫气机引动内脏气机，两手劳宫只需轻轻接触，不需用力按，接触点越轻，气机越强。

【课程综合摘要】

高度意识作用的摹气揉法

"引摩腹气"最重要的是摩气揉法，先以双手劳宫贴住肚脐，用意念将气送入肚脐。肚脐微微内缩，用意念把劳宫的热能吸进来，直到感觉肾脏发热，再以劳宫带气推摩，配合吸吐，上引为吸、下为吐，到心脏时闭气到中脘。手移动时脏腑的热相会随之传导，用意念将劳宫传导的热相吸进脏腑内，再把该部位的热气拉到下一部位。当抹到肾脏时需配合观想，让肾脏发热；抹到肝脏时配合观想，让肝脏发热……意识越专注，整个腹腔随着劳宫旋转的热相越明显。

"引摩腹气"最早在少林易筋经功法中称为揉法，是一种按摩深及内脏的揉术。少林功法只做右上左下的单一方向，可能是因为心脏在左边，气则为左出右入，故以揉法推气入血；但道家认为气的运行有顺有逆，故应以顺转、逆转，并依照肝心脾肺肾、木火土金水的循行次序为其旋转方向。水生木、木生土、土生金、金生水，所以顺转的次序是：肾水→肝木→心火→脾土→肺金→肾水；逆转的次序是：肾水→肺金→脾土→心火→肝木→肾水。从肾水引摩到肝脏，引导肾脏血液回流肝脏。按摩到心脏转为闭气时，用意念将津液送入中脘，取代手往下按摩的动作，这叫心液。吐气将气引到肺腔，感觉肺温热。左肝右肺中脾土，脾土为黄婆，将肝血引到心脏，要通过脾胃带回肾脏，再从肾脏到肝脏的循环，都需要黄婆作媒介。肺主后天，借着后天肺气的能量，让血液与后天气结合，同样需要脾胃的媒介。因为五谷杂粮进入胃、小肠，经小肠吸收后营养入脾造血，经肝解毒，然后将血液水湿送到肺腔，跟氧气结合，再经过脾俞的作用送到心脏，归到肾脏。这套心肾相交的循环，就是来自左肝右肺中脾土的运作。

心脏送出来的血液有 20% 送到肾脏。五脏六腑当中，肾脏负责尿液代谢，肾脏中血管、微血管密度最高。所以，练功非常重视肾脏水湿的平衡。肾水就是肾脏的血液，肾水不足就是肾血不足，也叫肾阴虚。气为阳、血为阴，肾气不足是肾阳虚，就会手脚冰冷，肾的作用降低，容易夜尿、漏尿。肾血不足是肾阴虚，就会多梦、容易受惊、无精打采。肾血不足血无法回流心脏，心脏缺血（水）火就旺，造成心火上亢，而肾水回流必须经过肝的传导，肝无血（水）必火旺，也会造成肝火上升，心火、肝火都往上烧，就会产生很多病理的循环，例如脾胃中土焦干、嘴唇干裂、吃不下饭、脾胃烦闷，呼吸越来越短促。因为脾土生津，肺液不足，肺腔气泡交换氧气的功能就会降低，肺气吸收水湿的能量也会降低，于是吸进来的水湿不足，就没办法送到肾脏。肾脏缺水，肾血不足，又会导致不良的循环。如此周而复始，环环相扣，牵一发而动全身。所以，维持人体健康，必须让这套循环机制保持平衡。"引摩腹气"就是从温润中土、去除脾湿入手，以促进五脏传链机制的平衡，保持人体的恒定性。

这套功法需要配合高度的意识作用，若只有用手按摩腹部的动作则意义不大。但进入意识作用之前，必须先用导引术让身体僵硬的地方松开，再经过气的认知训练——"气功态"，才可以利用人体本有的气来练功。所以，让身体松开，身体健康，不会被病痛绑住，这才是最高层级的免疫力。而且，松与静成正比，松才能静。因为身体卡住的地方就会有感觉障碍，我们很容易被身体的感觉障碍困住而不自觉。身体松开，降低心的干扰，就可以增长智慧。所以，练功练到可以抗打，可以把人震出去都没什么用，要练到能放开庸人自扰的身心负荷，把生命能量用在正确的方向。

第八节　握拳蹲举

【原理说明】

体察内气无形的重量

　　因为环境变迁以及生活方式、饮食观念的改变，现代人的体质已经产生很大的变化。大地受伤，脾胃连带受损，此外，有毒物质对食物的污染，以及各国政府与企业联手为商业利益强加于人民的各种饮食宣导，例如盲目的生机饮食说，以及大力鼓吹多吃水果可以帮助消化，都属武断。其实水果多属寒凉，对脾胃虚寒的患者伤害甚巨。再如冰箱发明之后，食物囤积、腐败食物污染新鲜食物，以及更多冰冷寒凉的饮食，这些现象都如实反映在现代人的体质上，导致阴阳失调，营养吸收与废物排泄、新陈代谢的机制无法正常运转。脾胃机能受损，抵抗病邪的机能减弱，所摄入的营养也只能吸收五分之一。中国古代辟谷术利用气功修炼采真种子，启动人体内循环的机制，强化内呼吸，可使胃肠强健，吃得很少，代谢彻底。除此之外，从动作、呼吸、意识的配合，可增加脾胃能量，帮助胃肠本能地吸收运化与脏腑传链的推动能力。

　　人体消化系统的运作，如胃肠激素、胰液、胆汁、肠液等的分泌皆受到自律神经的支配，进而完成天衣无缝的食物消化与吸收工程。当人体处于放松收缩时，自律神经的副交感神经作用大，延伸拉展时交感神经作用大。吐气时刺激副交感神经，吸气时刺激交感神经。正确的呼吸训练可帮助内气下沉，将身体能量导入内部，送达末梢。如何利用放松、吸气与延伸吐气的阴阳交互作用，让人体产生奇妙的物理、化学变化，这是中国气功科学最精彩的一页，其实就是自律神经系统的平衡作用。气功学就是空间学，在阴阳往来之间透视其机。"握拳蹲举"就是利用呼吸与体腔的开合，形成身体空间的上下压缩变化，可协助消化器官传送蠕动的机能。一方面微调外呼吸与内呼吸，一方面通过内气的压缩产生经脉、气血循环的效益。同时，在动作中超越肉体认知，以意识作用洞察内气无形的重量，对于肉身之外的"第二个身体"乃有更真实的体会，如此便可消减对物质世界得失祸福的执着，从根源处彻底减轻胃肠的紧张压力，促进消化过程各部位脏腑的分泌液平衡。

做法

1. 两脚与肩同宽，全身放松。
2. 吐气时身体放松缩合，带动两手握拳微蹲。吸气时身体缓缓向上伸展，带动两手握拳向上推举至头顶。
3. 一伸一屈、一吸一吐，反复操作36息。

图 3-1　　　　　　　　图 3-2

> **动作要诀**
> 1. 放松吐气时身体松沉收缩，两手握拳，拳心相对，手肘合膝。
> 2. 吸气上提时，两手往上推举，仿佛将一重物缓缓推举而上，可将脾胃往上提吊，避免胃下垂。
> 3. 动作中需保持舌顶上颚，吐气时将津液吞入胃中。

【课程综合摘要】

一上一下，法天地自然

吐气时内气压缩下来，沉肩落肘，拳头松松地握进来。先感觉一个关节一个关节从上往下放松下来，练习一段时间，就不只是关节的放松，而是内气的压缩。吸气时由下往上缓缓上提，把一个无形的重量推举上去，将脾胃提吊上来，将脏腑上提到心脏。如此，肝心脾肺肾、大小肠等每个脏腑都会动到。因此，不是关节、肌肉的延伸开合，而是内气由内而外的绷张膨胀。当肌肉不用力时，气的重量才会出现。去找到意识之重，感受身体内部的存在，练到身体饱满而有弹性，慢慢身体就会长出能量，就好像先在身体开出高速电缆，将来一通电就会产生功能作用。

外不有相，其相在内，外相越少，能量越大，这就是内气。意守丹田，内视丹田，规规矩矩，把三丹田摆正，不要追求感觉。先求外在的统一，把外形做出来，到后来则依规矩而摆脱规矩。先有外形，慢慢就会产生内部动能。

天、地、人三才中，下、中、上三丹田的丹球都属人位，真正的丹球在人位之上，这就是天。没有天地，就没有人体三丹田。三丹田的气场形成人体，这是生物学。要把三丹田相叠产生的重量实际化，不是想象，只有感觉训练，刚开始可以通过想象，想象它有多重，感觉就有多重，这就是以意导气。似有非有，似无非无，到最后就变成真的。以假练真假亦真，就怕不相信、没有洞见力，但是在力则笨、在气则滞、在意则灵、无意则妙，最高境界是无意。所以，刚开始的想象是为了在信、解、行、证的学习历程中先学习"相信"。唯有相信，才能洞察无形，将三丹田的球体重量具象化。所以，"握拳蹲举"要练出顶天立地的内能量，就要先能从三丹田的虚相中，看到天地之间无形的能量。这并不是想象，因为天地能量本来就是虚无的，只要拿掉大脑的作用，就可以产生对虚相的洞见。所以"相信"很重要，信、解、行、证，信其有，放开执着成见，才能洞见虚无的存在。

接触点的"松"与"虚"

推手就是接触点不推，接触点必须是松的、虚的。因此，推天的时候不推天，要从地上上来。地升天降是天地的道理，天气只有下降，地气只有往上蒸腾，人在其中就必须顺乎自然，因为人是天地的导体。必须了解这个，才能体会整套"引体旋天"的内涵，不然有谁能动用身体来旋天？所以，"握拳蹲举"要举天之重，能承天之大唯有地，人在其中最好无所作为。人就是三丹田，三丹田不过是天地能量上下的导体，所以要能感觉这个整体。嗜欲深者天机浅，嗜欲浅者天机深。人就是看得太多、吃得太多，用太多法门，所以天机太浅。通通忘掉，让身体透空，虚才能接天地之气。

天气都下降了，你是天地之间的导体，当然也要随之而下，下到下丹田、涌泉。上的时候就从涌泉接大地的能量，从涌泉推举而上。必须保持落胯，桩步不变，步法不动，因为这是气根，就像细胞骨架一样，这是气的骨架。下则自然，上则无为，去体会无为而为。这当中没有做过任何事，却知上下之道，什么都做过了，却什么都没做，这是大智慧。练功不要刻意，用力找天找不到，拼命找地找不到，努力找自己也找不到，不需要努力，用动作去理解，不要用思考去理解。能用身体理解，这个动作的运动量就会很大。气的爆发能量很强，气可以强身健体，亦可以助人，所以一定要先练到身体很强壮，才能发出庞大的气能量，这不是冥想可以练得出来的。

第九节　单举理脾

【原理说明】

脾胃能量引上、引下的聚散锻炼

　　"单举理脾"是由八段锦"调理脾胃须单举"演变而来。据文献记载，北宋期间八段锦就广泛流传于世，至今已有许多不同的版本。不同的时代，对功法有不同的理解和应用方式，同中求异、异中求同，或者另辟蹊径，本来就是肢体文化发展的可贵之处。就以八段锦的"调理脾胃须单举"而言，我将之拆解为本系列功法的"单举理脾"与旋转乾坤系列之"单手去烦"，两者差异在于前者操作时两腿并不蹲下，因为脾胃功法强调放松虚静，蹲下站起容易造成紧张。至于形成内气压缩的场域，"单举理脾"主要在中焦脾胃，"单手去烦"主要在下焦丹田。两者虽差之毫厘，却有千里之别。

故"单举理脾"是通过膻中、肚脐之间的开合，配合两手上下推撑与呼吸的压缩作用，使身体形成如风箱般的开合，让任脉两侧的脾胃经脉得到舒展压缩，以上下同一个张力，从脾胃能量引上、引下的聚散锻炼，一方面可调理身体左右对称的磁场，同时可帮助脾胃蠕动与淋巴循环，增加脾胃能量，消解食饱气胀等困扰，故动作之后可能会打嗝，刚吃过饭也可以借此功法帮助消化。

做法

1. 两脚分开与肩同宽，屈膝落胯，两手朝身体两侧撑掌。
2. 吸气，右手往上，左手往下，两手上下撑按。右手撑掌于上，指尖朝左；左手撑掌于下，指尖朝右。此时将气吸满闭气。
3. 吐气，两手沿着身体中心线做上下交换。上手落至膻中，掌心翻转向上；下手同时收至肚脐，掌心翻转向上。两手交会抱元于膻中、肚脐之间。
4. 再吸气，丹田内转，带动两手在膻中、肚脐之间做翻掌上下交换。再以身体的上下延伸拉开，使左手上撑，右手下按。
5. 如上反复。

图 3-1　　　　　　　　图 3-2　　　　　　　　图 3-3

图 3-4　　　　　　　　图 3-5　　　　　　　　图 3-6

图 3-7　　　　　　　图 3-8　　　　　　　图 3-9

> **动作要诀**
> 1. 动作过程中保持松腰落胯，重心落双脚涌泉，桩步始终不变。
> 2. 意识放在中脘，舌抵上颚。

【课程综合摘要】

玩味"似提非提"

中医认为脾胃主肌肉的化生，这与胃蛋白酶、胰蛋白酶、小肠肽酶等能分解蛋白质有关。肌肉主要由蛋白质组成，人体肌肉有白肌、红肌。白肌属浅层肌肉，支援直来直往的快速运动；红肌属深层肌肉，如脏腑组织等，需要放松、和缓的运动才能动到红肌。因此，诸如球类竞赛、有氧舞蹈等激烈的运动对脾胃的保健毫无帮助，反而因为紧张刺激分泌更多的胃酸，造成负担，还不如偶尔伸伸懒腰的延伸运动，或时常按摩腹部使腹部发热，以促进气血循环。

　　脏腑的调养跟运动解除酸痛不同，所谓通者不痛、痛者不通，酸痛的地方多半动一动就好了，只要疏通气血，就能达到止痛的作用；但五脏六腑的锻炼与自律神经有关，属于养固工程，需要长时间借由某一种肢体运动活络经脉，或者借内外呼吸保持平衡，将能量由经脉、血管送到脏腑，并做好情绪管理，以保持对脏腑的长期关注，所以脾胃的固养动作虽然简单，但需要持之以恒的长期固养锻炼，才能改变脏腑环境，从而改变内分泌。就以"单举理脾"而言，只要动作缓慢、放松，呼吸协调，初学者从动作招式外形入手，就能促进副交感神经亢奋，达到帮助脾胃放松按摩的效果；但是，要改变脾胃的整体环境，甚至脱胎换骨，重新换一副脾胃系统，则要持之以恒，统合身心，以滴水穿石的涓滴之功，慢慢累积火候。例如，两手上下交替撑按的动作，除了膻中、肚脐的压缩开合形成体腔内的气机共振，还需要配合高度的意识作用。因为两手上下撑按时，一手发气在上，以接天气；一手发气在下，以接地气。吐气时，上手掌的旋转似将天气的气旋旋转下来，让能量汇聚任脉往下带；下手掌的旋转则像是为了将地气旋转带上来。天气主阳、地气主阴，天地阴阳之气交会于膻中、肚脐之间。两手翻转后，地气继续往上推，天气继续往下降，并且用意念将天地之气推到遥远的极限。手当然推不到那么高，全凭意识作用。

　　此外，吸气缩提内脏的原则是"似提非提"，但唯有经过不断地揣摩体会，才能从动作中领悟天地自然之道，也才能明白什么叫作"似提非提"，而这起码需要两三年的工夫；但所有功夫除了练在身体上，也会练在家族的遗传基因DNA上面。

知静之动乃能静，知动之静乃能动

要磨到这种滴水穿石的功夫，需要铁杵磨成绣花针的恒心与毅力，而恒心毅力的背后，则是真正的安静。所谓安静，是一种心性的特质，练功可以彻底改变心性，只要依照安其心、定其气、明其理、投其形四个原则，从动作、呼吸、意识三阶段的循序脱落，由外而内，乃至 DNA 的改变，都是可能的。

安静就有真正的力量，就会勇敢，就可以"虽千万人吾往矣""虽九死其犹未悔"。所以静极无静象，冰之所以会冒烟，因为真正的冷反而是热象。所以，知静之动乃能静，知动之静乃能动。静中之动，真动也；动中之静，真静也。知其二者乃知动静。这就是太极图，只有踩住黑中之白、白中之黑的人才能知机应变，这也是宇宙人生的哲学。要知道一切事物的核心与机转就是动中之静、静中之动的反点之道，亦是生机、转机所在。静中之动才为真动，这才是潜在的有转机有力量的动。以太极推手为例，前脚踩进对方为阳进、为主动。当我主动属阳的前脚进到别人家里去，对方则处在被动的属阴之地。知动静者必知虚实，所以当我深入敌营，我反而要让自己虚掉，虚才有无限的生机。这些言语，都可以在实践中明白，请各位好好享受自己的历程吧。

结　语

食色性也，食与色都是主宰人类演进过程中的重要角色。而人与禽兽的一些差异，也在食、色两件事上有所分野。

人类在穴居野处、为生存搏斗的时期，食与色的表现，与动物的基本差异不大，都是受到原始冲动的制约；不过，当人们开始意识到这两件事的非同小可，而有了美感的或者社会性的道德需求时，人就变成一种文化性的动物，而各民族发展出来的饮食文化，除了地域、风土的色彩，还带着浓厚的宗教和文化色彩。

然而，文明的过度发展之后，就要追求返璞归真，所以当今人类的食物课题，已经不是发展更繁复的饮食文化，而是节制口腹之欲，通过食物，与天地能量产生连结。就像在知识泛滥的时代，追求知识已经不是最重要的了，只有记忆知识而没有实践的行动，知识的累积反而变成有害的毒药。

当然，美食是最难抗拒的诱惑之一，但口腹之欲的管理也是修行的第一道关口，无法管理口腹之欲，如何能管理心性？而口腹之欲的管理，最要紧的是能清楚觉知自己的脾胃。尤其当今人类脾胃所承受的压力，不只是处理食物而已，更可畏的是思虑之伤。读者诸君练习"引体旋天"系列功法，感觉自己的脾胃消化系统，与自己的身体对话。不知各位是否发现，操作脾胃功法时，大脑放空、心灵虚静，身体的觉知越敏锐，一有念头出现，气化的身体轻灵感就会消失，笨重的肉体拉住关节和肌肉，就无法进到深层的身体内部。经过练习，在日常生活中，也可以随时保持对身体的觉察。例如，你会发现，如果一边吃饭一边想事情，脾胃就会很不舒服；当你有微微的焦虑时，脾胃马上就会提出"抗议"。

所以，"引体旋天"系列功法邀请大家深度地感觉自己，让你听见脾胃的呐喊，如法操作，身体自然会引导你找到停止思虑的方法。停止思虑，身体的本能智慧自然涌现，在饮食、起居方面，很多理性知道"应当"如何如何的养生法则，就会成为身体自然的本能习惯。

因此，练功可以唤醒身体自觉，通过脾胃功法，在饮食起居的选择与身心修炼方面，都将有殊途同归的体悟，然而"虽有多闻，若不修行，与不闻等，如人说食，终不能饱"（《楞严经》）。读者诸君还得靠亲力亲为的实践，才能探其神髓。

旋转乾坤脏功法

内脏功法四

肩落胯松拟霜起 手坠足轻映雪 气贯涌泉透成根
身转运绵若水 行住坐卧皆安定 体正神宁虚入髓

楔子

五蕴山中若有光

《素问·灵兰秘典论》说："肺者，相傅之官，治节出焉。"在人体小宇宙，心肺为君臣，君臣合作无间，乃能治理人身。心若象征一个组织的精神灵魂，肺就要把组织的目标政策确实执行出来。而在政策执行的过程中，必须斟酌损益、调和出入进退，才能在变动不居的状态中保持动态的平衡。肺主气，朝百脉，具有调节全身气血、通调水道、固卫御邪的功能。《明道易经》对节卦的描述正是如此："水泽节也。界限不过之义。水本润下，兑金阻之；兑金本悦，坎水陷之。两下不过，故曰节也。节者，和也。"

《黄帝内经》除了用"治节"两字生动描述肺的功能特性，在五脏情志的对应关系上，则认为肺是"魄"的居处，故云："肺者，气之本，魄之处也。"气之本与"魄"的关系，表现在一个人的行事作为，会展现出什么样的生命情调，历来也没说清楚。不过想想，我们夸一个人会说有气魄，可见"气"与"魄"是正相关的；而"气魄"，绝不是好勇善斗的匹夫之勇，所以孟子尚勇，他理想中的大勇，就是通过"自反而缩"的内在修省，做出"虽千万人吾往矣"的选择，而这种"善养浩然之气"的功夫，表现为一种人格品行，就是"富贵不能淫，贫贱不能移，威武不能屈"的大丈夫。

把大丈夫的气魄，跟肺的功能特色串在一起看，就很具有启发意义了。这种人格特质，说得更浅白一点，就是通过"存天理，去人欲"的内在节制之后，我的内在自有一片天地，不管外面的世界怎样天翻地覆，我还是依循着既定的方向前进。所以，有人问黄檗禅师："黄巢军来，和尚向什么处回避？"黄檗答道："五蕴山中。"

五蕴山中，就是"人人有座灵山塔"的"自家天地"，这也是中国生命哲学贯穿儒、释、道思想的核心要义。不论是儒家从"摄威仪""导血气"入手修习"穷理尽性以至于命"的功夫，还是佛家的"止观法门"，或是道家的"凝神守虚"，都以身体为基本的修行工具。因为人生一切恐惧、执念，都从身体来，唯有深入地了解身体，对身体的气化有所体证，才能洞察有形现象界之短暂虚有，归根复命，走到人与天地相通之处，而从根源处松开执念，化解人类文明与生命处境的危机。但这反身向内、通往灵山圣境的道路，言语文字说不尽，聪明机巧到不了，只有老老实实、步步为营，亲身走一趟，谁也说不准会在哪个生命的转弯处豁然开朗、洞然明白，从而转身进入一个无有恐惧、远离颠倒梦想的世界，到时但见山不是山，毕竟山还是山。烦恼人间就是天堂乐土，便是多灾多病身，也是相好光明的庄严身。

所以，从中国身体文化入手，的确可以开展一种新的文明。即如20世纪40年代发现的基督教古代经典"死海古卷"也指出，人类的转化关键是：首先人子必须在自己的身体中寻求和平，因为他的身体犹如山中的一潭水，他在澄明清澈时能够映照太阳。当其中充满泥沙而混沌不明时，就无法映照任何东西。

而"旋转乾坤"系列功法通过外息与内息的调节，治身调气，由外而内、由内而外，提升身、心、灵整体免疫功能，正是引领当今人类走出困局的范例。

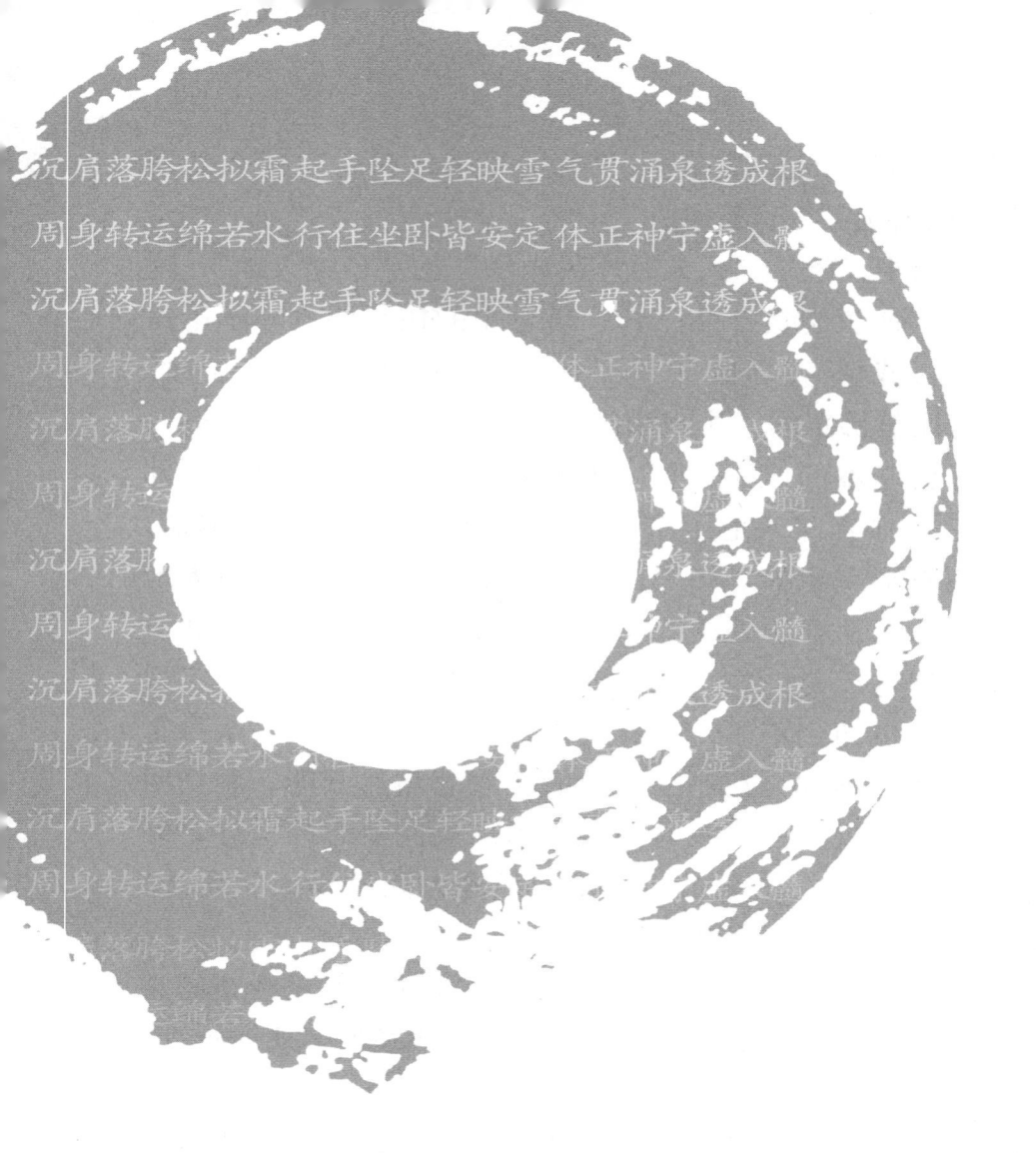

第一章　功法原理：旋转乾坤御外邪

第一节　呼吸原理与循环

气功修炼与人体的呼吸调节有密切关系，从生理学的角度来看，人体职司呼吸调节的生理机制包括：

随意呼吸：大脑皮质中协调呼吸的神经细胞可刺激或抑制呼吸中枢，让人体可主动影响或控制呼气、吸气与闭气功能。

主动呼吸：延脑、桥脑（呼吸中枢）是由桥脑调节延脑发出的基本节律，并协调吸气和呼气的转换。

当人体血液中的二氧化碳升高时，呼吸中枢就会发出指令，使呼吸作用加快，所以用力或激烈的运动会使体内的燃烧作用过度增加，产生二氧化碳。这种因为缺氧导致的快速呼吸作用，支出大于收入，无益于养身健康，必须为不用力、低热量燃烧的缓慢运动，并借由控制的呼吸作用，才能真正充氧，令收支平衡。

从解剖学看到的呼吸作用是指呼吸道将空气送入肺中，与血液交换氧气与二氧化碳的过程。气机导引气功学指的呼吸作用包括全身内外的传链作用，也就是从鼻中第一口气，到人体最后一滴血的连动关系，即外气→消化→吸收→排泄的整体循环过程。因此，气功学的"气功能"就是人体经脉循环系统中的电位能量，而它则涵盖了西方解剖学所看到的肺循环（宗气）、血液循环（营气）与淋巴循环（卫气）三大系统。

肺循环就是外呼吸，指鼻呼吸将包含氧气和水湿的空气送到肺部，进行氧气与二氧化碳交换的过程。血循环就是体循环，当氧气跟营养精微在肺部结合后，借血液循环供给全身，同时在各组织细胞进行氧气与二氧化碳的交换。血循环是以中医讲的营气，即人体消化吸收功能为基础。食物从口进入食道，经过消化管的消化作用，送到肝脏解毒，再从右心房送入右心室，从心脏输送到肺部，让营养跟氧气结合后再回到心脏，进入体循环。

淋巴系统有四大功能：1.使组织液回血液，以维持血浆蛋白的恒定；2.制造淋巴细胞；3.运送脂溶性养分入血浆；4.过滤外来异物与病菌。微血管渗出血浆结合组织液之后进入淋巴管，就成为淋巴液。淋巴管遍布全身，右半身的淋巴管汇集右淋巴管，其余汇集到胸管。右淋巴管注入右锁骨下静脉，胸管汇入左内颈静脉和左锁骨下静脉的交会处，而淋巴液又回血液，由心脏血管循环全身。淋巴循环跟中医讲的卫气类似，都属人体重要的防卫系统。

经脉循环

中国古代丹道家通过练功看到人体还有一个无形的经脉循环系统，这个无形的循环系统就涵盖了解剖学上有形的肺循环、血液循环与淋巴循环。

```
胆  大肠→胃  小肠→膀胱  三焦         督脉  尾闾→夹脊→玉枕
↓   ↑    ↓    ↑     ↓    ↑         （六腑） 会        百
肝→肺   脾→心    肾→心包              ↑↓   阴        ↓会
                                    （五脏）
                                    任脉  下丹田←中丹田←上丹田
```

人体循环系统的运作过程十分繁复，文字叙述总嫌冗长累赘，兹简述如下。

解剖学看到的人体循环系统包括：1.肺循环；2.血液循环；3.淋巴循环

> 肺循环（外呼吸）：鼻吸入空气→氧与水湿→肺（交换二氧化碳）
>
> 血液循环（内呼吸）：肺（营养与氧的结合）→心脏（左心房→左心室）→大动脉→全身（体循环）→体内能量转化（吸收燃烧，产生生理功能与代谢）→静脉→上下腔静脉→心脏（右心房）
>
> 淋巴循环（卫气）：微血管渗出血浆结合组织液→淋巴管＜ →右淋巴总管→右锁骨下静脉 →左淋巴总管→左锁骨下静脉 →上腔静脉→心脏（右心房）

第二节　如何锻炼肺功能

就如同"左右开弓"心脏功法必须兼顾心脏与血液循环的整体练养，"旋转乾坤"系列功法亦需兼顾肺脏与经脉循环的练养，才能启动人体各个层级的呼吸与免疫机制，达到整体的平衡。《黄庭经》说："七元之子主调气。"明指肺的主要功能活动是调节人体气机运行。故中医认为肺主一身之气，又为水之上源，具有推动血脉运行与敷布津液到全身的作用。五行理论认为土生金，肺为脾之子，脾主免疫与造血之官，而传合于肺。故《医门法律》说人身之气秉受于肺，肺气清肃，则周身之气莫不服从而下；肺气壅浊，则周身之气易致横逆而犯上。

有形的肺是外肺，主后天呼吸。人体还有一个看不到的肺，布乎四体，纵横上下，那就是由丹田与经络主控的体呼吸，亦称先天呼吸。庄子说"众人之息以喉"，那就是修炼肺循环的外呼吸功能;"真人之息以踵",就是修炼体循环的"内肺"体呼吸,而体呼吸才是推动血液体循环的主要动力。

启动体呼吸的功能,必须用导引术的概念,以螺旋、延伸、开合、绞转的原理,解开僵硬,使身体渐趋松柔,强化人体主动运输的机制,为下一阶段"转经脉而动脏腑"的身体条件奠定基础,然后以气功修炼的静心、旋转、压缩、共振四大原理,以海底(下横膈肌)缩提所形成的人体气机作用,促进静脉血液回流,进而向更高层次的身心灵跃升迈进。同时,随着身体境界的不断提升,逐层启动身心灵的免疫机制。须知今日世界之所以充满天灾人祸的阴影,正是人类心灵状态的投影,残害环境、远离大自然,或因无知恐惧而滥用营养食品或药物,往往未蒙其利,先受其害。所谓"一切为心造",地球的生态失衡,是因为人体内在平衡失控,而人体免疫系统的崩溃,是因为我们对生命自然法则的信心已然崩溃。因此,最高层级的免疫机能,除了对个人的生命本能具有疗愈功能,还对地球的生态具备疗愈功能。要启动这个能力,就要从观念、意识的转化与亲力亲为的实践功夫着手。而意识转化的基础,就是转骨翻筋、脱胎换骨的身体转化。亦即一种与天地万物同息的总呼吸,也就是呼吸的作用、饮食的管理和人体细胞与组织间的体内转换。

人体机能的恒定与防卫由五脏六腑协调分工,然其根源是来自后天气的吸收与供养,也就是饮食与呼吸。呼吸为生命之本,分为:(1)肺呼吸(外呼吸),指肺泡内的氧与血液中的二氧化碳交换;(2)组织呼吸(内呼吸),指血液中的氧气与组织细胞的二氧化碳交换,又称为体呼吸或内息。"旋转乾坤"非仅限于鼻呼吸的空气出入训练,还包括体内能量的转化锻炼,借由丹田的操作,启动体呼吸的作用,促进身体内部物质的交换,达到内外平衡的效果。这种由外呼吸到内呼吸的整体固养，才能实践气功学的精神，也确实才能得到养身强肺的功效。《黄庭经》云："喘息呼吸体不快，急存白元和六气，神仙久视无灾害，用之不已形不滞。""白元"指的就是肺中真气，也就是肺功能。又说："气活则血荣，血荣则精实，精实则神灵，而四海丰矣。""四海"是指气、血、精、髓，"六气"则指精、气、津、液、血、脉。简言之，当身体不适、呼吸不利，甚至喘息的时候，如能存想、修炼肺功能，就可以调和六气，消除疾患，并提升整体防卫免疫功能。

此外，肺与大肠相表里，肺主升清，大肠主降浊。肺气含水湿主肃降，能温润脏腑，便利湿浊从大肠排泄。大肠水湿代谢不利，引起便秘，就会导致浊气上行，影响肺中清气肃降。肺主入清，大肠主去浊，两相呼应，维持体内的环保，故大肠癌患者往往会引起乳房或淋巴的癌化。

在过去多年的教学中，初学者经过基本松身训练之后，通常就以"旋转乾坤""大鹏展翅"两套功法作为筑基功，锻炼体魄。因为"大鹏展翅"是针对全身性的筋骨锻炼，"旋转乾坤"是从全身经脉的开发，启动体呼吸，同时兼顾气血，达到全身更大的纳氧量。然而，就像气机导引每一套功法都蕴含肢体开发的完整层次一样，"旋转乾坤"可以当作初学者的入门阶梯，老学员随手拈来，也可以借它触类旁通、探赜索隐，走上悟道之路。但其间多少微妙幽深的身体境界，需留待读者自行探索，本书只能点到为止，实践的功夫需从实践中随人领悟，语言文字皆有限，得鱼忘筌，才能无所挂碍。

第二章　心法要义

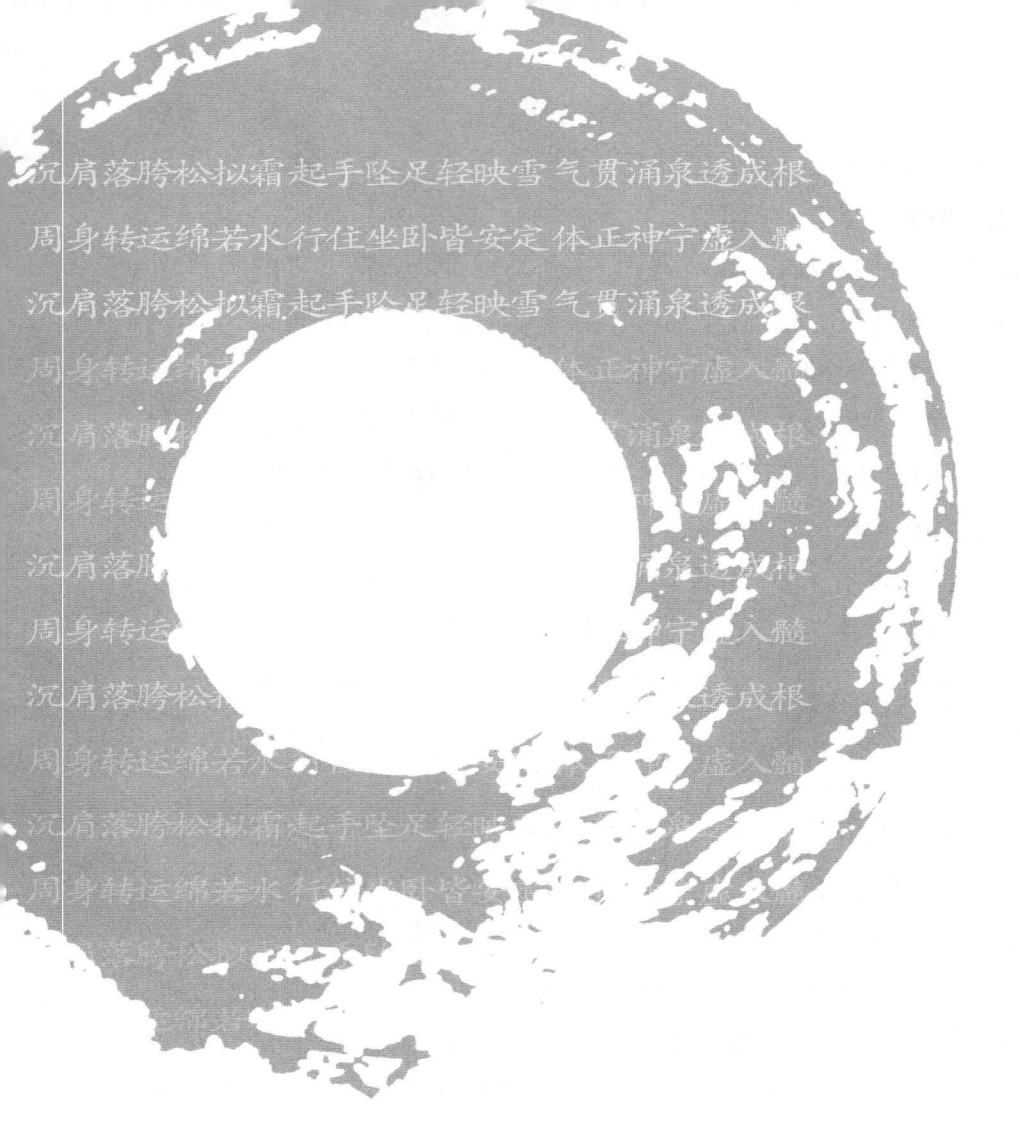

知足而无恼

急伤肺，炼气先制心

　　人生呱呱坠地的第一口气是吐气，生命尽头的最后一口气是吸气。气息的出入，决定了生命的开展与终止。生命因放舍而得，因执取而失，一呼一吸，便是一生一死。老祖宗从气息的出入调节体察到人心的调节有相同的原理法则，故以"息"为"自心"；而"自"就是"鼻"的象形字，鼻与心通，心肺一体，这就是"息"。心急时呼吸急促，气急败坏，会影响肺功能的正常运作，要沉得住气，必须心无波动。因此，炼气需先制心，制心也需从炼气中体察，故《乐育堂语录》曰："所以古人用工，必先牢拴意马，紧锁心猿。何也？盖一念之动，即一念之生死所关；一念之息，即一念之涅槃所在。"可见人世间一切烦恼，皆源自于伴随身体而来的诸多恐惧和欲望，因得而喜，因失而悲，悲伤忧急最伤肺。肺中藏魄，肺伤则魄散。通过呼吸的调节，就可以把依附在身体上的各种感觉、欲望，一层一层剥掉。东医气机导引的身体修炼，是通过炼气下沉，化掉所有情绪反应。身求其松、心求其空，身体无法松透，是因为还有感觉卡在身体上，不断地把感觉放开，身体就松开了。所以真功夫在于练出灵敏的身体，再以身体为参照点，彻底改变制造痛苦的反应式心灵，从而改变对世界的认知。这个修炼过程跟佛教基本教义四圣谛"苦、集、灭、道"是类似的。

　　就以"旋转乾坤"系列功法的练习而言，本功法中有很多从手指末梢依序旋转的动作。手上的动作外形越多，障碍也越多，因为手指会如实显现一个人的内心动机。身体是不是真的放松，从手指的表情即可一览无遗。若把注意力放在手上，身体动机就无法转入身体内部。因此在练习过程中，初学者需将动作外形练到纯熟，并配合身体的放松、呼吸的慢匀细长与意识的专注，然后才能慢慢由外而内，将身体动机转到身体内部。最后，就连手指的转动，也是内部气机的操作，与丹田、命门、夹脊、膻中、百会、涌泉的开合压缩，由一条看不见的引线相互牵连。动作越内化，心越虚静，身体的动机越深，到最后身体外部寂然不动，只有内部的气机流行。

　　身心都要往虚的情境前进，待气停脉现，以形而下之体，炼形而上之气，炼一个不存在的存在。如此则动亦静、静亦动，能收亦能放。动是道，静亦是道，喜怒哀乐都是天理自然。这条内化的路线就是修行的路线，很多人会被各种无法觉察的感觉卡住，或半途而废，或奋斗一生也无所成。但身体毕竟是一座柔软的神殿，唯有通过身体的映照，才可能进行更深密的反观内省，并有具体下手之处。所以，动作都是暂时的工具，只为了有一个具体介面可以揣摩"松、静"是什么。在肌肉筋骨大量延伸的动作角度上犹能放松，自我放松的能力就很高。身体松柔到可以纳气，可以感知气的膨胀压缩，就会进入更高的自我认知，去除我执，超越有形躯体，宽恕一切。遇到过不去的难关，因为身体已经有很多放松的具体经验，要转为心境的"松"，就有可依循的方法。所以，以动炼静方为真静，动中能静静尤静；有事能静，无事更能静。动作中能放松，不做动作更松，于是生活中时时都放松，身体的病痛都不算什么了。再炼到无为时，外界的压力来了，也不需躲避对抗，承认力量，把力量转移到其他方向，但不让压力落在身上，这就是气的功能作用。手出去、意念出去，气就出去，这种高段的自我修炼，是一种不为人知的内心功夫，生命的圆融自足，唯有寸心知。

知足而无恼

内在贫穷的人往往求索无厌；内在富足则无所求，无欲则刚，知足而无恼，这才是"大丈夫"的气魄！所以，练功场上无所争，要争的只是一个向内追求的"慎独"功夫而已，这就是佛陀出世时所说的"天上天下，唯我独尊"。说得更直白一点，就是相信"人人皆可以为尧舜""众生皆可成佛"。因此，练功的目的是把自己独一无二的"自性"练出来，如此就敢于期许自己，把练功的目标设定在练成这种天下一等一的功夫。心态一改，就不会找借口，没有借口，再大的障碍都可以化解。因此，酸痛来了，也不必咬紧牙关硬撑，用力苦撑，力量必有用尽之时，所以要学会用意不用力，意念松时身必松，气的作用就会出现。不过一般人几乎都要从"用力"当中体会力量的有时而穷，然后才能进一步体会如何让意识放松。

因此，练功的历程就是一层一层放空、一层一层虚掉。"虚"就没有障碍，无有恐怖，常葆青春健康。"虚"才能体会物质肉身之外还有一个形而上的身体，那就是"同于大通"的气。当气已形成时，还要更虚，才能持续"集气"，所以庄子说"唯道集虚"，否则还会有更幽微的执着障碍过不去。往这个方向持续向前，就可以养出布乎四体、充塞天地的"浩然之气"。

练功会让脑细胞不断产生极化作用，并形成价值观的转变，用截然不同于以往的视野经营人生，那就没有什么是做不到的，今天没有办法，明天就会有办法。这条路很难，但我们历经生死轮回，终究要走上修道之路，其间的所有幸福快乐只有自己知道。于是当你站在熙来攘往的街头，你是一个隐没在人群中的小人物，但你很清楚生命要往哪个方向行去，你的心里被一种淡淡的幸福感充塞着。

这种洞见生命真相的功夫不靠苦练，相信它本来就存在，只要把遮蔽它的东西一层层剥掉，把属于人的情感剥除，包括快乐、恐惧、忧伤，回复身体的本能，身体就可以成为无坚不摧的能量体。文明社会的规则使人失去本性，就像一只兔子不知道自己在森林里、老鹰不知道自己在天空中，人也不知道自己作茧自缚。我们不必仰靠哲学家带领我们探讨人生的真谛，只要回到身体，开展向内的自我观察。整个宇宙就是身体放大的显影，你不存在，宇宙万物就不存在；宇宙万物不存在，你也不存在，这就是太极。东医气机导引的修炼，也就是逐渐看懂世界是怎么一回事。

所以，养生就是一套自我管理的方法，通过肢体动作，洞见形而下的器质世界之上，还有更为广大幽深的形而上世界值得追求。如此，现实世界的得失祸福都是耐嚼的人生滋味，这才是远离颠倒梦想、无有忧惧烦恼的身心灵免疫力。这是一种庄严的自我对待，它虽然是孤独、寂寞的，但孤独寂寞中自有无比宁静的力量。唯有通过孤独寂寞的学习，才可以回归自然，获得与天地万物相往来的喜悦。

第三章　系列功法

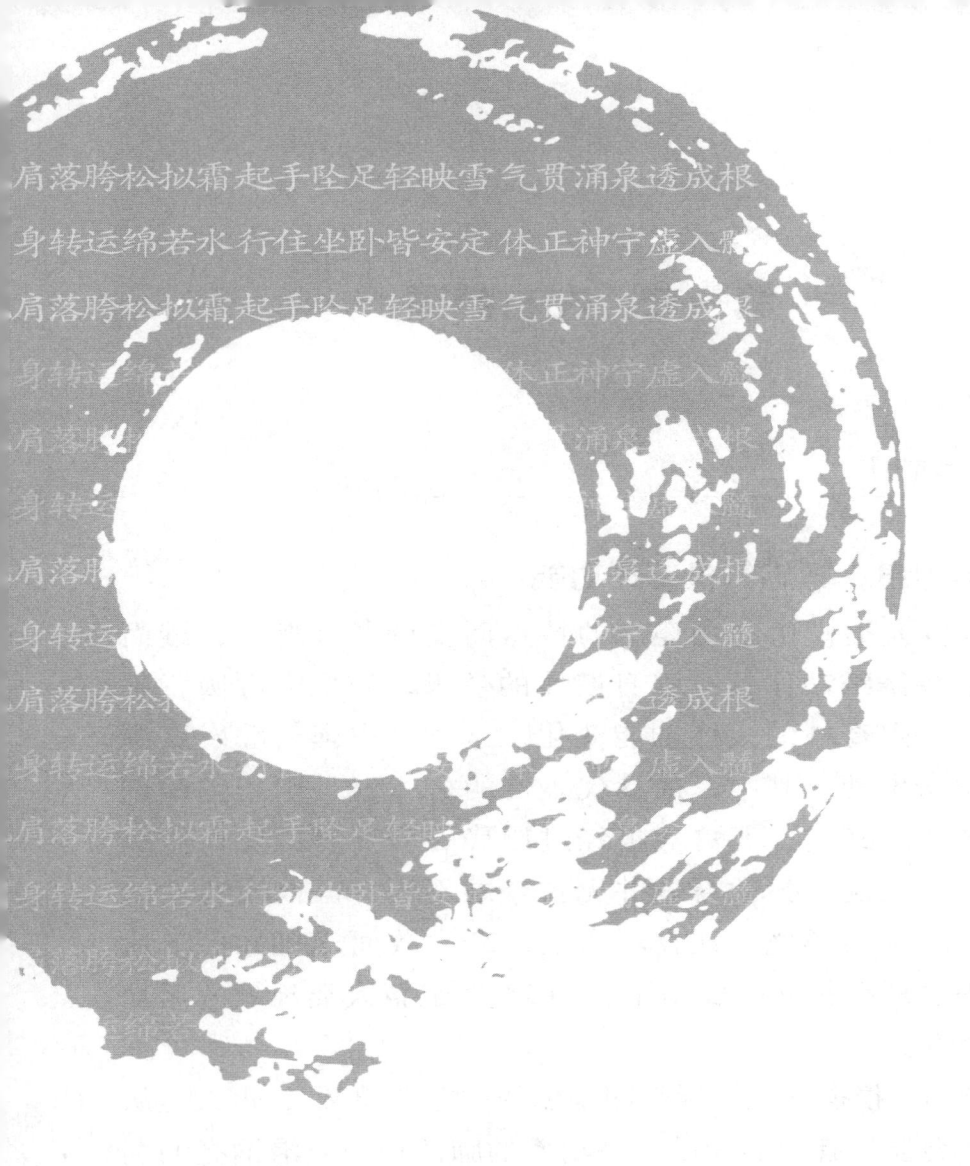

第一节　左右鹤潭

【原理说明】

外息与内息，锻炼气机循环功能

上古人类模仿动物姿态的特点而发展各种舞蹈，继而发现这些舞蹈动作具有强身健体的效果，若配合呼吸，则又可以产生奇妙的人体功能变化，这就是中国气功发展源流中的仿生功。其中，最具代表性的之一就是由华佗编创的五禽戏。其实，五禽戏也经过历代因应当时需要而做编辑剪裁。虽说人类的身体并无古今之不同，但体质特性的确会随着生活环境、饮食习惯而改变，故而气机导引十八套功法也是在相同的脉络下，为 21 世纪新人类规划的运动保健处方。

例如，根据马王堆导引图编创的"左右鹤潭"，古人是从观察鸟类强壮有力的翅膀、高功率的肺活量与光滑油亮的羽毛而设计。我们一方面将导引图的动作片段还原为连续动作，借由手部、脊椎的运动，训练全身关节的开拓与协调，促进左右脑平衡；一方面以螺旋、延伸、开合、绞转、静心、旋转、压缩、共振八大运动原理，增强外呼吸功能，借由越来越内化的呼吸与意识作用，使深层肌理组织充分供氧，并活络全身经脉的疏通与协调功能，改善关节退化、肌肉缺氧所造成的疼痛，并逐步开发整体的能量交换。须知肺活量包括内息跟外息，内息就是丹田与组织体传链作用的体呼吸，外息就是肺腔呼吸。而"左右鹤潭"是以鼻呼吸，亦即外呼吸的肺功能锻炼，提升体内血液与组织细胞物质交换的运作功能，在身体开发的进程中，可作为开拓中丹田以及手臂三阴三阳经脉的先期工程。

做法

1. 两脚与肩同宽，双手于胸前交叉抱肩，左上右下。
2. 吐气，双手自然松开，指腕内扣，沿着身体缓缓下滑，同时松腰、坐胯，身体下沉至蹲姿。
3. 吸气，将两手旋绕过大腿两侧，置于背脊处。四指握拳，拇指顶住膏肓穴，身体挺直。
4. 持续吸气，由腰椎带动身体右旋后吐气成右弓箭步，同时左手由左腋下向左旋出，掌心朝上。右手由右腋下向右旋出，掌心朝下，双手成水平直线，如鹤展翅，眼睛平视左手中指尖。
5. 再吸气，旋转腰椎、胸椎、颈椎，带动双手一前一后收缩进来。吐气时两手再经腋下旋转至双手臂平伸，右手掌心朝上，左手掌心朝下。
6. 吸气，身体缓缓旋至正面，右手上、左手下交抱于肩。
7. 左旋之动作要领如上。左右来回为1次，反复练习12次。

图 4-1　　　　　　图 4-2　　　　　　图 4-3

图 4-4　　　　　　　　　图 4-5

252　**气机导引：**内脏篇

图 4-6

图 4-7

图 4-8

图 4-9

第三章 系列功法

图 4-10　　　　　　　　　　　图 4-11

动作要诀

1. 动作过程中意守夹脊，吸气时务令气达丹田。

2. 动作慢慢内敛为百会、劳宫、涌泉五个端点的开合。重心落涌泉时，百会合涌泉、劳宫缩合。身体张开时，百会、涌泉拉开，劳宫撑开。只要能注意这几个点的开合，就全身无所不开、无所不合。

3. 抱肘、屈膝、身体后仰，这是动作的第一个层次。炼气阶段是任脉拉开，重心下沉，屈膝与身体后仰都是自然而然的经脉气机现象。

4. 身体旋转时先转下丹田，再转中丹田。注意劳宫的开合。

【课程综合摘要】

促进肺部清气彻底交换

我们呱呱坠地的第一声大哭是通过长频的声波，把肺中的浊气吐尽，形成负压，然后开始吸进第一口气，让大气进入肺部。这第一口气就是我们与天地能量的第一次交流，子平八字就是从这一口气判定生命历程的大致趋向。

一般人的肺部功能只用到三分之一，而且是吸一口、吐一口的交换呼吸，肺部底层总有未能完全吐尽的浊气停留其中。比如，吸气时肺部若吸入 100% 的气，吐气时只吐出 70%，还有 30% 留在肺部，下次吸气时只能再吸入 70% 的清气。因此，只有低于 70% 的气进行交换。过去农业社会的生活形态与工作方式，活动量充足，可以在无形中开发肺活量。现代人缺乏运动，成人之后，比婴幼儿时期动得更少。当躯体变大，运动量又减少，留存在肺部的浊气会更多。因此，养生运动首重吐故纳新，也就是彻底交换的呼吸。"左右鹤潭"特别强调呼吸锻炼，借由两手臂的旋转、脊椎的压缩、胸腔的开合伸张，可促进体内细胞与组织液间营养的传输，并推动肺部二氧化碳与氧气的彻底交换。此外，同样的动作，采吸气或吐气，对交感神经与副交感神经会起着不同的作用，可借此调整气血与安定心神。

深层运动才能动到红肌

要增加肺活量，就要从"去浊存清""吐故纳新"的胸腹扩张入手。人体大部分的浊气会储存在深层肌肉，因为深层肌肉较少运动，氧气不易到达，二氧化碳与无氧呼吸代谢的乳酸排除不易，所以，真正有益健康的运动，应该是动到深层肌肉的有氧运动。一般运动多半是直来直往地用力，快速单向的肌肉训练，这种运动一般只能动到浅层的白肌，动不到深层红肌。虽然看起来很强壮，短期内也有身心舒畅之感，其实外强中干。特别是有些运动员需要定期注射治疗肾脏疾病的针药，这是因为无氧运动长期过度燃烧造成乳酸堆积过多，增加肝脏与肾脏的代谢负担，对肝、肾造成伤害。

所以，气机导引特别强调以慢速旋转的运动刺激深层肌肉，推动淋巴的流动。"左右鹤潭"是从小指、无名指、中指、食指依序扣进来到手腕，再翻手腕到手肘，牵连到肩膀，一个关节一个关节依序旋转进来，动到更深层时，甚至可以延伸到肩胛骨、胸椎、腰椎，再往胯、膝盖、脚踝延伸。借由左、右手做反方向的旋转运动，旋转的同时再将手延伸出去，就好像旋扭毛巾后再将之拉长，可增加肌肉血管的弹性与活力。这种"牵一发而动全身"，从末梢转到深层组织体的旋转运动，就是"左右鹤潭"的精髓。

第二节　鹤潭跷手

【原理说明】

活络手三阴三阳经脉

练功就是自我觉察的过程，通过渐次向内探索的肢体活动，感知体内气机流动上下循环、生生不息之道，出而观照世间万象，就不会泥守一端之见。练功是以后天炼先天，所谓"后天呼吸起微风，引动真人呼吸功"。呼吸如此，身体空间的开发也是如此。在练功过程中，腰胯松开训练是丹田之气沉落涌泉、与大地能量相接的关键，而腰胯能否松开，则端赖膻中、肩背的松开，故而两手的活动意向是深层内在的显影。人生在世许多无名的压抑与执着，也完全显现在肩背之间。若能卸除肩背上的武装，就能卸下后天习染，复返于先天大道。

因此，松开肩背除了可以解决困扰的肩背酸痛问题，更有助于松开执念，开拓心胸。"鹤潭跷手"即是以左右手成一字形的来回旋转，活络手臂六条经脉，并促进肩臂等关节组织的活动，同时配合顺腹式呼吸，加强副交感神经作用，协助大脑皮质稳定，达到静心的效果，在重心变换过程中，可强化下盘气机。待呼吸训练渐至有成，重心的移转与两手的旋转，皆由丹田操控，则身心轻灵，通体流畅。从身体操作而体察自然流转之道，其间历程虽非一步可及，却是人人皆有机会。

做法

1. 两脚与肩同宽，两手平伸，右掌心朝上，左掌心朝下，重心落于右涌泉，眼睛注视右手中指尖。
2. 吸气时右手腕、肘、肩依序旋转至掌心朝下，吐气时左手由肩、肘、腕依序旋转至掌心朝上，同时重心移至左涌泉。
3. 再由左而右，方法如上。左右来回为1次，做24次。

图 4-1

图 4-2

图 4-3

图 4-4

图 4-5

动作要诀

1. 做动作时意守丹田，务必全身放松，旋转时手肘始终保持一字形。
2. 重心在两脚涌泉间往返移动，采自然顺腹式呼吸。

【课程综合摘要】

以丹田带动旋转开合

"鹤潭跷手"即是"过桥手"，这是很重要的训练。初学者先求两手从腕肘肩依序旋转时，肩膀不能耸起，待身体更放松，再练习以中指的旋转带动手臂的旋转，将旋转所带出的开合劲，蓄积在腰隙之间。渐渐动作由丹田带动，左右手如波浪，丹球自右旋荡到左，如有一股旋风从身体里面转进来，但身体外部不动。

先把身体练成太极体，了解身体的力学走向，就可以掌握身体所有的变化。将来不管是"金刚渡跷"（详参"螳螂捕蝉"系列）、"乾坤渡跷"还是"阴阳跷手"，原理都相似。"金刚渡跷"是一个螺旋从尾椎转上来到夹脊，再从两手旋转出去。"过桥手"则是以"旋转丹气"（详参"手滚天轮"系列）的方法，由丹田的左右旋转，带动身体的旋转开合。

若能以丹田带动旋转开合，就能体会此动作的重心转换关键在丹田，根源则在脚底涌泉。动作过程中多多揣摩"上下一条线，脚下阴阳变"的大原则，缓慢、专注、一丝不苟，因为那是极为精密的全身性连动，重心的转移是渐变而非突变，手部的转动变化，则是"脚下阴阳变，手上虚实现"。

第三节　猿呼引肋

【原理说明】

延伸引肋，活络淋巴腺

2003年SARS（传染性非典型肺炎）造成全球大恐慌之际，我从气机导引十八套功法中随手拈出七个招式，提供给民众作为增强免疫力的自我锻炼，"猿呼引肋"是其中之一。

其实，就像国防力量是整体国力的综合表现一样，免疫力也是身体健康的总体表现。若要设定范围，提升免疫力的方向略可概括为活络淋巴腺、胸腺（T淋巴细胞）、脊椎干细胞（B淋巴细胞），提升气能量与正确的情绪管理。本节要谈的是活络淋巴腺的"猿呼引肋"。

人体淋巴腺分布全身，主要在颈部、腋下、鼠蹊三大区块以及消化系统中。淋巴管就是人体的水道系统，通贯全身，负责过滤全身的废弃物与病菌。须知淋巴没有动力系统，要保持淋巴管线的能量流通，必须在全身放松的状态下做延伸的动作，也就是从身体主干延伸到手脚的末梢指端。同时，在放松延伸时配合深层的呼吸，使身体达到充分供氧，借以提升淋巴腺体的活动系数，加强体内排毒机制，减少肝肾负担，并巩固全身免疫防线。

"猿呼引肋"是以两手分别在小腹前与脑后侧弯延伸如太极双鱼图，借以牵引躯干到达手脚末端，配合慢匀细长的腹式呼吸，鼓胀丹田，使内气压缩到身体左右肋下。两手一只在脑后，一只在小腹前，以一上一下、一前一后的抱元弧线延伸，使两手指端连结成一个大圆。这个大圆其实是身体内部动机的呈现，以丹田的开合压缩，带动两脚涌泉一松一沉，使气机扩及全身。故此动作虽强调两手指尖向极限延伸，但这是身体松至极限而后扩散到极限。此为内气的功能现象，保持身心的松、静、虚即可体会，绝非用力所能到达。

做法

1. 两脚与肩同宽，两手向体侧平举延伸，右掌心朝上，左掌心朝下。吸气时松左胯，身体左倾弯曲，右手往上延伸至抱元于脑后，左手往下延伸至抱元于小腹前。两手如一太极双鱼图。
2. 吐气，由腰椎、胸椎、颈椎带动身体旋转至左俯延伸，两

图 4-1

图 4-2

脚打直，脊椎及右手放松延伸。再松腰坐胯，身体转回正面马步，两手一上一下斜抱于胸前，肩肘自然松落。

图 4-3　　　　　　图 4-4

图 4-5　　　　　　图 4-6

3. 吸气，左手掌心朝上，右手掌心朝下，沿45°斜线上下延伸，身体成斜飞状，重心落于左脚。
4. 持续吸气，重心缓缓移至两脚涌泉。再松右胯，动作如上反复。左右来回为1次，做24次。

图 4-7

图 4-8

图 4-9

图 4-10　　　　　　　　　　图 4-11

动作要诀

1. 两手向左右抱元延伸时，上手要延伸至脑后，才能延伸到淋巴结，若在头顶或面前，就只能延伸到肩背。
2. 动作中保持放松，用力会产生痉挛，阻碍淋巴液的流通。

【课程综合摘要】

动作原理化

我十岁开始接触武术，也曾跟随一位老师父学习少林拳小八式和大八式，招式简单，没什么花样。数年前我到少林寺进行交流活动，居然无人知道小八式和大八式，似乎已经失传了。十五岁那年，我自己跑去台北市民权东路普门寺，皈依在一位年老的比丘尼座下，赐号净哲。师父教我八段锦和十二段锦坐功，那是我初次见识强调和缓松柔的导引术。此后，我的学习兴趣更广泛，求知若渴，到处寻师访友，学过数十套拳、上千种招式。我发现，大多数的武术招式都以攻击和防守为目的，而各门各派虽各有养生保健的导引术，却无法提出具体的理论根据。因此，要将中国传统肢体文化建立一套符合现代精神，并可据以教学传授的技术规格，必须重新整理归纳。之后，在漫长的学习岁月中，我也从身体的改变得到很多领悟。例如，我发现一个往外攻击的力量，必然会产生往内撞击的反作用力。这些领悟告诉我，若能虚心学习，身体就是引领生命不断向上提升的老师。

于是，我开始思索肢体内化与动作招式原理化的问题。例如，我将八段锦的动作招式丢开，萃取其原理，再与其他原理相同的功法相对照，归纳出最有效的动作。像八段锦的"两手托天理三焦"，只有呼吸吐纳与身体延伸的概念，我认为它的动作效果并不是最好的，我们有比这更好的动作。因此，气机导引强调的不是动作招式操作，而是动作原理。比如说要活动淋巴腺体，就需要延伸的运动，而人体的肌肉、血管、韧带都有弹性，通过延伸的动作，除了活化淋巴腺体，还可避免血管钙化，使血流顺畅，并增加肌肉与韧带的韧性，防止粘连。只要在这个原理之下，使腋下、鼠蹊乃至肠胃等淋巴腺体集中的区域做出延伸的动作，并兼顾促进肠胃蠕动，这个方法就是对的。

以身体内动能"止戈为武"

气机导引的功法设计结合丹道学的原理，动作最终皆要以丹田为动机，才能通过任督旋转走向坎离交媾、河车运转的金丹大道。故动作旨在练其本体，使身体产生源源不断的内动能。由于劳宫、涌泉、膻中、夹脊等穴位是身体内动能的引爆点，在习练过程中，当身体动作渐渐转为虚无，则需对各穴位的气机共振多所观照体会，才能增强气机的作用。即以此功法，身体成斜飞状，两手以45°斜线上下延伸的动作为例，这是以身体内部的开合延伸，将身体由内而外缓缓打开。而身体开合延伸的气机作用，是从左涌泉反运至右劳宫，涌泉越往下沉，劳宫越往上飘，两股相对的内部反作用力，形成外部的身体动作。

这种内动能的开发训练，需从每个动作务求"到位"做起，即每个延伸、开合都要做到顶点。所以，"猿呼引肋"吸气时，手指与脚趾都需放松延伸至极，练习日久，就可体会吸气延伸时，内气从涌泉到脚跟，经脚踝、小腿、大腿往上到尾闾、命门，接太阳膀胱经、少阳胆经往督脉，故手指尖会往百会延伸，劳宫会自然张开。吐气时内气经下丹田压缩到涌泉，而使气机共振的能量波快速传导到脊椎和指尖，故脊椎及指尖的延伸并非刻意的身体动作，而是内气共振的自然现象。

此外，"猿呼引肋"上下两手延伸即形成一个太极双鱼图，阴中之阳、阳中之阴的两个鱼眼睛，即在膻中与肚脐。能意识到此，就可以体会动静之间的阴阳平衡关系。故两手斜向延伸拉开时，是内气的开合压缩，在劳宫、涌泉形成阴阳位移。同时，吸气时腹腔至胸腔吸满，胸腔扩张，会产生负压，形成吸引力，再加上收提骨盆底肌对腹腔形成压缩，如此便能促使静脉血液回流及淋巴的流动。这也就是中丹田往下，下丹田往上，心火下降、肾水上升的人体良性循环。当旋转压缩下丹田将手和脊椎延伸出去，再沉肩坠肘落胯将手拉回时，其中暗藏着一个顺势拉回的内劲。故真正的内功不用力，用力则滞，能善用气的原理将对方的力量化于无形，才是"止戈为武"的真谛。

内气旋如台风气旋

动作中身体放松，才会产生气感。放松时能量才会进入身体，用力时能量往外消耗。麻胀痒的气感离气功虽然很远，却是炼气时放松入静的初阶指标。故动作开始时不妨先站一个简易的无极桩或混元桩，即两脚与肩同宽，两手放松下垂，手心向后，置于大腿两侧。闭目垂帘，舌顶上颚，尾闾前顶，屈膝坐胯，全身放松。先引出气感，动作中守住气感。但通常一开始动作，由桩步形成的结构就被破坏了，就好像台风在海面上形成，接近陆地时，台风的结构常被高山破坏。脊椎旋转会产生气的漩涡，就像旋转前进的台风一样，所以，从身体动作就可以看到内气旋转的动机，但必须在身体全然放松的状态下，用气来制造旋转的螺纹，身体不能扭。很多人误以为强调螺旋的运动就是扭转，身体有一点扭，就会卡在关节，气旋的结构就散掉了。内气必须在没有燃烧的状态下才会饱足，越放松，气旋的结构越完整。若一用力，身体被卡住，就像台风的结构被山脉破坏。想想看：人体内有多少阻断内气运行的山脉？故需一一松掉、虚掉，才能去除根本障碍。这也是气功的基础法门。

第四节　抱转脊髓

【原理说明】

从脊髓运动到经脉的运动

人类是唯一站立起来的脊椎动物。脊椎的功能就像天线一样，支撑人体，接通天地，职司人体能量与神经传导的主干。任督两脉就在脊椎前后两侧，督脉主气，为阳脉之海；任脉主血，为阴脉之海。练功要打通任督两脉，脊椎是重要的管道。从西方医学的观点来看，脊髓是制造血液的场所、人体免疫大军的生产中心。脊髓干细胞多存在于脊椎与髋骨中，五脏六腑都与脊椎相连，若脊椎病变或异位，都会严重影响五脏六腑的功能。因此，胯与脊椎运动在气机导引十八套功法中占很重的分量。

脊椎可以侧弯、前弯、后弯，多面向的脊椎运动，可保持脊椎两侧的肌肉平衡，避免腰酸背痛，并可借由调整使用不当造成的关节错位，调整五脏六腑。一般脊椎运动仅限于往前、往后弯曲，例如高尔夫球运动，虽有左右转腰的动作，但由于身体缺乏训练，常以膝关节、胯与肩膀代偿，很难动到脊椎深层。而有些强调单向后仰下腰的运动，则又违反脊椎自然曲伸的原理，偶一为之，勉强可做身体多角度运动机能的开发，但不宜当作一般保养健身的惯性运动。再如脊髓干细胞又称髓干细胞或B淋巴细胞，多位于大腿骨、髋关节与大臀骨，若要强化B淋巴细胞，只有弯腰、跑步、打球、游泳是不够的，因为椎骨之间的组织必须通过螺旋的原理，才能达到深层运动的效益。"抱转脊椎"即通过脊椎及髋关节以弧线、立体的旋转与前俯后仰，让脊椎本体得到均衡的深层运动，再配合深沉的呼吸，形成内气压缩，将能量送入脊髓，即所谓的"炼气入髓"。这种360°的脊椎旋转，可按摩五脏六腑，疏通脏腑血管，提升脏腑整体机能，并活化脊髓干细胞。此外，对肩颈僵硬导致的头昏脑胀，或因脊椎侧弯而苦无对策的朋友，此功法都是自我调整的良方。

待动作越来越熟练，身体越来越放松，就可以发现脊椎聚气的作用。旋转时从足太阳膀胱经循线转到足少阳胆经、足阳明胃经，再接督脉；再经任脉接足少阴肾经、足厥阴肝经、带脉，再转回足太阳膀胱经。若身体透空放松，身体的转动完全由百会这个"端点"带动。松到没有腰椎、胸椎、颈椎，也没有肝心脾肺肾，全身经脉历历在前，脊椎则统领全部阴阳经脉。故"抱转脊髓"系从脊椎旋转渐进为经脉的旋转，从经脉的内气压缩，启动更高的免疫机制。

做法

1. 两脚张开与肩同宽，两臂交抱于胸前。
2. 膝盖微弯，身体与头部后仰，手肘抬起，吸气满腹中。
3. 吐气，以肩膀带动，依序为颈椎、胸椎、腰椎，由右后方旋转成后仰旋脊状。
4. 持续吐气，身体放松朝右后翻落，并以腰部带动，左旋至前俯状，两脚打直。
5. 吸气，以腰部带动，往左后方旋转至左侧，再由腰椎、胸椎、颈椎依序翻转而上。
6. 回复准备动作，再吐气往反方向翻转，要领同上，左右来回算1次，做6次。

图 4-1　　　　　　　图 4-2　　　　　　　图 4-3

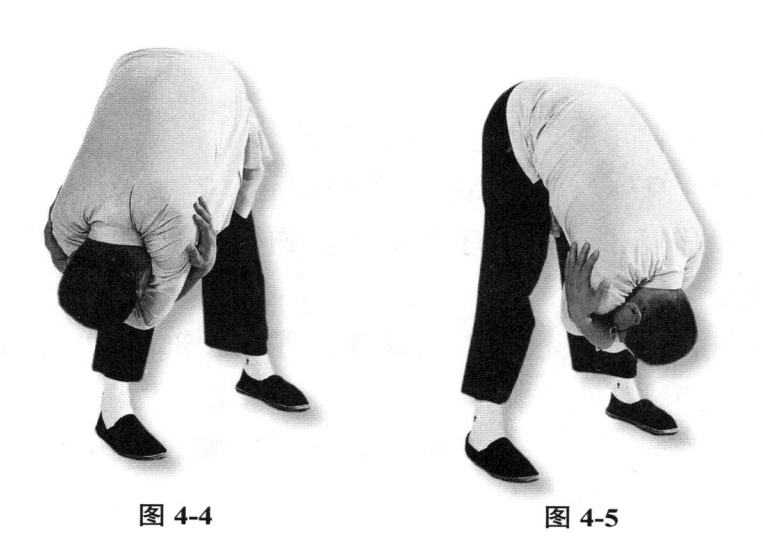

图 4-4　　　　　　　图 4-5

270　气机导引：内脏篇

图 4-6　　　　　　　　　　　图 4-7

动作要诀

1. 旋转时务必通过前俯后仰，用肩与胯带动脊椎缓慢旋转，令脊椎达到 360° 的深层转动。
2. 配合大量的腹式呼吸，让内气因旋转压缩入骨髓。前俯旋转时吐气，后仰旋翻时吸气。
3. 动作中需始终以两手环抱两肩，才能使脊椎两侧肌肉平均受力，并使动机深达脊椎。若两手松开，就只能转到腰椎，而且会增加腰椎的负荷。
4. 做 6～12 次，就可感觉脊椎深层运动的作用。若能在放松状态下做到 36 次，气机运作将更深层顺畅，但最多不要超过 36 次，否则会因过度使用造成伤害，特别是患有脊椎病症的朋友，切勿勉力为之。

【课程综合摘要】

脊椎运动的注意事项

"抱转脊椎"后仰的幅度不必太大，只要让脊椎呈弧线即可。旋转时以肩膀带动，依序由颈椎、胸椎、腰椎向后方旋转成后仰旋脊的状态。这是以立体旋转形成螺旋的运动方式。此外，身体的运动必须左右上下交替运作，才能促进肌肉伸缩，达到整体平衡。脊椎当中，腰椎通常受力最大，故旋转的转机不能落在腰椎，因为脊椎两侧的束状肌肉可固定椎骨，就像用绳子绑住木板一样，以维持脊柱的平衡稳定。若力量落在腰椎，就会造成腰椎附近肌肉痉挛。所以，要用肩膀或髋关节带动旋转，让腰椎附近的肌肉保持放松，动作越慢，越能绞进骨缝，让脊髓供氧。

动作中脊椎的小关节面偶尔会产生韧带互相撞击的声音，一般而言，那是好现象，但也有是因关节退化或韧带松弛而发出声音。常运动的朋友，因韧带弹性够、空间大，动到的角度比较深层，动过之后感觉舒畅，亦无疼痛现象，发出声响就是好现象。如果一动就痛，就可能是退化或旧伤复发。过度使用就会提早老化，提早老化就要减少使用，但又不能不动，所以要缓和而不用力的动，例如最常见的膝关节退化，就不宜爬山或过度负重。脊椎退化通常是从椎间盘萎缩开始，通常年过四十椎间盘就会开始萎缩，髓核渐渐干枯，这种退化现象就可以用"抱转脊椎"进行保养锻炼。但椎间盘萎缩，椎骨空间变小，活动角度变小是自然状态，动作幅度先不要太勉强。

事实上，我们从未学习应如何对待脊椎，不仅是老年人，一般年轻人也鲜能正确地对待脊椎。"抱转脊髓"即是通过动作，与脊椎进行深度的对话。动作当中也包含颈椎的旋转运动，让颈部放松，顺着肩膀缓慢滚动，越慢越放松，越能动到深层，放松肩颈。若有颈椎骨刺，则无须后仰。若有腰椎间盘突出，腰椎的弯曲弧度不必太深，可由两腿微弯减少腰椎受力，并借此机会开发髋关节的使用习惯。因为髋关节后面就是最强壮的臀大肌，善用髋关节与臀大肌，可减轻膝盖和腰椎劳损的概率。此外，高血压患者也不宜过度后仰。往后翻仰起身时，需从腰椎起由下而上依序旋转，以免晕眩跌倒。身体的开发需要等待，不能躁进。一天维持半小时到两小时的静坐，或缓慢的动，这种不疾不徐的自我对待方式，就是身心灵同时锻炼的良方。

螺旋与旋转的差异

导引术的肢体动作是为了导引内气运行，配合呼吸与意识作用，可作用于不同的身体区域。以螺旋、延伸、开合、绞转四大原理，运动形而下的六尺之躯。人体还有无形的内气能量，这是人之所以有聪明、毅力、思想、智慧，以及维系五脏六腑运转机制的主要动力。内气训练的四大原理是静心、旋转、压缩、共振。静坐就是在"静心"的原理下，让全身气场达到协调平衡的作用，但只有静心是不够的，还需包括旋转、压缩、共振。肢体锻炼的"螺旋"跟内气锻炼的"旋转"，差异在螺旋是一种运动方式，不论肢体运动还是内气运行，都是以螺旋前进的方式产生运动，像弹簧一样，形成一圈一圈的立体盘绕；而旋转则是指内气循环不息的状态，吸气时由肺腔吸入的后天之气会产生压缩作用，使布乎四体的先天之气循督脉上升；吐气时将后天浊气吐出，先天之气会循任脉往下降。这种出入升降的内气循环，就是一种"旋转"。

低频率、高波长、低能量的运动

调动气机的方法除了静心、旋转，还有压缩、共振。血液运行就是通过心脏与血管产生的压缩作用，借由经脉与穴位的共振，而将气血送达全身。压缩的强弱由身体的谐波共振决定，就像投石入水产生向外扩散的共振波。气血运行效能越高，扩散范围越大。共振波也有高、低频之分，例如高频音传得比较远，低频音作用比较深。气机导引强调低频率、低能量、高波长的运动。所谓"低频"是指呼吸的频率低，故一分钟六息是气功修炼的最低门槛。

一分钟六息，乃至两分钟一息，就是低频率、高波长的呼吸，这是在放松情况下，让气场运作传送到身体末梢，气的胀麻感会增加波长，产生微循环的皮表共振。高波长的内气共振就像远红外线一样，可促进气血循环、活化细胞，甚至刺激脑细胞再生。过去讲炼精还脑，就是内分泌的激素可以活化脑细胞，让它产生蜕变，使原本处于休眠状态的细胞重新开始连结。能开发脑力 15%～20%，就可提升知见的敏感度，增长智慧。过去灵修人士都强调可以开发洞见未来的能力，就是这个原理。

低能量是指不用力、不燃烧。直来直往的肌肉快速运动，会产生过量的内能燃烧，造成体内二氧化碳与氨的浓度增高，形成酸化的缺氧体质，并产生对身体有害的自由基。很多劳动者看起来比实际年龄苍老，这是因为长期过度燃烧产生的废料无法排除，造成体质酸化，严重者最后会造成肾功能的问题。但不燃烧并不表示不运动，就好像水一定要流动，让水分子产生撞击，才会活化水分子结构。所以，缓慢放松的运动，配合深层呼吸，让身体大量纳氧，才是有智慧的运动方式。

气机导引十八套功法就是在上述原则之下，规划身心灵全方位的学习技术。因为身体就是道场，每一个身体动作，都包含一部《金刚经》《心经》《圣经》的奥义，阅读身体，就是阅读经典。故身体锻炼需配合心灵锻炼，才能拉高身体的层次；心灵锻炼又需要身体锻炼的基础，才能避免误蹈顽空。所以，身体训练可应用在人际关系的取距，包括企业管理、职场关系、夫妻关系。因为练功就是练习身心灵的取距平衡，取距准确，阴阳平衡，人生就可以平静圆满。

第五节　旋转乾坤

【原理说明】

手三阴三阳的旋转与丹田能量压缩

所谓万物负阴而抱阳，一阴一阳之谓道，乾坤定而天地成，人体亦然。人体乃阴阳之合体，十二经脉分阴阳，气为阳，血为阴；精神意志为阳，肉体物质为阴。人能知阴阳，才能通变化。《易经·乾卦第一》说："夫'大人'者，与天地合其德，与日月合其明，与四时合其序，与鬼神合其吉凶。先天而天弗违，后天而奉天时。天且弗违，而况于人乎？况于鬼神乎？"唯有臻至于知阴阳、通变化的"大人"境界，才能如《易经》福报第一的谦卦，履险人生而亨通无碍。

学者切莫以为"大人"境界高不可攀。所谓"从其大体为大人，从其小体为小人"，这是"亚圣"孟子指出的修学方向。我们也认为，通过身体的开发训练，体会肢体动作阴阳变化的轨迹，从而发展为洞见经脉、气血阴阳变化的能力，并如实体证看得见的肉身（小体）之外，还有一个看不见的神灵之躯（大体）存在，我们对生命的选择就不会被物质肉身所限制了。"旋转乾坤"的动作设计，就是通过两手指端的上下朝向延伸，增加腕部血脉的压缩，使劳宫、手指的气机发动，导引气场以手三阴经、手三阳经为转轴，在动作的阴阳往来变化中，转经脉而动脏腑，配合脊椎的旋转与下丹田的能量压缩，令气机发于劳宫，促引胸腺气机共振。再以前后劳宫贴于膻中与夹脊，将气机导入胸腔，增强心肺能量，调节整体的气机平衡。而在气功修炼的意义上，劳宫、涌泉、肚脐、命门与膻中、夹脊等穴位的气机共振，则是周天循环、形体呼吸的必要条件，故此功法在启动身体另一套呼吸系统的进程中，亦有关键性的作用。不过，初学者需习练一段时间之后，才能领会其中深意，先依法操作，掌握专注、放松的要旨，即有自得于心的悟境不期而至。

做法

1. 两脚与肩同宽，重心落于右脚，右手指尖朝下，左手指尖朝上，左右按掌，两手臂放松极限延伸。
2. 吐气，身体往右旋90°，双手顺势往身体收合，右手掌贴于膻中，左手掌贴于夹脊。
3. 吸气，两手分别向左右水平旋转延伸至两手坐腕，左手指朝下，右手指朝上，眼睛注视左手掌根。
4. 左旋操作法如上，左右来回为1次，反复练习6～12次。

图 4-1

图 4-2

图 4-3

图 4-4

图 4-5

图 4-6　　　　　　　图 4-7　　　　　　　图 4-8

图 4-9　　　　　　　图 4-10

动作要诀

1. 呼吸保持慢、匀、细、长，动作中两手皆处于动态的螺旋行进，切勿用力。
2. 两手左右撑出时，指尖一上一下尽量延伸打直，掌腕成 90°。因为旋转乾坤动作走十二经脉，手指放松延伸才能引气到腕隧道，与劳宫共振。
3. 动作的端点在劳宫而不在指尖，劳宫转，手指一定转。发气在劳宫，引气于端，是以端点引劳宫之气。
4. 动作过程中意守膻中。

【课程综合摘要】

转经脉，动脏腑

"旋转乾坤"旨在转动十二经脉末梢，令手部关节松透至指端，以开通经脉，抵达"乾坤运于掌"的身体境界，并启动体呼吸的机制。十二经脉都到末梢，故需以放松的螺旋转动，才能深达末梢，就像螺丝越锁越紧、越锁越密。动得越深，动作必须越慢，因为身体里面有很深的层次，必须一关一关、一丝不苟地交代清楚。例如，身体向左、向右旋时，脊椎务必转到极限；两手一阴一阳缓缓转出时，也必须转到极阴、极阳才延伸出去。这个原则一方面可以动到深层组织，一方面也可以在炼气阶段时，更清楚地掌握阴极转阳、阳极转阴，以及由渐变到突变的轨迹。

因此，我们最终要练的是气能量而不是肌肉，故两手向身体两侧旋开时，是以气机往涌泉沉落形成的压缩力量，使两手缓缓旋出，手指完全不用力。有一开必有一合，有一合必有一开；延伸的力量来自收缩，收缩的爆发力来自延伸。所以，练功就是不断开发身体内部开合相生的相对力量，借由前三田、后三关的开合与收缩，蓄积身体内部强大的能量。而且身体那种又沉又开、又开又合，开中有合、合中有开而产生的内气压缩，有玩味不尽的修炼层次。动作会渐次往躯干内部越探越深，炼入内脏、炼入骨髓、炼入内气，慢慢也炼出越来越深的觉知力。

由于十二经脉都连接指端，从拇指到小指再折回，所以小指上有两条经脉。身体越放松，就可以清楚感知每个开合都是以任督为中轴的阴阳开合。开的时候手、足三阳同时开，合的时候手、足三阴同时合。手上、脚上各有六条经脉，形成一个纵列，如同《易经》每卦六个爻的结构，每一动就是把经脉一条一条依序拨开，因而形成六个层次的变化，故十二经脉的一个开合就是一个任督循环。合的时候从督脉合到任脉，从小指合到拇指；开的时候从任脉开到督脉，从拇指开到小指。如此转机一定会锁到劳宫和涌泉，若看不到这个层次，练功就是空的。

金庸小说有"六脉神剑"，我体会的"六脉神剑"，也就是用手指调动十二经脉。所以，每一个动作都有深远的意义，无一是虚招。例如，以坐腕、旋腕、突掌、舒指练习手腕与手指的依序旋转，是气机导引的入门动作之一，但初学者浑然不知这个动作练到纯熟就能牵动六脉及脏腑。然而，要练到更高层次的身体认知，需要无比的信心与毅力，这正是一般人无法获致成功的障碍所在。

第六节　乾坤跷手

【原理说明】

运乎指掌的螺旋气机

　　气机导引可以说是一种肢体符号，包含太极、武术、气功、瑜伽与导引术，不仅汇整其动作招式的精华，而且在肢体原理与技术应用方面，也做了截长补短、相互支援的工作。这是从长期的身体操作经验，对人体有了相当程度的理解之后，将每一个动作视为一组肢体程式，可据以发挥某种功能作用。例如，当手指与手臂成九十度角往上、往下延伸撑掌时，就与手指、手臂成水平延伸所牵动的肌肉、关节与经脉、气机作用有很大的差异。现代康复医学具备解剖学的基础，似乎可以把这件工作做得更为精确，但因为缺乏经络与气机运行，乃至意识影响气场作用的实证经验，其应用效能仍有不足。气机导引的编创工作，就是在这个想法下所做的努力。因此，每个动作皆兼具古代导引术肢体复健治疗的精神、调动全身气机的气功修炼价值、蓄积强大内劲的武术应用条件，以及禅修法在重复动作中专注守一、行百步如一步的精义，并将瑜伽术延伸、拉展、撑扶，在固定姿态停顿的肢体特色，结合动态的连续性刺激。故而每个动作都有肢体开发的远景，从肢体到心灵，有一分锻炼，就增一分功力，功不唐捐。

　　就以"乾坤跷手"而言，此动作以两手保持放松撑掌而做持续的螺旋旋转，带动全身由内而外如花朵般缓缓绽开，松透手部关节与指掌关节，加强劳宫气机，通过逆腹式呼吸及两腿重心变化的内气旋转作用，使全身气能量上下贯串，蓄养内劲，令气达末梢。同时，借由运乎指掌的螺旋气机张力训练，将内劲应用在指掌间，就可形成手的粘劲。

此动作与"鹤潭跷手"的动作外形只有手指呈水平延伸与直角撑按之别，但内气的作用却有很大的差异。"鹤潭跷手"强调气到指尖；"乾坤跷手"则需更进一步将指尖的气压缩到末梢，形成气的阴阳作用。因此，练习重点在两手臂撑直，引气在掌心劳宫，指掌放松，掌根推撑。须知掌根向外推撑时，要达到手心放松引气的效果，需要全身的配合，身体要更松，内部空间更大。这也意味着内气的压缩共振效能提高，呼吸的频率降低，纳氧量增加，血液经过肺微血管的速度减缓，可促进氧气与二氧化碳的交换。同时，由于氧气的吸收利用率大增，能量代谢是可以生成大量 ATP 的有氧分解，而机体耗氧率降低，形成机体的储能效益，对于结丹回补元气，有很大的助益。

做法

1. 两脚张开与肩同宽，松右胯，重心落右脚，两手向体侧平伸，手掌按撑，左手指尖朝上，右手指尖朝下。
2. 吸气，提会阴，缩小腹，右手由腕、肘、肩依序旋转至指尖朝上；吐气，左手依序由肩、肘、腕旋转至指尖朝下，同时重心沉移，落在左脚涌泉。
3. 如上由左而右、由右而左，来回反复做 24 次。

图 4-1

图 4-2

图 4-3

图 4-4

第三章 系列功法

图 4-5　　　　　　　　　　　图 4-6

图 4-7

动作要诀

　　动作宜缓慢，全身务必放松，手臂旋转时保持放松撑掌姿势，引动劳宫气场。指尖一上一下尽量延伸，切勿用力。

【课程综合摘要】

阴阳相济，练成太极体

人体会有偏向的问题，是因为身体代偿、借力使力的自然连锁影响。膝盖有问题，就会向胯和髋关节借力，所以髋关节也会连带出问题；髋关节有问题，又会向骨盆借力，最后造成骨盆歪斜；骨盆歪斜，又会向脊椎两侧的组织借力，脊椎两侧组织又会出问题，然而，借力使力也不全然是负面的。身体的酸痛也可以借其他部位的力量分散受力。对身体越了解，对身体的操作能力越强，就可以有意识地运用借力使力的原则，避免有害的身体受力，达到协调平衡。所以，为什么每个功法都强调两脚与外肩同宽？因为保持身体平衡的比例才可以守气。能守气，就能省力；站得太窄，就无法圆裆；站得太开，动机就会往两端的拇趾跑，不能凝聚到涌泉，这是力学的原理。

了解身体的力学走向，就可以掌握身体的变化，予以顺乎自然的锻炼。故动作招式必须合乎人体工学，否则招式再多，未能练出内劲也是徒然。早年我学太极拳，都在招式上琢磨，现在我主张要先把身体练成"太极体"：通过动作原理的理解，未学拳，先明理，然后再经反复练习，让身体成为阴阳相济的"太极体"。到时随手拈来、不假思索，自然得心应手，我认为这将大大提高学习的效率。例如练习"乾坤跷手"时，先转下丹田，再转中丹田，肩背放松，手放松，全身放空，劳宫产生开合相，气场就强。以丹田为运动中心，动作中只有丹田的开合变化，重心落在哪里，丹田气就往哪里，故"过桥"是将人体重心从右涌泉搬到左涌泉。重心若不在涌泉，大腿就没有力量；涌泉不长根，届时就像桥墩被洪水冲垮，过桥不成。借"乾坤跷手"，把"过桥手"的原理练成身体的本能，就是不思而成、不为而成的"太极体"。因为太极拳所有的步法转化都需要"过桥手"的手脚协调功夫根柢，届时，不论马、虚、弓、丁、仆等步伐，都可以随意应用出来。

气达末梢，修炼在指端

手转时，转之在劳宫，其实是转手上的经脉。而要转到经脉，就需以手心气机旋转带动指尖的旋转，指尖一转一拨，全身无处不转。要修炼气达指尖，其方法步骤就是从劳宫旋转开始，练到手臂、肩胛能放松时，劳宫一转，就可以转到膻中、中府。更放松一点，指尖一转，三丹田就相合。如果肩膀僵硬，内外不通，就只能转到手指。连手指都放不开，其他更是动弹不得了。

从丹田发出的作用力，会贯串到手指末梢，故手动由丹田振动，否则力量就出不去。能量是从丹田沿脊椎而上，再从夹脊至劳宫透出。所以这跟肺功能的锻炼有关，因为肺功能就是在夹脊、膻中两点之间作用。

守虚，身体松开，就可以体会更多身体层次。每天这样磨自己，往这个方向慢慢练，就会练出动而知静的功夫。

第七节　单手去烦

【原理说明】

起落开合，调整经脉

现在一般人对"烦"的身体感知，是属于心理层面的，然而从中医的角度，"烦"的深层病机虽然离不开情志的因素，但也确实有具体的生理异常现象表现在外。"页"就是"头"，一把火烧到头顶上，除了心烦，也会烦在口舌、肌理、四肢、骨节等部位。形成"烦"的原因有很多，包括人体第一道防线足太阳膀胱经受邪，或脾胃区块、少阳区块受邪，它们都有一个共同的特征，就是有"火"有"热"。气机的阴阳郁结则有热，热即有火。而肝心脾肺肾五脏皆有火，火旺则炎，炎则燥气上升，肺功能不彰，水湿不降，是为烦症，需赖肾之阴阳协调之，因此，中医治烦是一门大学问。

不过，东医学是一套完整的"动的医学"，以气机导引十八套功法启动"取丹于身"的自我免疫机制。事实上，人体本身就是一个功能健全、效率惊人的天然制药厂，古代医家很多兼通丹道，一方面借方剂针药为人解决身体病痛，一方面以内功修炼超越形质之躯的种种病苦，希望练成形而上的纯阳之体、性灵之躯。故方剂针药是济世救人的手段，内功修炼却纯粹是炼己功夫。我们希望有心人皆能以炼己为最终目标，暂借病苦为良师，在病苦接引之下，痛下向内省察、改过自新的工夫，自能提升人体自愈能力。故功法虽然可以暂时缓解病痛，但若根性不改，终究无法得到真正的健康。

八段锦有脱胎于马王堆导引图之"调理脾胃须单举"功法，我将之裁剪为"引体旋天"脾胃练养系列功法之"单举理脾"，以及本系列功法的"单手去烦"。"单手去烦"的功法设计是从加强免疫功能与十二经脉的调整，以达到"去烦"的目的，兼顾脾胃功能与肺功能的固养。因为肺主气、脾益气，两者皆为后天气的根本。此外，肺为水之上源，脾主运化水湿，脾与肺在人体气与津液的生化、输布、固摄的作用上互相支援，也互相制约。因此，中医临床治病，常以补脾益肺，或益气以扶土。

本功法借由两手在身前上下拉极引气，配合身体的起落开合，产生腹腔的压力变化，可助益肠胃的蠕动与分泌功能。同时，调整全身成两侧对称排列的经脉能量，强调左右转颈，活络颈部的化学受器，促进呼吸功能，并对从脚循行至头顶的足太阳膀胱经与足少阳胆经给予充分的刺激。动作配合慢匀细长的呼吸与心识的虚静，可引动全身气机的良性循环，调整自律神经，提振消化机能，引肾水济心火，提升十二经脉阴阳升降的传链功能。

做法

1. 两手平伸撑掌，右指尖朝下，左指尖朝上。吸气，右手上撑，左手下按。
2. 吐气，两手沿任脉相合抱元于腹前，右掌心向下，左掌心向上。
3. 吸气，提会阴收小腹，左、右掌心上下旋绕换位后，再上下翻旋，一撑一按，使身体上下延伸开合至极，将气吸满后，转颈、闭气。
4. 如上反复，左右来回算1次，做36次。

图 4-1

图 4-2

图 4-3

图 4-4

图 4-5

第三章　系列功法

图 4-6　　　　　图 4-7　　　　　图 4-8

动作要诀

1. 两手于腹前相合时，松腰坐胯，气沉丹田，用意识使膻中气机松合聚于肚脐。
2. 两手上下延伸收合，目的在牵引任脉气机延伸收合。

【课程综合摘要】

螺旋行进的内劲锻炼

"单手去烦"吐气时劳宫沿任脉螺旋而下，同时将气运转而下。气沉丹田时，胯一松，膝盖、脚踝也松开，气自然沉落涌泉。起身时从涌泉反弹、会阴缩提的力量，以劳宫沿任脉推气而上，身体自然如烟雾升起般延伸向上。两手在丹田之前做上下换手时，不能卡在膻中。会阴一提，膻中一松，怀中即有日月旋转。这是丹田内转的原理。

身体延伸向上，将涌泉、百会两端拉开时，因为这是从涌泉气机的反弹为力量的始发点，所以自然会松开脚跟。如果力量的始发点不在涌泉而在会阴，脚跟就不会上提，这是内气运作的自然逻辑。刚开始学动作只能依样画葫芦，身体内部的道理不甚明白。故练功就是练一个明白，等到熟悉身体，世间的道理也明白了。

此外，身体向上延伸后加转颈的动作，是为了转动颈部动脉的化学受器，刺激延脑的呼吸控制，并强化足太阳膀胱经和足少阳胆经。练功非常重视足太阳膀胱经，因为足太阳膀胱经最长、穴位最多，又是人体防卫外邪入侵的第一道防线。翻掌运气沿任脉落下时，转机需落在肘尖，这里暗藏着一个向下螺旋的内劲训练。螺旋的力量最大，直来直往的力量只能动到浅层的白肌，螺旋才能动到深层的红肌和转肌。而且瞬间的垂直向下会震动甚至伤到脑神经，螺旋转下虽然速度快，却可以化掉发力点的反作用力，以免造成伤害。内气也是以螺旋的轨迹行进，用身体动作导引之，慢慢地不论肌肉还是内气动能，都可大幅增加，最后就能让全身的气旋无所不转，下合上开，身体内部就形成像龙卷风一样的气旋，在技击时可轻易转化为攻击对手的力量。

第八节　霹雳压掌

【原理说明】

三旋合一的多重螺旋运动

身体训练就是一种自我管理的训练。未经管理的身体散漫无纲纪，就如同一个庞大的公司团体，各单位之间纵向、横向的联系管道滞塞不通，政令宣达与业务执行就很难顺利达成。我们借身体执行各种行动，大脑如同管理阶层，身体如同执行单位。若身体僵硬反应慢，就有很多动作力不从心，气血营养也无法送达全身。而身体包含有形的组织与无形的气能量，要指挥关节肌肉较容易，要指挥内气运作，就需启动大脑之上更高层级的指挥系统。

在每个动作练习中，必须一次又一次地从身体摆正的训练中学习身体的管理。身体随时保持上下垂直一条线的自觉，定位之后才开始转动，每一动都是井然有序、了了分明，动中又随时自我检视。这就是"守中""守一"的哲学。若无身体中线可守，一转动就会造成偏斜，一个不自觉的偏斜，就会造成难以逆转的身心疾病。所谓"身正则气正，气正则心正"，故身体的训练，就是自我管理、自我节制，从健康管理到灵性的超越，全在其中。

"霹雳压掌"是以踝、膝、胯、腰、椎、颈、腕、肘、肩九大关节的运动，使身体形成多轴的螺旋运动，让四肢与脊椎关节同时连动，以三旋合一的多重螺旋运动，配合延伸的运动原理，运动全身肌理肌腱，同时压缩经脉、血管，使深层组织充分供氧，增强人体排毒功能，促成内气共振到末梢的运动效能。这个身体开发的历程从学习外形动作开始，从生疏到熟练，从紧张到放松，从刻意而为到虚静无为，其中历程与哲理的领悟，与人生管理、企业经营并无二致。

做法

1. 两脚与肩同宽，两手一上一下撑掌延伸，此时将气吸满。
2. 吐气时重心沉于左涌泉，先使身体左倾弯曲，脊椎再依序向左翻转延伸，带动右手向百会延伸撑掌，左手向地面撑掌。继续吐气，松腰坐胯，脊椎打直，重心仍在左脚，两手在左侧成左托右按姿势。
3. 吸气，使身体缓缓向上拉开，左手上托延伸至极，右手下按沉落至极。

图 4-1　　　　　图 4-2　　　　　图 4-3

4. 吐气时重心仍在左脚，右脚踝、膝、胯与右手腕、肘、肩同时向外旋开。
5. 吸气起右脚，手脚同时依序内旋，并使腰椎、胸椎、颈椎依序旋转。
6. 左手朝百会、右手朝地面螺旋压掌，使脊椎右向延伸。
7. 如上反复，左右来回为 1 次，做 12 次。

图 4-4

图 4-5

图 4-6

图 4-7

图 4-8　　　　　　　　　　　　　　　图 4-9

> **动作要诀**
> 1. 动作中保持放松，配合慢匀细长的呼吸，始能彻底活动九大关节，炼气入骨髓。
> 2. 两手往前往下呈 90° 撑掌延伸时，务令脊椎极度放松延伸。

【课程综合摘要】

从关节强度训练到聆听气血的流动

"霹雳压掌"的动作中藏着许多武术训练的概念，所以，每个身形都具备强大的内能，招式不重要，重要的是内部的动能。全部动作皆以丹田为运作中心，其他都要虚掉。功底越稳，内气运作越顺畅，渐渐身形动作几近于无，只有气的张力带动身体开合起落。

例如，两手从身侧按掌撑出时，一手从百会撑出，一手压掌，这是将内气从丹田压缩到前脚涌泉；再从涌泉的反作用力，使脊椎延伸，两手按撑飘出。而两手按掌后螺旋旋腕，是从夹脊发气于劳宫，由劳宫气机带动的螺旋旋腕，可训练粘掌的功夫。而松腰坐胯后上下采手，一阴一阳、一上一下，让气机上下交换。此时看起来是身体的蹲下站起，其实是丹田的开合压缩带动身体的开合。熟练之后，强大的内劲可在瞬间启动引爆，蓄积以小搏大、以弱御强的实力。接下来，以单脚涌泉为轴心，带动身体两侧包括髋关节、尾闾做离心的螺旋开合。这是武术中的拔马刀，但也可用之作左右阴阳的开合训练，帮助身体两边对称经脉的平衡。

所有训练都要从关节肌肉的强度训练开始，有强壮的肌肉关节才有放松的能力，然后全身经脉通畅、呼吸慢匀细长，整体肺功能一定增强。当身体松如棉花，一静下来就可聆听气血流动的声音。追求内在世界的丰富完整，每天都活在积极行动中，这样病魔都怕我三分，就算是病了，也无所畏惧。

结　语

　　肺为人体清浊交换之所，包括呼吸、食物等外气进入身体，身体自有一套吸收清气、排除浊气的机制。然而，现在有很多人体 DNA 无法辨识的有毒物质侵袭人体，这些都是过去数百万年人类生存演化史上没有遇见过的物质，身体不认识它们，也无法处理它们，只好堆积起来。而现代人的运动量大幅减少，肺功能张力不足，身体排毒的功能本来就已快速下降，再加上有毒物质的侵害，长久累积在结缔组织的组织间隙和关节之中的浊气和毒素，就会成为健康的杀手。因此，如何通过关节、经脉的运动，开发整体性的肺能量，恢复身体去浊存清的机制，显然是肺功能开发的重要任务，也是唯一的办法，而这也是"旋转乾坤"系列功法的主要目标之一。

　　除此之外，我们在习练这套功法时，也必须认识到，万物跟大自然本为一体，以天为父，以地为母，举凡飞禽走兽、草木矿石和虫鱼人类，都是天地的子女，各各假借天地之气而有其形体。因此，组成人体的金木水火土，与生成天地万物的金木水火土是可以互相转换的。人活着时靠呼吸进行清气与浊气的交换，也借由呼吸与天地万物进行生命能量的交流。此外，我们也通过饮食取得万物的供养。我们的经脉与金木水火土的能量形成谐波共振，所以我们时时刻刻受到地球磁场、气场变动的影响。我们死后，四大散坏，尘归尘，土归土，身体还诸天地，亦可供养万物。

　　了解人类生命与万物相扶相济的原理，要维持心肺系统的健康，提高免疫力，除了"旋转乾坤"系列功法的帮助，还需要以自然之道来调和饮食起居，所谓"春夏养阳，秋冬养阴"。肺主金秋之气，秋冬之际，天气渐趋寒冷，需要选择更多高蛋白的滋阴食物，以及比春夏两季更为充沛的休息与睡眠，以储备度过寒冬的能量。只要维持与自然合其序的生活方式，随时保持情绪的平和稳定，要获得基本的健康并不困难。

内脏功法五

托掌旋腰

肾

脏功法

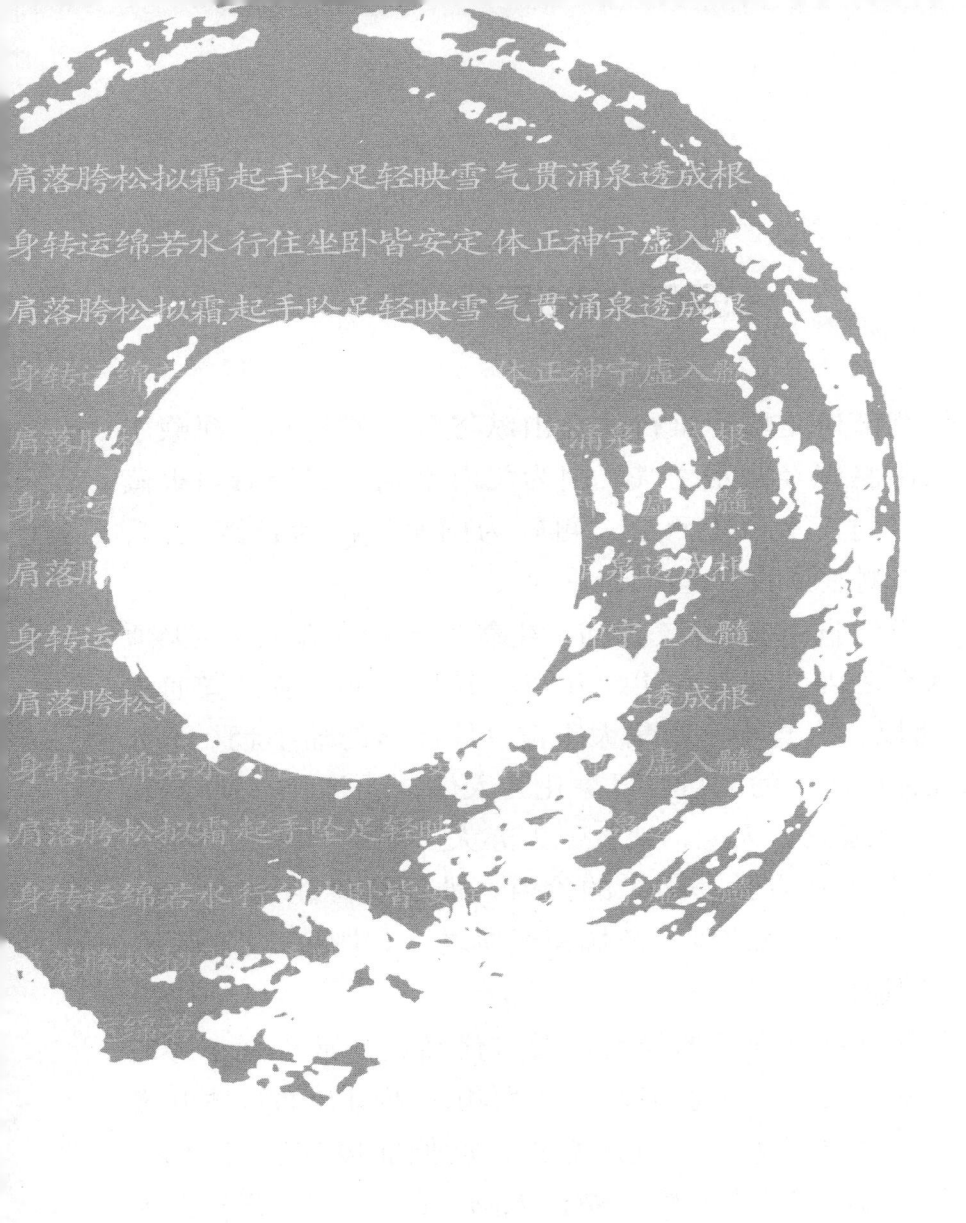

肩落胯松拟霜起 手坠足轻映雪 气贯涌泉透成根
身转运绵若水 行住坐卧皆安定 体正神宁虚入髓
肩落胯松拟霜起 手坠足轻映雪 气贯涌泉透成根

楔子

回到本来面目

人体背部像是崎岖难行的高山纵谷区,但其间有深藏于地底的太阳膀胱经寒水之气,因为关山难越,需经命门火蒸动为云气,过三关、上百会,再转为雨水,汇为长江大河,浇灌人体前侧血脉的千里沃野。

这个说法自古有之,《素问·生气通天论》就说:"天地之间,六合之内,其气九州、九窍、五脏、十二节,皆通乎天气。"所以,人身小宇宙是大宇宙具体而微的缩小版。木火土金水五种形而上的能量,具象化为人体,就是肝心脾肺肾。老子说:"故道大,天大,地大,人亦大。域中有四大,而人居其一焉。"人具有独一无二的价值,神性与兽性共居一体,超越与陷溺只在一念之间,故儒家经典之一《中庸》反复阐述:"故君子慎其独也。"

我们带着身体开发的经验来看古代经典,常有别于一般的文字知见。就以"托掌旋腰"系列功法所勾勒的身体开发蓝图而言,肾气是人身阳气之总汇,就像能以其道贯通天、地、人者,就是"独立不惧,遁世无闷"的"王"。肾气在人身也有贯通天(百会)、地(涌泉)、人(丹田、命门)的功能。《素问·水热穴论》说:"地气上者属于肾,而生水液也,故曰至阴。"肾属水,水是一切生命动力的载体,未得人身时,先得水之精。故肾气是先天元气之所藏,也是人生逆旅的两个旅行箱。它负责支应我们在这个世界旅行所需要的聪明、智慧与坚定的意志,并提供生殖、免疫、内分泌、中枢神经以及骨骼生长等物质条件。

而在五行生克的脉络里，肝肾同源，水生木，肾为根，肝是枝叶。一主收敛，如冬至闭关，大地冰封；一主生发，如春雷惊蛰，大地复苏。两者如环无端，互为首尾，才能推动阴阳运转与人体传链，乃至人生道路中，有了肾气敛藏的实力做后盾，就可以确立人生定位，心有所主则志不移，并能借肝气生发、所向披靡的冲劲，游目逞怀，以天地为游戏场。

第一章 功法原理：托掌旋腰固肝肾

第一节　肾脏的生理学

　　研究老化的分子生物学家发现，各个脏腑器官的功能退化程度不一，百思不得其解。例如，脾胃的功能若不是受到思虑情志的影响，随着年龄递增而退化的迹象并不明显，但肾脏却是最早呈现衰败老化的器官。

　　这在中医的临床经验来看，却是再清楚不过了。脾胃是后天之本，消化机能退化，其他机能再好也没有用，所以脾胃是物质肉身赖以存活的根本，即使病入膏肓，只要胃气还在，就有活命的机会。肾为先天元气所生，是天地能量借父母化生而来，受到家族遗传甚至个人秉性、气质的影响。人一生的荣枯盛衰，取决于肾气的强弱。奇妙的是，看起来是定额定数的先天元气，倘若不知持守节用，任意消耗弛废，一生的气数很快就会用尽；但若能后天修持练养，要想回补元气、延寿回春，老天爷倒是很愿意给这个机会。所以中医养生非常重视肾气的调养，因为这是逆夺天地造化的关键。

　　因此，在西医眼里，肾脏的主要功能是过滤血液，将血浆中大部分的水分及有用物质回收，废弃的水液送入膀胱成为尿液，排出体外。通过此作用，调节机体的水盐代谢平衡，并影响酸碱平衡。中医眼里的肾功能则是一个宏观的系统性概念，并不局限在解剖学所认识的肾脏。因此，中医的肾功能范围很广，包括肾主水，与膀胱互为表里；肾主骨、藏精、主生殖、开窍于耳；肾主纳气；等等。另外，又以肾阴、肾阳的概念，统合上述功能，与现代医学所认识的内分泌系统有许多重叠之处，也对自律神经系统有相当的影响。因此，肾为水火之脏，是人体元阴、元阳之所在。肾阳推动人体五脏六腑的气化功能，可温暖机体，使肌肤腠理饱满，是供应生命活动的原动力。所以，肾阳虚会造成各种机能的衰退，例如四肢冰冷、腰膝酸痛、晕眩、耳鸣等。肾阴是构成人体精血形质、维持生命活动的物质基础，肾阴虚则会造成机能亢进，如五心烦热、失眠多梦、咽干口燥等症状。

古代中医对生理学的认识都从临床经验逆推所得，对于机体运作方式，常常说得并不清楚。例如，我们都知道肾藏精，主生殖功能，但肾功能如何参与生殖机能？一直到近代采用西方医学的研究方法，才发现肾主生殖的功能似乎与下视丘—脑下垂体—性腺轴的调节相关；而肾主骨生髓的功能，疑是受到肾的内分泌所制约。

其实，这些并不精确的知识，并不影响中医与气功学通过实践，提升机体功能，得到生命的智慧。毕竟身体小宇宙的繁复程度，远远超乎人类所能想象，科学家在实验室里往往发现越多，越觉得知之无涯，对自然的力量也越虔敬。因此，古老的智慧强调依循自然之道，所谓"我命由我不由天"，也仅能在自然许可的范围内，提升自己、改变自己，以享其天年。

第二节　肾脏功法的要点

从肚脐、命门到涌泉的下行气锻炼

"托掌旋腰"系列功法，即是以前述的认识为基础，以肚脐、命门之间的下丹田区域为主要运作中心，用不同的身体角度形成内气的压缩，一方面通过五脏传链的原理锻炼相关脏腑，固养先天元气；一方面利用肾主腰腿的特性，从下行气到涌泉的锻炼，促成气上百会的周天循环，同时配合呼吸与意识训练，让粗重的肉体觉知渐渐转为内气的觉知，以开启生命的灵觉力，所谓"致虚极，守静笃，万物并作，吾以观其复。夫物芸芸，各复归其根"。"托掌旋腰"全系列功法都在体会气机运行的根基在涌泉，而且，欲其上必先求其下，上身的虚灵，必有根基稳固的涌泉为基盘。再从这个体会真实看到中国古代格局开阔的天人合一观念，是以十丈红尘的人生实践做基础，并非凭空想象的幻影。

在下行气的锻炼过程中，尾闾的作用是至要的关键。每一个收提都跟尾闾有关，尾闾不收，气就无法衔接到命门，沿督脉上夹脊、玉枕。尾闾不松，气就无法下涌泉。而尾闾的收与放，必须熟练到能以意识作用操作，才能灵敏、细腻。收提时尾闾悄悄地推进，松开时尾闾慢慢放开，让气溜到下丹田。能体会到这一层，就可以体会三关三田的升降关系和劳宫、涌泉的作用，以及这一套内气系统如何主导人体的作用。

故初学者必须从"摇肢体、动肢节"的导引动作锻炼身体，同时，借由螺旋、延伸、开合、绞转的身体运作原理，让身体学会放松，并养成呼吸配合动作的习惯，让呼吸渐渐转为慢匀细长的腹式呼吸。等到筑基有成，身体条件渐趋成熟，就到达炼气的阶段。届时，即可对肉体之外的"另一种身体"有真确的感知，并体察人与天地万物"一即一切""一切即一"相互流转的关系。如此才能超越花花世界的重重假象，以真心之慎，诚于中、形于外，在人生道上无所疑惧地放歌而行。

三关三田三鹊桥

除了下行气的开发，"托掌旋腰"系列功法还有一个重点，就是中鹊桥的作用。

在谈中鹊桥之前，必须先对三关、三田、三鹊桥有基本的认识。

督脉上的尾闾、夹脊、玉枕为三关。所谓关，就是气不易通过之处。任脉的上、中、下丹田（精气神）为三田，上丹田主意识，中丹田主后天之气，下丹田主先天元气。三关三田相对应，下丹田对应尾闾关，中丹田对应夹脊关，上丹田对应玉枕关。

地表以上的气属天气，从地下长出来的食物是地气之所生。天气由鼻入，交由肺部处理；食物从嘴巴进入，交由消化系统处理。

口鼻之间、门牙后面的龈交是人体中的天地交界。练功时舌抵上颚（龈交），称为"搭上鹊桥"，可衔接督脉与任脉。人体内部由鼻子吸入的气都由横膈膜以上的器官处理，口腔摄入的食物由横膈膜以下的器官处理。以横膈膜为界，上为中丹田，下为下丹田。中丹田与下丹田之间称为黄庭，在生理学上，就是横膈肌收缩的空间。横膈肌收缩可达下丹田，放松可达中丹田，所以横膈肌是天地能量的转换所。

三丹田（任脉）主血，三关（督脉）主气，气血相推，气能生血，血能载气。三丹田主降，三关主升，三关通、三田降，就是打通任督两脉的周天运转。

除了三关三田，还有三鹊桥。一般练功的人只知道上鹊桥与下鹊桥，并不知道还有中鹊桥。上鹊桥在上颚（龈交），下鹊桥在尾闾。后天之本在膻中，先天之本在肚脐，要让膻中之气下降到下丹田的肚脐，以后天济养先天，这个作用就是中鹊桥，所以中鹊桥主先后天的衔接。故膻中、肚脐之间的区域古代称为黄庭，为一身之枢纽，我把它定为中鹊桥。如此方能在接通阴阳之外，又能转化先、后天能量，故中鹊桥的能量开发是非常重要的。上、下鹊桥是任督两脉阴阳能量的转接点，上鹊桥是督脉接任脉，下鹊桥是任脉接督脉，中鹊桥是后天入先天。阳点交接则返于阴，阴点交接则返于阳。太极有阴阳，太极曲线就是黄庭，也就是中鹊桥。中鹊桥是衔接阴阳，先、后天转化之处。中鹊桥不相接，则密云不雨、气机不降、大地失养。

练功时尾闾前顶以接通下鹊桥，舌顶上颚以接通上鹊桥。因为上鹊桥是意识连接身体的桥梁，必须始终保持舌顶上颚，否则意识会散乱。只有在特殊状况下，吐气时上鹊桥要抵住下颚。下行气的运作，关键就在下鹊桥这个开关，可将气导入涌泉，行大周天运转，否则它又会从下鹊桥接督脉上行，仅形成小周天的循环。而气要到丹田，关键就在中鹊桥。

中丹田、下丹田是修炼的基础。横膈膜以上为阳、以下为阴，阴阳之外还有一个道体，那就是主宰阴阳、"有物混成，先天地生"的上丹田。上丹田属性不同于中、下丹田，故保持虚静即可。上丹田的虚静，必须以精饱气足的下丹田与中丹田为基础。炼神还虚、三花聚顶，三丹田的成就最后会总归到上丹田。待形体之器的下丹田与中丹田蜕尽，凝化为上丹田的元神能量，这就是"谷神不死，是谓玄牝"。所以人体崩毁之后，上丹田的意识不灭，生命转化为另一种形态的存在，这就是古人所谓的"长生不老"，也就是能量不灭的依据。

正确认识气感

"托掌旋腰"系列功法所勾勒的远景诚然高远，但初入门的朋友，一开始可依个人状况选择单一动作慢慢练习。例如，"蛟龙戏水"可以活腰导气，引丹气下行，循序练习，慢慢就可导入深层的气机作用。又如"托掌旋腰"的下腰动作，有些人会有困难，可先以两手托掌，身体往右、往左旋转，脊椎打直往前延伸下探，转回正面，再侧转起身，先求松开垂直的髋关节和脊椎。又如"提膝固肾"，肾功能异常者，腰背、大腿通常僵紧无力，定点反复练习膝盖上提，并以两手托住肾堂，使身体微微弯曲，即可引动肾气，改善腰、膝关节退化的问题。由于每一个招式都包含不同层次的关键，千里之行始于足下，故初学者从外形动作入手，以运动四肢百骸。随着身体空间的拓展，即可逐渐掌握内部气机的关键要领。

练养过程中，对内气的感知，固然是身体开发的重要指标，但所谓气感，亦有精俗之别，感觉一样，成就不同。例如，在额前或小腹前两手抱元，全身放松三四十分钟，就可感觉两手胀麻或全身抖动。这种气感来自神经疲劳作用和体感变化对感觉神经的想象刺激，并非身心练养的正规大道。唯有通过身体锻炼结丹于腹，再经由放松无为，促进脏腑和经络作用产生的内气鼓荡，才可养精蓄锐，将身体导入真正的境界。曾有一位自认静坐炼丹有成的朋友告诉我他已能运转周天，练功时都能气动（全身抖晃），结果跟我上一堂课就因体力不支昏倒，比其他六七十岁的学员体力还差。请问这样的气功有用吗？所以还是务实地以动功锻炼筑基，由动知静，方为返静之道。有身体的实力，才能确实建立精神的实力，使身体产生真本事。待修炼静坐放空时，自可感知气机鼓荡、治气以意，到时就不只炼气，亦能养气。练养兼修，练而能补，养而能蓄，身体有充沛的能量，才有向上超越的条件，毕竟真功夫不能只是一种感觉或想象。况且当今科学已能渐渐厘清古人炼丹的迷思，而古代许多重要典籍如《抱朴子》所记载的练功条件，已非现代生活环境所能至。过去炼静派主张一开始就从内气存想入手，以现代人的身体条件，恐将未蒙其利，先受其害，我并不赞成。我遇到很多非常敏感的人，尤其很多女性气感特别强，一练功就开始晃动，其实这通常是体质虚弱或自主神经失调，并非天赋异禀。中医将妇女的很多病症归入肾脏疾病，气血两虚，就容易产生气动现象，我称之为"幻气"。而忧郁症患者常见手指发抖，根源也与肾气不足或阴阳失调有关。

第二章 心法要义

诚实而无烦

从养形入手，以养性为目标

西方运动的五个指标是：气血循环、心肺功能、肌肉强度、速度反应、左右脑平衡。东方运动则再加五项：防止粘连、内脏上提、练养丹田与气机松沉、周天运转。关于这些指标的意涵，我的详细说明将散见于各功法的原理说明之中，不再赘述，但必须强调的是，这几个运动指标，都还在庄子所谓"养形之人"的范畴之内。《黄帝内经》标举上古时期有"真人、至人、圣人、贤人"，因能"独立守神""积精全神""精神不散""合同于道"，故能达到养生的最高境界。后世之人年寿大减，因为外而劳形于事，内而有思想之患。今世之人的处境就更恶劣了，虽然科技文明表面上勉强使人寿命延长，但这增长的岁月，多半在药物控制与病痛中度过，生命品质并未提升。或者更严苛地说，其实整个生命历程都是被流俗操纵的岁月。就像自幼被盗匪劫持的富家子，认贼作父，流离失所，终生碌碌为衣食谋，浑然忘记自己本是家大业大的千金之子。中国历代养生功法几乎都以炼肾、养肾为主，正因为肾纳一身血路，肾主骨，其志在烦。肾气是生命从无到有、从有到无的转换介面，唤醒对肾气的觉知，心有所主，就可以唤醒生命的自觉。

我一向主张生命的自觉必须老实入手做身体实修功夫，因此，炼气养形都是必要的阶梯，通过动作、呼吸、意识的以有炼无、以实炼虚，逐步超越肉体，以至于心识的觉知，最后产生纯粹的神识，才是养性的扎实功夫。因此，形而上的虚境与形而下的练养功夫结合，以实际操练，对身体每一个部位了了分明，才能知之而后制之，导实为虚，从而体会虚相功能世界的存在。用凡人养形的方法，抵达养性之人的目标，否则，连自己的身体和感觉都管不好、放不下，却侈言"放下"与"空性"，身心离绝，反而会成为落实生命实践的障碍。

诚实而无烦，处虚而大，练出真正的力量

"托掌旋腰"系列功法主练上虚下实的下行气功夫，上身越来越轻灵，转盘的能量都在肚脐以下，但前提是上半身能放松，否则下虚而上实，心肾不交，火烧到额头，自然心烦意乱，中无定主。上身能虚能静，内气无所阻滞，气一沉，全身关节松开，关节腔面产生压缩，两腿松绵全不着力，却如章鱼爪子一般反应迅捷而有力。动之以虚，静之以实，气不下则形不松，因此练功时蹲下站起与延伸、开合，都是内气的自然张力，并不是肌肉的力学。肌肉的力量会把关节拉紧，导致僵硬，使空间变小。所以，气功学就是一种空间学，而身体的空间，基础就在关节腔面的开合、压缩训练。当身体内部产生庞大的内气张力，静能定，动亦能定，所谓"诚于中，形于外""虚其心，实其腹"，身中有主，身外之物的纷然变化，都不会打扰内在的安定，故诚实而无烦。

人体的组成元素分解到最小单位，等同于纳米、微离子等无穷趋小；但极小同大，和宇宙的组成元素相同。通过练功可观察到人体跟宇宙万物流转变化的关系，我即宇宙，宇宙即我，洞察一己之"虚""小"和"有限性"，就能在天地之中确认自己的位置，泯除人我的界线，然后能成其大与无限。

因此，练功是练"趋虚为小"的能耐。往松柔、虚无的方向练，可以顿悟无穷的人生妙境；往坚强去练，穷一生之力锻炼肌肉仍不免转眼成灰。身体放松能量才会进来，用力能量反而消失，所以肌肉是用来卸力的，而不是练力。任何行动一定会产生本力和阻力，要卸掉力量，就要能转，一转就松，一松就沉，全身关节松开，力量往涌泉一放，就与大地相接，自然有一个反作用力往上共振到百会，从而又与天的能量相接。所以，当对方有力量袭来，不需用力去迎，一松一转，要多少给多少，即使被推动，也轻飘飘，以力迎之，就会跌得糊里糊涂。人生是赢是输，全看舍不舍得给出去。人体是充满能量的空间，虚无之间有强大的气场扩张力。这种气场扩张力也就是意识波的能量，真正无穷的力量，即蕴藏其中。

所以，气功学蕴含意识的作用，呼吸到丹田有开合之相，如日月穿梭，往来不息，通过气达末梢、气落涌泉的真实经验，感受"放之而弥六合，卷之则退藏于密"的情境。当我们每天都从身体感受"虚无"的意涵，体会"小到无限大、大到无限小"，人生的格局、视野自然变大。因此，修为越高，越丧失攻击性；越丧失攻击性，则力量越强，因为真正的力量不在攻击。从身体炼出宇宙观，才能得到真正的宇宙能量，坦然面对自己的有限性。这就是气功学。

第三章 系列功法

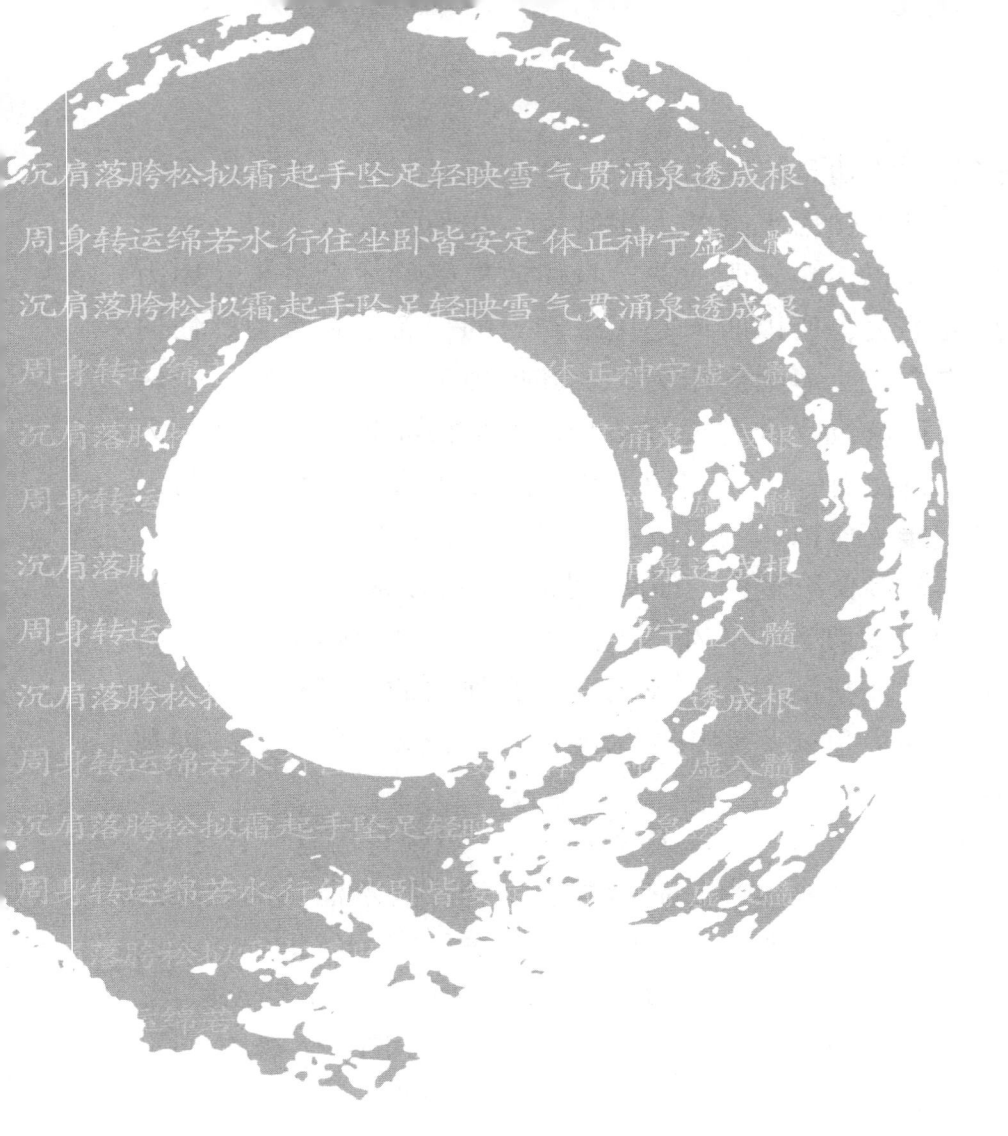

第一节　蛟龙戏水

【原理说明】

由转腰锻炼带脉旋转，压缩丹田，利通下行气

　　腰为肾之府，又为命门之宅，腰部最能反映肾气命门的健康情形。许多更年期的朋友常受腰酸背痛所苦，导因于肾气渐衰所致，所以《素问·脉要精微论》云："腰者肾之府，转摇不能，肾将惫矣。"腰部俯仰旋转的灵活度，是肾功能是否健全的重要表征。"蛟龙戏水"的动作外形是转腰运动，活化肾脏机能。对于初学者而言，尤其是肾脏病患者，先依动作外形运动，并配合呼吸，即可对肾脏进行压缩按摩，促进肾脏血液循环，并对腰背肌肉筋骨做和缓、深层的舒展锻炼。

　　此外，肾开窍于耳，作用于两膝，强膝必先固肾。"蛟龙戏水"动作熟练之后，可慢慢转入更深层的内气觉察，感受顺、逆呼吸产生不同的压缩、共振机制，以及腰间、肾脏、带脉、命门等下丹田的整体能量作用。在身体一起一落之间，促进气机上下往来，利通下行气，保持腰腿强健。动作中腰胯放松、膝盖放松，尾间松开，气自然下涌泉，这是肾脏、膝盖、涌泉三者连动的微妙作用。在丹田与肾气的气化作用下，引动水湿运作，刺激脚底末梢淋巴，帮助微血管渗出血湿，利于排毒。

做法

1. 两手插腰，以腰部丹田带动身体做上下左右旋转。
2. 顺转：两腿平行与肩同宽，身体旋转时下吐上吸。
3. 逆转：两腿平行与肩同宽，身体旋转时下吸上吐。

图 5-1　　　　　图 5-2　　　　　图 5-3

图 5-4　　　　　图 5-5　　　　　图 5-6

图 5-7　　　　　　　　　　　　图 5-8

图 5-9　　　　　图 5-10　　　　　图 5-11

动作要诀

1. 吸气时以意念缩提脏腑，使腰肾处鼓胀。
2. 吐气时，令气下涌泉。
3. 运作时内气如漩涡，以下丹田的风箱开合带动身体起落。

【课程综合摘要】

从下行气的锻炼,体会肾与腰腿的关系

肾气通于耳,开窍于膝,作用于涌泉。动作中,只要腰胯、膝盖放松,就会作用到肾气,使内气下涌泉,到时自然了解为什么肾主腰腿。故"蛟龙戏水"是转动、按摩肾脏,以肾气引动膀胱,促进水湿循环。同时,经过肾脏作用到涌泉的脉络,让水湿浊气往脚底排导。此外,因为内气是循着督脉、膀胱经往头部走,只要掌握动作要领,做几次就会感觉气往头上冲,身体会发热、出汗,而且热气跟水湿会沿着背部上到后脑形成汗水流出。这是内息的作用。所以,真正炼气的人可以控制水湿,连汗从哪里流出来都是可以自由引动的。炼气的道理明白了,很多身体现象自然也明白了,这就是东方生理学的独特之处。

"蛟龙戏水"旨在启动肾气的作用,关键在肾气的鼓胀与压缩。用丹田的压缩,让气饱满,然后下灌涌泉;用下吐上吸、下吸上吐的切换,构成顺、逆呼吸的交替运作。运用"旋转丹气"(见"手滚天轮"系列功法)的方法,气从涌泉回荡而上,借由腰的旋转,吸气到两肾。胯是很重要的转盘。假如髋关节够松,"旋转丹气"的功夫够深,做此动作时,髋关节和丹气是分开的,如同将一个火球放在一个架子上。

气功学都在增进气的传导与共振,让气像涟漪一样扩散出去。而体呼吸是领会动作精髓的基本条件,身体动作都是体呼吸的作用,以气的无有,入于命门、涌泉等"无间"的身体内部空间。吐气时,两腿像软绳一样松柔,气沉涌泉那条隐形的气道就会出现。练到后来,就可以觉察涌泉的旋转是由左而右、由右而左,从小圈圈转到大圈圈的螺旋漩涡。

螺旋是能量最大、阻力最小的运动方式，而人体的 DNA 就是以螺旋形状储存生命密码。螺旋时需有高低落差，所以，身体的起落是由丹田压缩产生内气如漩涡一样的螺旋旋转所带动。

人体的外活动轨迹，一定有一个内部的功能机制与之相应，所以动作是内气所形成的波动。动作所形成的波，始发点都在丹田，再从丹田往外振动。振动会扩散到手，所以手的动作只是现象，不是真正的波体。当气下到髋关节时，因为"肩与胯合"的外三合原理，肩膀也会形成一个波，但肩膀只是导体，不是真正的波体，就像大家看到的太阳光影并非光能量本身。我们练功，就是为了能从动作的光影看到动作的能量本体，故练功时神宜内敛、气宜鼓荡，以提高内气的觉察力。如此必可觉察此动作，在逆转时是以吐气到涌泉的下张力将身体撑起，顺转时是以吸气到肚脐的内张力使身体自然顶起。

"蛟龙戏水"练功时，顺、逆呼吸都强调一吸便提（脏腑上提）、任脉延伸。通过"蛟龙戏水"的动作练习，去感觉丹田开合时一顺、一逆之间的不同，这一层体会，将带领身体境界再往上提升。

身体有一种内部训练的规矩，练功一定要顺应这个规律，才不会违反自然。吸气时交感神经亢奋，吐气时副交感神经亢奋。练动功特别强调逆腹式呼吸，那是因为逆腹式呼吸强调吸气，可以促引内气上升运行，以平衡当交感神经亢奋时心脏跳动速率的共振。倘若交感神经不亢奋，机体就无法活跃。这就是"武火"的原理。而所谓"文火"，就是指练静功时用长吐短吸的顺腹式呼吸强调吐气，让副交感神经亢奋。关于"文火"和"武火"的定义，还有极为繁复的范围与操作细节，日后会在练功时随缘提示。

从已知炼未知

气功学是通过肉体的锻炼而后洞见其虚无，再升华到精神层次的哲学境界。最终是超越肉体，到达形而上的层次。"炼精化气"是人体的功能，"炼气化神"是心灵的功能。动作锻炼是五脏的催化剂，好比修行人将沉香用为灵性跃升的"催灵剂"。因为人越来越迟钝，学习之初不得不借各种助力，使身体更敏感。

古今关于任督旋转、周天运行的论述有很多，但纯粹的认知常使人狭隘与自闭，唯有实践体证、唯道是从的功夫可以救其弊。经过身体的亲证，就可了解"蛟龙戏水"俯仰旋转的动作内涵，因为人体气血循环如同南北极向的大周天循环。百会接天，涌泉接地，循环到百会、涌泉，就是大周天。若循环只在百会与会阴之间，即为小周天。大周天就是天地循环、日月交替，十四经脉皆通。当身体的循环可以贯通天地，人成为天地的导体，那就是大周天了。

气功就是要练出身体内部那不为人知的世界。"知其雄，守其雌"，人体有 90% 以上是尚未发现、不可见的领域，练出对未知的感应能力，人才会真正谦虚。用已知推扩到未知，必须"君子终日行不离辎重"，念兹在兹，先记住动作，身体内部的世界要慢慢练、慢慢悟。初学者先学动作，动作纯熟之后，就必须知道还有气的层次，否则无法体会学习的未来性。需知练到一个层次，后面还有无数的层次，一步一步往上推。所以，研究气功学会带着我们不断往上超越，学无止境。

下实上虚，健康之本

任何动作都要做到"身轻体重，慢步如猫行"，也就是把

《老子》说的"重为轻根，静为躁君"表现出来。把《老子》读熟，气功心法也通了，不需白话翻译，也不需背诵。《老子》不讲伦理道德，只讲阴阳管理学，从身体的管理，推扩到自然与社会的管理。"重为轻根"，讲的是人体肚脐以上必须松，肩膀要轻，头脑要清，胸腔要开阔。肚脐以下则要重、要稳。气往下沉，才会上身轻而下身重。《周易参同契》讲上德无为、下德有为，上德指上丹田，下德指下丹田。上德必须清静空灵，下德则须每日锻炼，才能炼精化气、炼气化神。精为肉体，气为心，神是灵。上德无为，要静。人体如同一个复杂的国家组织，这个复杂的组织由大脑神经中枢统领。大脑安静，上德无为，才能统领运转不息的肢体组织。而"重为轻根，静为躁君"的道理，和屯卦的"磐桓，利居贞"，以及乾卦的"见群龙无首，吉"是相通的。所以，好好读人体，中国的学问一通百通。

第二节　提膝固肾

【原理说明】

以抬腿锻炼丹田压缩，强化肾气与腰腿

　　肾主腰腿，人的老化从肾气衰退开始，腰腿也随之出现退化现象，往往上半身还十分灵巧，脚步却开始颠踬蹒跚。加上神经萎缩、反应迟钝，身体僵硬，一不小心就会摔倒。老年人腰腿不利，活动能力大受限制，身心健康都会受到影响。从年轻的时候就开始通过提膝固肾，让膝关节保持灵活，锻炼腰腿韧性，不知老之将至，人生到此，何等轻快！

提膝固肾是通过膝盖大腿上提，开拓腰后命门关，锻炼大腿四头肌与腹肌，增进丹田压缩的能力，并使腰椎竖脊肌与背部肌肉达到伸展放松的效果。腿往前蹬直时，四头肌紧缩，可锻炼四头肌的收缩力。这个肌群连接髋关节、大腿与膝盖交界处，有支撑膝盖、巩固膝盖的功能。腿缓缓蹬出时脚尖后扣，可延伸后小腿肌。脚尖下压时，小腿肌收缩，胫骨前肌往前延伸，可活络足阳明胃经。经此长久锻炼，可使腰腿肌肉强壮并充满弹性，膝盖与踝关节灵活敏锐。这个动作还可刺激末梢神经，许多肾脏病患者末期必须截肢，因为末梢神经萎缩，血液无法送达末梢。

　　此外，动作若配合丹田的作用，即有气机盎然、运通双腿的效益。肾与膀胱互为表里，肾经在身体前侧，膀胱经在后侧，所以肾气通全身之气。动作中，通过提膝、抬膝对前阴、后阴的压缩作用，可开发肾气在肚脐、命门与会阴、涌泉之间的运行管线。而心肾一家，为促进心火下引，提膝时配合手肘开合，可促进膻中、夹脊的气机共振与任脉压缩，让能量传导回到丹田，使全身发热、气血通畅。

做法

1. 两手托肾，提右膝，屈左腿，身体前弯吸气。
2. 挺身右腿蹬直，吐气。
3. 右脚尖下压，收抬膝盖，吸气。
4. 下落右脚，吐气。
5. 换腿操作，做法同上。

图 5-1（右）　　　图 5-2（右）　　　图 5-3（右）

图 5-4（右）　　　图 5-5（右）　　　图 5-6（右）

第三章　系列功法

图 5-7（左） 　　　图 5-8（左） 　　　图 5-9（左）

图 5-10（左） 　　　图 5-11（左）

326　气机导引：内脏篇

动作要诀

1. 提脚时脚尖上翘，脚跟后缩。
2. 蹬腿时，高度尽量高于另一脚的膝盖。
3. 一脚提，一脚沉，两肘前合时吸气，命门微微往后拱，鼓胀腰肾。两脚蹬出时，气沉丹田。
4. 一脚下沉时，胯膝踝都要松沉，气才能往下到丹田、涌泉。
5. 吸气时身形前合后开，吐气时气沉丹田。一吸一吐，一开一合，久而久之，动作越来越内化，身动如蛹动。

【课程综合摘要】

身体的阴阳在腰腿

提膝固肾可再分解成许多招式，最简单的动作就是单脚站立，双腿交替，配合呼吸，做提膝、抬膝练习。光是这样，就可以治疗膝关节退化。腿强，肾脏就强，这个功法就从腿和两脚末梢的锻炼恢复肾脏功能。配合走步，每天走一百步、一万步，就可明白为什么提膝能固肾。

提膝固肾强调"提膝"与"抬膝"交互作用。抬是往前，会动到前阴；提是往后，会动到后阴。两者所牵动的经脉不同，所牵动的肌肉也不同。练功一定跟前阴后阴有关，一为谷道，一为水道。泌尿系统包含肾脏与膀胱，消化系统包括脾与肠胃，所以前阴、后阴一定要一起练。

基础功之后，再往下继续练，就一定要练丹田，因为丹田主肾气，没练出丹田，就无法练到更深一层的功夫。有了丹田作基本配备，两脚一虚一实、一松一沉，都由内气主导。动作过程中，尾椎的操作至为重要。一提便吸，一吸便提（脏腑上提），一脚提、一脚沉，命门和整个背部都会打开。再配合吸、闭、吞、吐、咽，一吸便提，一吐便咽，慢慢身体动迹会成蛹状。身体外部看不到肌肉，但能量都蓄藏在身体内部，到时身体一定强壮，而且全身都可以抗外力。

在动作、呼吸、意识的层次上，第一阶段是提肛收腹，第二阶段是提会阴、收小腹，第三阶段是内脏上提，第四阶段是似提非提，第五阶段是肾水上提。这五个层次内涵都包含在同一个动作上，随着功夫越深，而有不同的觉知与功能。肾通脑，功夫成熟，吸提吐咽过程中，就会刺激脑下垂体。脑下垂体再回馈肾脏，舌根就会冒出津液。再一吐气，把津液带回肾脏。这就形成道家看似玄奇，其实非常清楚的体呼吸、内循环。所以，练功的重点在于锻炼身体内部的循环机制，不能一开始就用意念空想或强以意念引导，否则会在内气运行时造成焦火。这个锻炼的过程必须一步一步踏实以进。动功锻炼到一个程度，若配合静坐，用十二段锦坐功唤醒身体的觉知能力，引动内气的能量将更明显。

第三节　九转还丹

【原理说明】

涌泉无根腰无主，力学到老终无补

一般而言，气机导引功法动作外形越简单，身体内部的运作就越深邃，因为不在外者必求其内。而"九转还丹"之难，难在它主要是炼内气的运行与旋转。"还丹"就是让人体能量回到原始点，"丹"指体内真气。古代炼丹术最早是炼外药，魏晋以后才慢慢转为炼内丹，即内气的锻炼。真气、内气统称为丹，"还丹"就是把内气送回肾脏，以补强肾气的机能。血液从心脏送出之后，有四分之三会送到肾脏排毒。气推血而行，血液回流心脏的动力，也要靠肾气。若肾气不足，肾水（肾脏的血液）回流心脏发生困难，水火未济，就会造成肝血不足乃至心火上亢，影响心脏运作。促进肾水回流心脏，水火既济，就是心肾相交、采阴补阳。

"九转还丹"就是让内气回到人体的大本营——肾脏，以旺坎水铅虎之精而助离火汞龙之气，让身体产生内循环的效能。前面谈到的提膝固肾，是以腰腿的锻炼来固养肾脏。"九转还丹"则以涌泉的运作刺激肾气的下行循环，以补足肾脏元气之统御功能。肾脏与膀胱互为阴阳，肾经在前，膀胱经在后，通过"吸在昆仑吐在泉"的脚底运作，调动人体一阴一阳、后升前降的内气循环，元气才能生生不息。

"九转还丹"的"九"代表极数。肾属阴中之阴，所以冬天要补肾血，就是补其阴气。从《易经》之数来看，六、七、八、九当中，六属老阴，九属老阳，七为少阳，八为少阴。肾属少阴之气，要补足少阴之气，就要炼老阳、得少阴，因为阴极反阳，阳极反阴。此外，因为心脏血液左出右入，成顺时针方向，所以人体气场乃顺时针而行，但一般练功必须以逆时针旋转平衡先天机制。"九转还丹"则以两脚轮流操作，形成一顺一逆的旋转，以平衡人体的气场。

气达涌泉，复归其根

人体的气场圈有好几个位置，一是脚底，一是手掌，一是耳朵，一是整个身体。脚底气场圈的作用就是从涌泉到脚跟，再从脚跟到涌泉。练功时，肢体动作若配合呼吸，就会形成以百会、会阴、涌泉为轴心的立体螺旋旋转圈。吸气时从尾椎、命门往头顶吸气，再沿着颜面从身体前端下到肚脐、丹田。经过肚脐时，借劳宫接气命门，阴阳接气，再循阴跷脉往涌泉。吸在昆仑吐在泉，就是阴阳表里的作用，吸在肾脏而归于肝。肾血归肝脏，因为水生木，肾属水，肝属木。所以，脚底的阴阳变化亦是锻炼肝肾功能的机要。

人体气场成交叉作用。当重心落于左脚涌泉时，气机会发于右手劳宫。右手劳宫发气后，将热气送入肚脐。左手劳宫受纳肾气，形成右手在肚脐前方、左手在左肾处的循环圈。

内气的旋转必有一虚一实，才会产生动能。"九转还丹"在脚底的旋转操作中，虚掉脚拇指，力量就往脚跟。脚跟虚掉，力量就往脚小指。一松一紧、一虚一实，一转就舒趾，一次一次往脚底涌泉压缩，圈圈越小，功夫越深。动作中保持百会、会阴上下一条线，胯松，膝腿放松，腰腿贯串，气才能鼓荡相连，作用到肾脏。气还丹田后循阴跷脉螺旋下脚趾，久之气达涌泉，脚底生根稳若磐石，功夫就会更上一层楼。

做法

1. 两腿成一虚一实，一手贴脐，一手贴肾，随左右脚的重心变化成顺、逆时针旋转。
2. 左右九转为1次，做6次。

图 5-1　　　　　　　　　图 5-2

动作要诀

1. 吸退吐进是常道，半圈吸气，半圈吐气，一吸一吐，环绕整个脚底边缘，圈圈密合。练到涌泉如钻子一般钻到地底，涌泉就会长根了。

2. 所谓"真意往来无间断，知而不守是功夫"，吸气、吐气都是丹田的作用。用意念吸提，故只有气的上下，不可刻意缩腹、鼓腹，旋转时自有庞大的能量回补到肾脏。

【课程综合摘要】

欲上之，必先下之

五个脚趾分属五行，拇指属木，第二趾属火，第三趾属土，第四趾属金，小指属水。"九转还丹"旋转时，不管左脚、右脚，都是循着水金土火木的次序，从小指逆转到拇指，如水济木，水湿回到肝脏，并丰盈肾脏。肝肾同源，两个脏器的位置虽然离得很远，却相依相存。

后升前降的内气运行，一定会往头上走，但不是把气提到头顶，而是不断往下灌气，自然共振到百会。欲上之，必先下之，这是宇宙自然之道。所以，要通任督大周天，涌泉必须扎实，涌泉不扎实，根是浮的，往上共振的反作用力就不够。"九转还丹"强调一圈又一圈地不断往涌泉灌气，就是为了让涌泉长根，令内气往上共振到百会。

气达末梢，一定要配合关节的舒展放松。沉肩坠肘、松腰坐胯、气沉涌泉，都要靠关节的舒展与压缩。倘若用力不放松，关节僵住，无法压缩，还谈什么气？掌握了关节的松沉开合，动作操作的原则，就是"上下一条线，脚下阴阳变"。一吸一吐，都是脚下的阴阳变化，而且是渐变，不是突变，先到少阴、老阴，再到少阳、老阳。阴阳之变不是移动，而是松沉，是在下沉的过程中全身关节往下松开。沉中有开、升中有合，阴中有阳、阳中有阴，开者于手、合者于脚。合时身体一沉就往脚底下沉，开时身体一开就往手指发劲。所谓"在力则笨、在气则滞、在意则灵、无意则妙"，练到自然而然，成为不假思索的本能反应时，只要全身关节一松，内气就共振到涌泉、指尖，那就是练功的妙境。这时候，就可以体会身体无穷的变化之妙。

第四节　托肾活腰

【原理说明】

以劳宫之气引动丹田内转

道家有"五龙捧肾"功，但各家说法莫衷一是。我认为，不管是五龙捧肾、五气朝元、三花聚顶、玉液还丹，还是金液还丹，都是道家描述不同阶段功成之后的身体现象，因为没有个别具体练习的方法，很多功夫境界就渐渐失传了。关于"五龙捧肾"的方法，有人认为就是搓抹外肾，据说是陈立夫先生高寿的秘诀之一，也是十二段锦坐功的一个功法。我们讲的"托肾活腰"是以深层的内气作用进行，以两手托住两肾，借劳宫之气引动肾气，配合舌（舌顶上颚）、腰（命门）、腹（丹田）、三阴（前阴、会阴、后阴）与尾闾的作用形成丹田内转，衔接上、中、下鹊桥，令气达涌泉，导引阴跷脉与任督两脉的真气循环，达到心肾相交、水火既济的功能。

肾脏气机主要来自下丹田，锻炼下丹田，有助于肾气的作用。肾脏在腰椎两侧，靠丹田的能量保护。生殖器为前阴，肛门为后阴，前阴、后阴之中为会阴。前阴上有肚脐，肚脐是人体能量最强的穴位。肚脐是先天之气的入口，又称"生门"，肚脐正后方为"命门"，肚脐跟命门之间即为"生命之门"，其间的连线为"生命线"。前阴、后阴、会阴的连线就是"海底线"。"生命线"与"海底线"相连，刚好形成一圈，位于下丹田的区域。"托肾活腰"就是要练到这个区域能自转。从生理解剖学来看，可以对肾脏、大肠、小肠、直肠、括约肌、前列腺、尿道、膀胱、子宫、卵巢产生蠕动按摩的作用，使腰间气血循环充盛、精饱气足。

影响健康的关键因素常是内气系统，而不是肌肉的力量。"托肾活腰"最珍贵的价值，在于练出内气旋转产生的能量，故动作操练时，需配合意识的专注入静，外不有相，其相在内，才能掌握本功法的神髓。

做法

两手托肾，两脚平行与肩同宽，行下腹腔缩提的丹田内转训练。缩提时，内气在命门、肚脐、会阴之间旋转往来。

图 5-1　　　　　　图 5-2　　　　　　图 5-3

图 5-4   图 5-5   图 5-6

图 5-7   图 5-8   图 5-9

第三章 系列功法

图 5-10　　　　　图 5-11　　　　　图 5-12

图 5-13　　　　　图 5-14

> **动作要诀**
> 1. 呼吸宜缓宜微,需结合意识作用,方能感受气机内转之功。
> 2. 吸气与吐气时需确实掌握下鹊桥的功能,以利气机上下。

【课程综合摘要】

练出任脉的意识

人是天地的导体,天气属性为降,地气属性为升,要能接通天地之气,必先能接大地之气。吸气时从涌泉引地气上升,经踵蒂通于肾,汇入肾气,经过人体的循环作用后,上接天气于百会,吐气时再从任脉经命门循阴跷到涌泉,这就是"人法地,地法天,天法道"。人体的内气来自涌泉,也归于涌泉,这就是人体运转的自然法则。而这个循环管线的运作,一在跟管,也就是踵蒂呼吸的管线;一在由肚脐和命门连成的生命之门。生命之门的主宰在前阴,发气在会阴。由踵蒂通肾脏,吸气时从会阴经前阴、肚脐经命门到达背部,吐气从命门经肚脐、会阴到涌泉。

"托肾活腰"是以两手劳宫之气活络丹田之气,使丹田如轮轴,引动人体气机的周天运行,听之在手,转之在丹田。气从尾椎接引上行,同时尾闾顺会阴往前阴推进,经肚脐绕一圈再合到命门,就会产生内气旋转。尾椎不知道怎么卷,气可以卷;气不知道怎么卷,意识可以卷。意到气到,动作只是点出意识活动的范围。用动作绑住意识,意识就不会漫无边际,然后可以用意识收缩到阴中之阴。

用下巴牵引任脉，使任脉延伸，这是"托肾活腰"很重要的部分。要从动作中体会任脉后仰的意义，若没有体会，表示任脉的意识没有出来。所以，我要大家从实践中自己发现"托肾活腰"后仰，与丹田内转有什么不同。

我提示各位两点，请各位慢慢参详：一是注意吸气与脚底的关系；二是好好玩味"有不得机得势者，其病必于腰腿求之"。并且，试试用丹田拉肾气做"托肾活腰"，以气对气、力对力，慢慢发现其中的奥妙。

采阴补阳、采阳补阴与炼气入髓

练功的生理基础，就是以后升前降的内气循环，达到心肾相交、坎离交媾的目的。肾水中藏真阳，必须不断往上蒸动气化为津液；心火中藏真阴，必须不断往下还丹于肾。但要促成肾水上行交心火，比引心火下济肾水困难，因为督脉有三关，关山难越，天险重重。历来不论中医还是气功导引，都非常重视肾的气化机能，因为这是常保健康长寿与心志恬淡自得的关键。

后升前降的内气循环，与台风形成的原理类似：当台风的质量条件不同时，能量的强度也不同。所以，通过方向正确的修炼，可以提升人体能量强度，甚至超越先天限制、改变命运。因此，很多人才会夸口说："我命由我不由天。"

操作"托肾活腰"时，必须专注内守，鼻息已趋近于无，以"回风虚火入气穴"的鼻根呼吸，配合意识作用，让内气从跟管上接尾闾，尾闾收提，衔接后阴、会阴、前阴、肚脐、命门，形成丹田内转。双手轻轻托住两肾往前推铲，以劳宫之气推动丹田内转。从丹田内转引动的内能量旋转，会经由命门循督脉上行到玉枕、泥丸，刺激脑下垂体内分泌，使舌下玄膺涌出津液。这个过程就称为"采阴补阳"。

吐气时，用意识之火将口中的真阴之液送入下丹田，尾闾、命门放松，内气由肚脐、前阴、会阴沿着两腿内侧到达涌泉。吐气的内气压缩作用，会使身体自然绷张开来，同时将内气压缩入骨髓，强化肾气，使内气复归于肾气，称为"还丹"，或称为"采阳补阴"。

为了促成后升前降的作用，练功时必须保持上虚下实、精饱气足、精神虚静的状态，才能让肾水真阳（☵）往上、心火真阴（☲）往下，阴阳交媾、水火既济，否则天地不交而成否（痞），气停血滞，就会造成很多疾病。

第五节　呼吸以踵

【原理说明】

身体的开合呼吸——体呼吸

庄子说："真人之息以踵，众人之息以喉。"此话一般人很难体会。过去为免揠苗助长，我在教学时仅概略说明那是形容气吸得很深、很沉的状态。内气作用的确是从脚跟开始的，脚跟有跟管通阴跷脉，可到达尾闾，故动作操作时搭住下鹊桥，涌泉悬空，尾椎往前顶，命门就被拉开，会感觉臀部肌肉、脚跟都往上提，这就是跟管作用。习练日久，跟管已通，只要意念一到，就有无形的能量产生。这个位于足踵的内气通道非肉眼可见，目前为止，也无法用科学仪器测量，这是古人通过内功实践的重要发现。就如老子所描绘的："致虚极，守静笃。万物并作，吾以观其复。夫物芸芸，各复归其根。"在精神达到定静境界时，观察到身体小宇宙生机畅达的运作规律，的确是非常细微的真实感受。

所谓真人，是指通过后天修炼而复返先天本来面目，在《黄帝内经》认为，属修炼成就最高的境界。其修炼方法，包含了中国古代文化的主要内容，也就是气机导引所勾勒的身体开发蓝图，而呼吸正是其中的关键。关于呼吸的训练方法，请参考"手滚天轮"系列功法，在此先不赘述。

"呼吸以踵"是借身体大小关节的空间开合，进行深长的后天呼吸，以补养先天之气，使其作用到肾脏。亦即借慢匀细长的呼吸令肺部大量充氧，并由肺的肃降功能配合肾脏的纳气功能，使呼吸畅达。这种呼吸就不是一般无意识的呼吸，而是催化全身细胞，弥漫到肾脏的深层呼吸机制。所谓"肺为气之主，肾为气之根。肺主出气，肾主纳气，阴阳相交，呼吸乃和"（《类证治裁》）。中医认为肺所吸入的气需经肾的摄纳，呼吸功能才算健全。倘若肾不纳气，就会出现吸气少而吐气多的喘咳症状，一般都有肾虚的问题。而更深层的"呼吸以踵"，则要将肾的纳气功能往下延伸到涌泉、跟管，那就是更深层的呼吸作用了。

初学者体会尚浅，呼吸不够长，可先借此练习身体放松，以动作配合慢匀细长的呼吸；但千万不可憋气，炼气最忌憋气。憋气跟闭气不同，憋气是已经吸满气，但还在强制继续吸气，导致过度吸气而产生胸闷。闭气是吸气或吐气到八分满时停闭，不吸不吐，让气在肺腔中停留更久，进行彻底的气机交换。

做法

两脚并拢，身体自然站立，借由两手托掌牵引身体开合，进行深度呼吸。

图 5-1　　　　　图 5-2　　　　　图 5-3　　　　　图 5-4

图 5-5　　　　　图 5-6　　　　　图 5-7

第三章　系列功法

图 5-8　　　　　　　　　　　图 5-9

动作要诀

1. 向上引气时，涌泉悬空，跟管就会出现。用意念将气从跟管（脚跟）提到命门，至夹脊、玉枕，再以两手翻掌心向上撑托，将背部从命门到夹脊整个拓开，使内气共振到手指。

2. 吐气时先从身体中线合三丹田，再落肩、肘、腕到掌指。手臂指尖都要放松延伸，手掌下落时呈坐腕、突掌、舒指，有向下飘落之意，同时松腰坐胯松鹊桥，导气下涌泉。

3. 气吐尽之后两手继续往下飘落，脊椎往上延伸，用意念将身体上引，重心始终在涌泉。

4. 两手从肩前落下，以压缩任脉。

【课程综合摘要】

内气压缩与提劲

老虎发动攻击之前,一定先往后缩。所有往前绷张的力量,一定是先收缩再绷张。能量作用就是这样,出手要有张力,就要先松沉,完全把手的力量卸掉。所以,操作"呼吸以踵"用劳宫提气上来时,涌泉会产生对应,所以要先吐气,涌泉放松再吸气。先练出确实的肌理路线,以后就便于以意导气,这就是气功学的入门砖。一提就拉气上来,一点动,全身无有不动,这就是提劲。

腕与踝合,劳宫与涌泉合,劳宫将涌泉的气拉引上来时,气循跟管到丹田搭下鹊桥,再把背部拓开,气自然到背部。若三田三关已通,吸气时收提前阴,再用意念将命门沿脊椎到夹脊两侧轻轻打开,此时一舒指,手指松开,气从夹脊压缩而出,就会共振到手指末端。身体压缩之后再拉长,三丹田开合自然会产生身体的回气作用,形成气机动荡。再者,因为劳宫之气来自夹脊共振,夹脊拓开时,劳宫内收。吐气时三丹田收合,夹脊亦合,内气就会压缩到劳宫。

气一定有始点跟末点,引气于端,所以要特别注意脚底端和手指端的修炼。初阶在手,进阶在脚,到最后全是脚底功夫。所以刚开始要下功夫,练到脚底有功力,就可以玩味脚底玄机了。俗话说:"练拳要练到手尾,练脚要练到脚尾。"其根在脚,但前提是脚底的大小关节骨缝全部要松开,到时一吸一提,关节腔面一缩一张,内气的收放就全在意念掌控中。应用时全身都有瞬间收缩的力量,这个功夫练起来,你看会变成什么?

从涌泉吸气而上,渐渐要过渡到意识的吸提,让涌泉似有似无地悬空,这才是气的功夫。脚趾抓地是前期的锻炼,练到虚处,脚趾抓地就是身体气机作用的自然现象。涌泉松沉,脚跟一放松,气机就到脚跟。先练出从涌泉缩张的能力,脚跟的意识就会产生升降,以后真气就会随着意识从脚跟上来。

所以,提会阴自然收尾闾,循三关到百会,这又是阶段性的关键要领,再往下练就必须更虚无。

呼吸到深沉时可及毛孔,能量从内部不断往外爆发。这个运作过程已非鼻息,完全是体呼吸的作用。届时,强大的内气作用并非从肌肉的力量而来,毛细孔开合即可形成松的张力。故唯有气可以超越身体操练的极致。

吐气从肩前压缩而下时,是丹田放下。手到肩膀高度时脚跟落下。手到腰隙时身体伸张,手成自由落体轻缓飘下,这样更能产生气感。用松沉压缩关节腔面,气会从关节压缩到骨缝,促进骨髓里的黄髓变成红髓,活化骨髓干细胞。掌握这个机要,阅读自己的身体,观其变化,玩味变化的过程与结果。

"托掌旋腰"整套练下来,全身汗水都是阿摩尼亚(氨)的味道。肾脏的酸与二氧化碳都排出来了,身体清澈,全身气机贯串,什么疾病都能改善。

踵蒂呼吸

要能做到从涌泉吸气循跟管而上,初步的学习是从松沉双腿与涌泉放松入手。涌泉一放松,能量就会到达脚底。从脚底的蓄能与两腿的放松训练,结合意识与丹田收提作用,熟练下鹊桥,踵蒂呼吸自然可成。

踵蒂呼吸是高度的意识呼吸,吸在踵,吐在蒂。脑蒂在延脑、脑干交界处。这是引动真气，进行周天循环的呼吸法。从后天气入、先天气出的来回出入机制，通过脚跟和脑蒂行呼吸，进入微弱的胎息境界。吸气时用意念从祖窍（大脑中心点）到延髓，接合下丹田，同时以意念引导内气由足踵上升，经跟管上会阴、尾闾、命门，再到夹脊、玉枕、百会，此时吸气吸满。吐气时，意念从延脑经祖窍（不经头顶百会，气自己会上去，不用意念带，否则会过头）穿过眉心，经十二重楼（喉咙），再到绛宫（膻中）、肚脐、会阴、涌泉。这个过程就叫踵蒂呼吸。

这个内气的循行路线，需先经过导引训练，开发身体内部脉道，再不断练习气沉涌泉。经过几年锻炼，脚跟和会阴之间就会形成无形的管线。很多人未经身体开发，一开始就进入高度意识作用，最后走火入魔，出现幻听幻觉，把高层次的踵蒂呼吸当作虚玄的想象，文化的浅薄化即此而来。

气入于渊

把气拉上来，不是吸气吸到背部，吸到背部也是阶段性的语言，真正的情况是气入于渊。气吸入的状态，就像入于无所不在的深渊，卷之退藏于密，全身骨缝无所不充盈，所以《周易参同契》说："真人至妙，若有若无，仿佛大渊，乍沉乍浮。退而分布，各守境隅。"这是既超越又存在的内气现象，练功人方知其妙，非练功之人，只能在文字迷障里摸索。

总而言之，气不仅是吸到身体某处，而且是"吸到意识深渊"。"渊"就是"踵息"。

练呼吸主要是学习止息，让鼻息相停止，转为内部丹田压缩，形成体呼吸。练动作时外形动作要虚无内化为气机运行，如同炼心就要让心思停止，每一个阶段都在炼"虚无"。

反观当今养身之人不是强调鼻呼吸，就是强制导气的想象，甚至排斥身理的锻炼，反其道而行，真可怪哉！

五脏属阴，六腑属阳，前阴一提，五脏气机就提；后阴一提，六腑气机就提。前阴、后阴如同后天呼吸的口、鼻互为表里，会阴如同先天呼吸之肚脐；但三阴收提都还是武火之用的有为法，慢慢要用意念收提，才能进入更高的文火层次。所以，练到火候时，意念一到，男提睾，女缩胞中。练到马阴藏相，子宫收缩，睾丸会上下移动，不仅是运动神经的作用，也是气达末梢的作用，因为睾丸为精的末梢。接下来要用更大的内气觉知，去引爆全身毛孔的感觉，但引爆的前题就是气能够均匀平衡，平衡才能共振。可配合练习"熊经摇荡"，用全身的均衡性震动，让气血摇匀。

服心与服气

气的渊源，一定要有后浪推前浪，让前浪变成后浪，才有生生不息之力，这是炼气的逻辑。炼气还有一个关键，就是要跟众人互动，不然将来都是空的。跟众人互动，就要学会"服气"——服人之善。意识要更空无，否则根性就会成为练功的障碍。人生的机缘像风中的蜡烛，烛火闪烁不定，遇到有缘人把它点亮了，虽然风一吹很容易熄掉，但每一根蜡烛都有机会从头烧到尾，没有一根蜡烛是注定只能烧一半的。练功最重要的是放下心里的一切，先调伏自己的心，才能调伏自己的气。散漫的性格必须被整理，到后来身体样态已经没有意义。所以我们不随意说放下，但我们自然有放下世俗的真功夫。

吸气时身体膨胀就好，其他都不要管，也不要等待一种感觉，倘若不够专注，就无法体会。每一个人的练功现象都不一样，每一个人身上都有气血，先学习洞见它，然后动用它，以气推血，只要气血能被我们掌控，能聆听细微的气血，就能聆听天地的脉动。练功最重要的是减法不是加法，减掉耳朵、眼睛、鼻子，后天的觉知都要减掉，大音希声，大象无形，真正的双眼、真正的觉知才会出现。所以练功就是不断地炼虚，空掉后天的觉知，收视反听，转为内部的觉知。

气功学就在意识之间作用，呼吸要到达丹田有开合之相，气入于渊，在天地之间穿梭往来，小到无限大，大到无限小，思维、意识每天都往这个方向，格局性情都会改变。所以练气功就是炼志气，从身体炼虚无，想法会很端正、很有力量，气场自然变大。这就是气功学的作用。

第六节　抱膝引气

【原理说明】

引黄庭之气，循环周天

《灵枢·经脉》说："人始生，先成精，精成而脑髓生。"先天肾元现象化为人体之后，先生骨髓，再化生其他组织器官。因此，道家炼丹养气最重视肾气的调养，通过脊椎、黄庭与丹田的锻炼，炼精化气、炼气化神、炼神还虚。因为脊椎是肾气输布全身的重要管线，人体阴阳之海的任督两脉，以及具有调节任督功能的冲脉，都受脊椎统领。而膻中、肚脐之间的黄庭，就是五脏传链与人体先后天动能转化的总源头。古代道家与医家的身体修炼，就是通过不同的动作外形，配合呼吸引气与意识存想，启动这套人体内部能量的传链机制。"抱膝引气"就是强化肾气与黄庭能量的整体锻炼，以前俯下弯抱膝与松沉压缩等身形变化，配合吸气、闭气的作用，引动黄庭与肾气，再经由脊椎反向延伸形成身体张力，让肾气在压缩过程中经督脉运气入脑，经任脉下涌泉，使气机循环周身而不殆。

动作中，两手从涌泉提气，可使肾气经脊椎循环上大脑。前俯下腰可将气推送下丹田至涌泉。两手抱膝拉开任脉，即是拉展黄庭，以黄庭引动肾气，可使气机在黄庭聚集压缩，形成结丹，同时因为静脉血液由肾脏所主，如此可压缩静脉血液回流心脏。随后吐气压缩将气血从黄庭逼入涌泉，强化下行气，固养双腿。

黄庭在膻中、肚脐之间，由下丹田肾气所管辖。这个区域是全身静脉血液聚集之处，故洗肾其实是洗血。肾脏如同人体过滤网，肾功能受损之后，除非重新活化肾脏血管，否则很难恢复机能。现在洗肾的病例越来越多，主要是因为现代生活内外交攻，加上饮食无度、药物伤害等因素所致。有位濒临洗肾的学员，练功三年后非但无须洗肾，肾功能指数也开始向上提升。然而，本功法动作外形容易，要能理解内部功能，最好有现场指导，加上专心持志，每天至少36次，一分钟3息，做到108息，让脊椎松开，小便有的会变成淡褐色，身体彻底排毒，自能反转肾气，启动人体自愈功能。

做法

两脚并拢，呼吸时借由两手上托、抱膝牵引脊背，促进督脉气机的运转。

图 5-1　　　　　　　图 5-2　　　　　　　图 5-3

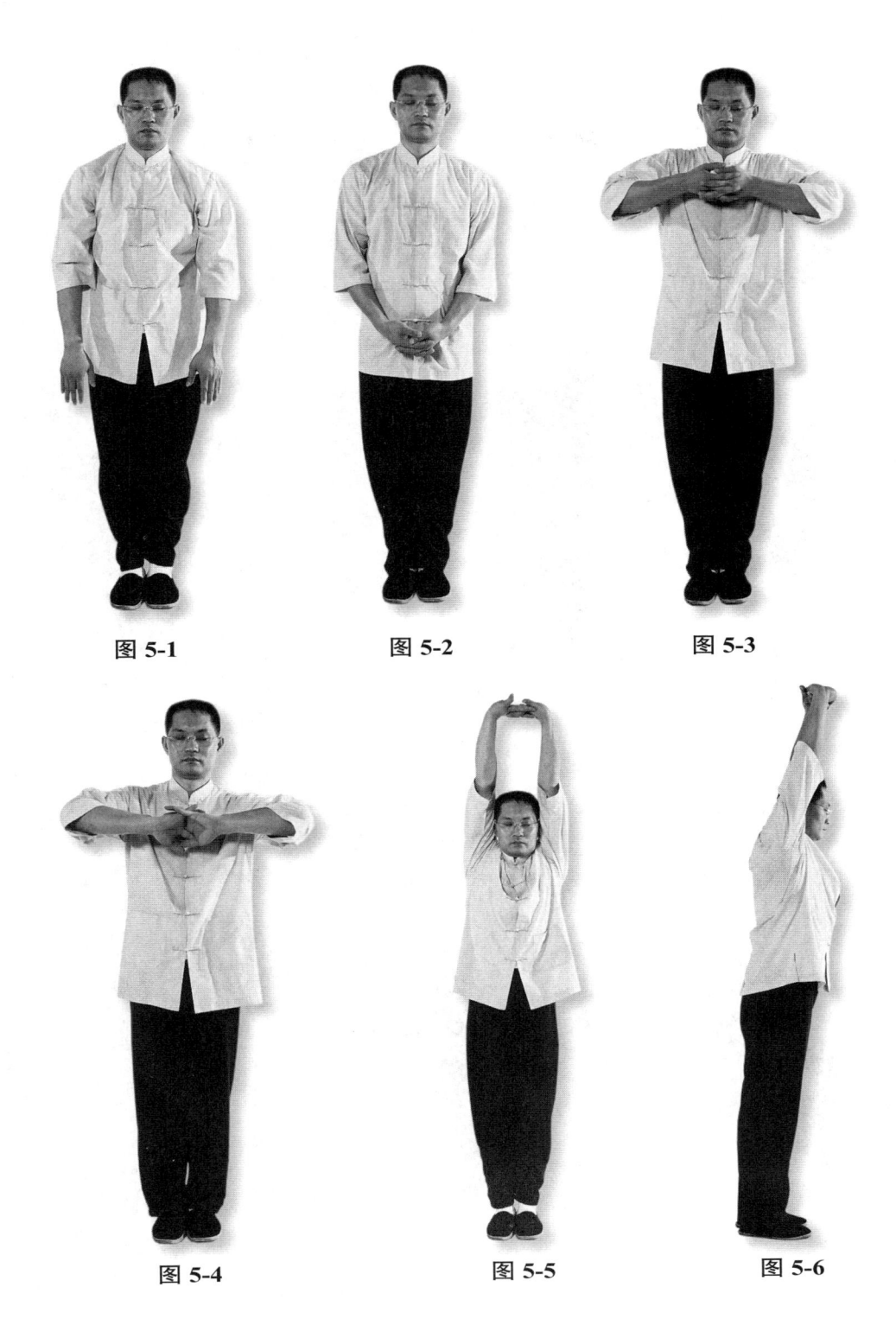

图 5-4　　　　　　　图 5-5　　　　　　　图 5-6

第三章　系列功法

图 5-7　　　　　　　　　图 5-8　　　　　　　　　图 5-9

图 5-10　　　　　　　　图 5-11　　　　　　　　图 5-12

图 5-13　　　　　　　图 5-14　　　　　　　图 5-15

图 5-16　　　　　　　图 5-17　　　　　　　图 5-18

第三章　系列功法

图 5-19　　　　　　图 5-20　　　　　　图 5-21

图 5-22

动作要诀

1. 身体往前推展时，引尾椎之气上行。
2. 两手抱膝时，膝盖尽量前顶两手，让命门拉开，臀部后坐，鼓气入肾。
3. 后仰抬头时，拓开肩胛骨，拉开任脉。
4. 动作中舌抵上颚，吸气时缩提海底，吐气时落胯松下鹊桥，两手从肩后落下，压缩督脉。操作要领为前降气，后降骨。

【课程综合摘要】

修炼百会和尾椎（下鹊桥）

"抱膝引气"要让肾气循环全身，故练习重点在百会和尾椎，其他部位中空放松，否则尾椎不接气，气就无法上百会，气不上百会，就无法下涌泉。尾椎是接地线，百会是接天线。尾椎收提，命门才会开，命门一开，命门火旺，才能经脊椎将气推送到全身，故练功一定要先修炼尾椎。尾椎、命门都属丹田，所以，看一个人的站姿、胸腔、双腿及尾椎，就知道有没有气功。人类开始修炼就是练尾椎，有尾巴的动物都用四肢走路，人类会站起来是因为尾椎收起来，人类的进化就是尾椎的再进化。人类站起来以后，不需要尾椎平衡身体，靠内耳神经就可以平衡。人出生时尾椎是五到六节，出生三个月，尾椎就变成三节。练功就是练到把尾椎收起来。尾椎前收搭下鹊桥，气才能接引上行，这是能量的自然走向。

练功有很多规矩。尾椎不提，命门不开，两肾怎能如汤煎？不缩提内气，如何结丹？背部要软，就不能硬挺，背部放松成弧线是顺其自然，但整个身体垂直线依旧是直的。这个直线由百会决定，但中间必须松开。这些都是练功的基本要诀。

气机导引的学习，从"悟"到"证"的阶段，需练习如何将气的位能转成动能，自然会产生内劲，届时就能体证如何将人体强大的潜能应用出来。先悟到内气的现象，再逐渐学会内劲的收放。"抱膝引气"的动作练习也势必要经历这个过程。

身体开合，气机升降

前一节介绍的"呼吸以踵"两手从肩前落下，这是强调任脉的压缩。"抱膝引气"从肩后落下，是强调督脉的压缩。手的共振点一在阴面，一在阳面。两个动作合在一起练习，即可体会气的阴阳作用。两者都是从脚跟吸气，吐气时气沉涌泉；但"抱膝引气"压缩督脉而下，这是强调背部的放松，因为背部最容易僵硬。身体有前后阴阳，背部是肌肉骨节的放松，前面是气要下降。阴降阳松，这里面还有很多精彩的内容，将来随机随缘再谈。

练功不能躁进，时机不到，多说无益，否则有时候会妨碍学习。重要的是把基本功扎扎实实练出来，能气下涌泉，就是功夫了。其实，所有动作要磨要练的也就是几个原则而已。"抱膝引气"也是如此。做动作时气要守得住，不能散乱，这是最要紧的。

气吸得很沉，可到毛孔，全身鼓气是可以看得见的。当能量从内部不断往外爆发，全身鼓荡，体内大小关节如竹节爆开，手上的汗毛全部竖立起来，硬可扎人，这是毛细孔的开合使竖毛肌产生松的张力。所以，炼气可超越身体操练的极致。运气而行时，全身一体，如风云游天、水银泻地。

在"托掌旋腰"各节功法中，我不断强调把涌泉提上来。涌泉怎么提上来？关键在肾气提放。气吸到肾脏，涌泉自然就提上来了；吐气时，肾气放下，涌泉就往下沉，所以吸气时脚趾抓地、脚背拱起并非刻意的动作。如果脚趾的敏感度不够，脚底空间不够灵活，就暂时无法体会到这一层。

这个操作方法，就是吸管的原理，吸气从末梢到末梢之间，气吸入多少，身体就松开多少；气吐出多少，身体就松合多少。一缩一放，完全自然，一缩提，透体虚空。若身体不透空，就无法练功，这一定要心思单纯才做得到。要真正安定、真正放开，才能开窍，否则想法太多，就没办法周身贯串，身体的执着放不开，心不够虚，就看不到天地，连自己的小宇宙都无法感觉，怎么能感觉天地？

第七节　运火归脐

【原理说明】

借意识作用以劳宫推气还丹，回补元气

虽然西医认为人在母胎受其成形，心脏是最先成形的，但按照中医的说法，肾气为人之初，先有肚脐，再生两肾、脊椎，然后是心、肝、脾、肺。人与生具有的元气藏于肾，肾主先天元气，其窍在肚脐，故肚脐是先天元气的呼吸孔窍。肚脐属任脉，又称"神阙"，是人体能量最强的穴位。元气即精气，先天精气之所主在肚脐，后天气之所主在膻中，神之所主在泥丸，这就是分别主精、气、神的三丹田。可知人体原始能量与肚脐的能量有密切关系，故称"祖气"。过去流行

一时的熏脐法，其实是非常古老的医术。根据记载，扁鹊用灸，最早就是用熏脐法强化肚脐的能量，促进气血循环，补先天之元气。

肾属水，在五行生克的机制上，必须引心火温肾水，才能使机体的内循环运作正常。因此，运火归脐就是引心火到肚脐（下丹田），以温煦肾水，使肾水充盈，化为真气水湿蒸输而上，再送回心脏。这整个过程，就是所谓的坎离（阴阳）交媾、水火既济，也称为心肾相交。

在心肾相交的过程中，即包括其他脏腑交互传链的机制。也就是说，必须五脏传链正常，才能使心肾相交。位居人体上下两端的心肾能正常交融，居于其中的脏腑就能维持正常传导。因此，心肾相交，就是指五脏六腑传链正常。若有一个脏腑受阻，心肾相交的功能就会受阻，肾水无法温热，就不利蒸发。而脏腑传链的机制，是通过气的出、入、升、降四种原理运作，以调节阴阳，保持平衡。所谓出入，是指能量的吸收、排放（氧气与谷气的吸收，二氧化碳与氨的排放）。升降，就是肺气与心气下降，人体水湿往上蒸发与回收（气机升降，动脉血与静脉血循环）。这套人体运作的机制若失去平衡，心火上行，无法往下温热肾水，肾水无法往上蒸输，就会形成火往上、水往下，阴阳背离、天地不交的"否"，导致水肿与肝炎。若阳气往下，阴气往上，那就是下实上虚、阴阳交媾、天地相交的"泰"，身体就会非常健康。

《周易参同契》谓："天地设位，而易行乎其中矣。"易，一指人体小宇宙，在人体为坎离，在天地为日月，在八卦为乾坤。天地设位，乾坤是大宇宙。人体小宇宙运行阴阳二气，以坎离为天地。坎离为心肾，心肾相交，小宇宙通气以应天地之气。所以乾坤之为用，坎离而已；乾坤之为象，坎离而已；坎离无位，天地无位；坎水（☵）铅虎为精，离火（☲）

汞龙为气。坎离交媾，阴阳调和，精气化焉，这是气功内丹修炼的主要目标。运火归脐就是通过人体能量由后天转先天，让小宇宙的能量与大宇宙的能量相接应，再将大宇宙的天地之气与先天肾元之气相接，经过意识作用与劳宫的推运，让气归还到气的始发点肚脐（下丹田结丹返元），最后沿着肾经往下推运到涌泉，自然回补元气。以此锻炼，开发采气于天地万物的真功夫。

做法

吸气时，意守命门，借劳宫引体内真气归根肚脐（下丹田），下运涌泉。

动作要诀

1. 运火归脐的"火"指意识，亦可说是以意识推运体内真气。
2. 此动作必须松静自然，以意导气，令精气神合一。

图 5-1 　　　　　　图 5-2 　　　　　　图 5-3

图 5-4　　　　　　　　图 5-5　　　　　　　　图 5-6

图 5-7　　　　　　　　图 5-8　　　　　　　　图 5-9

358　气机导引：内脏篇

图 5-10　　　　　　图 5-11　　　　　　图 5-12

图 5-13　　　　　　图 5-14　　　　　　图 5-15

第三章　系列功法

图 5-16　　　　　　　图 5-17　　　　　　　图 5-18

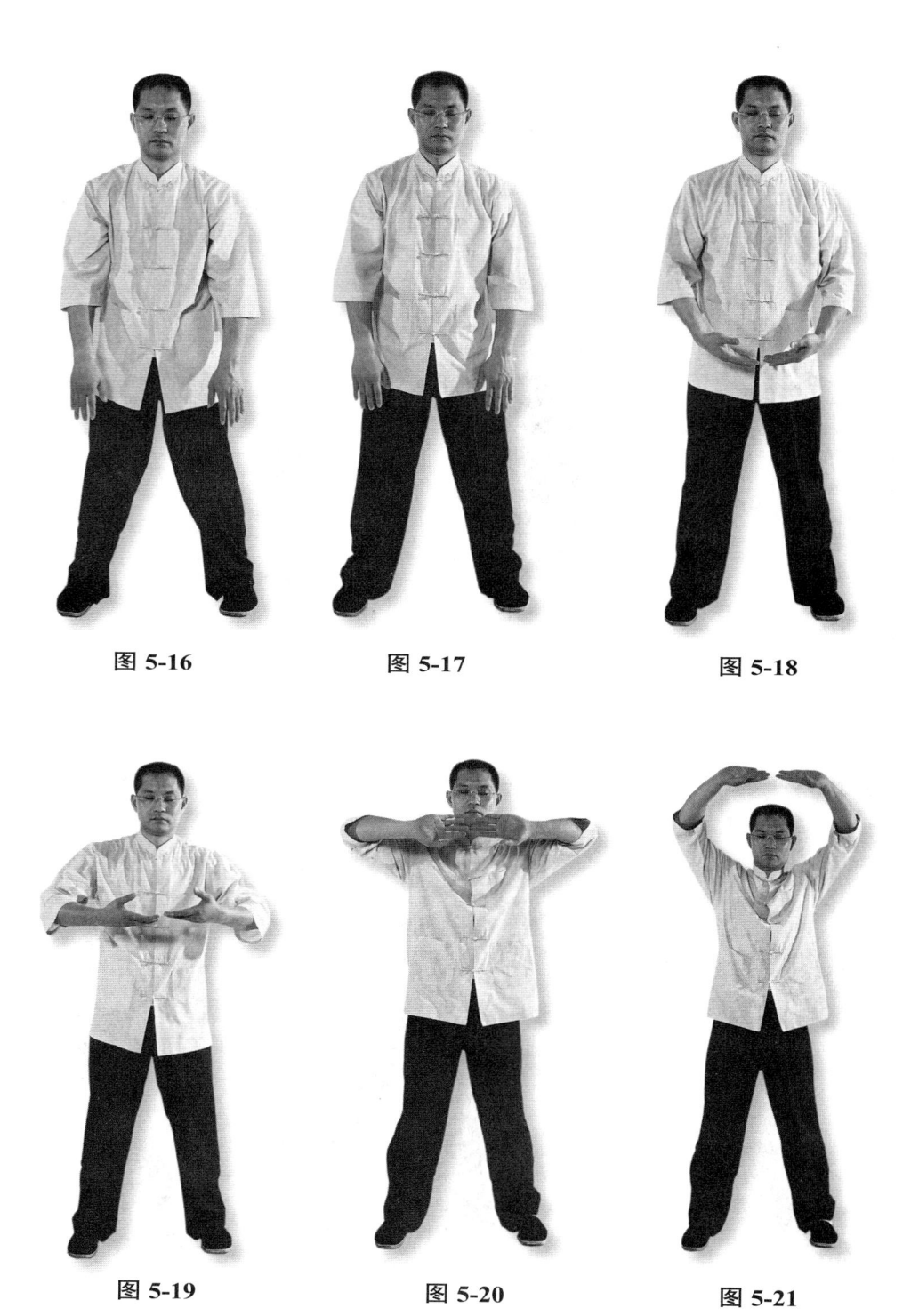

图 5-19　　　　　　　图 5-20　　　　　　　图 5-21

360　气机导引：内脏篇

图 5-22   图 5-23   图 5-24

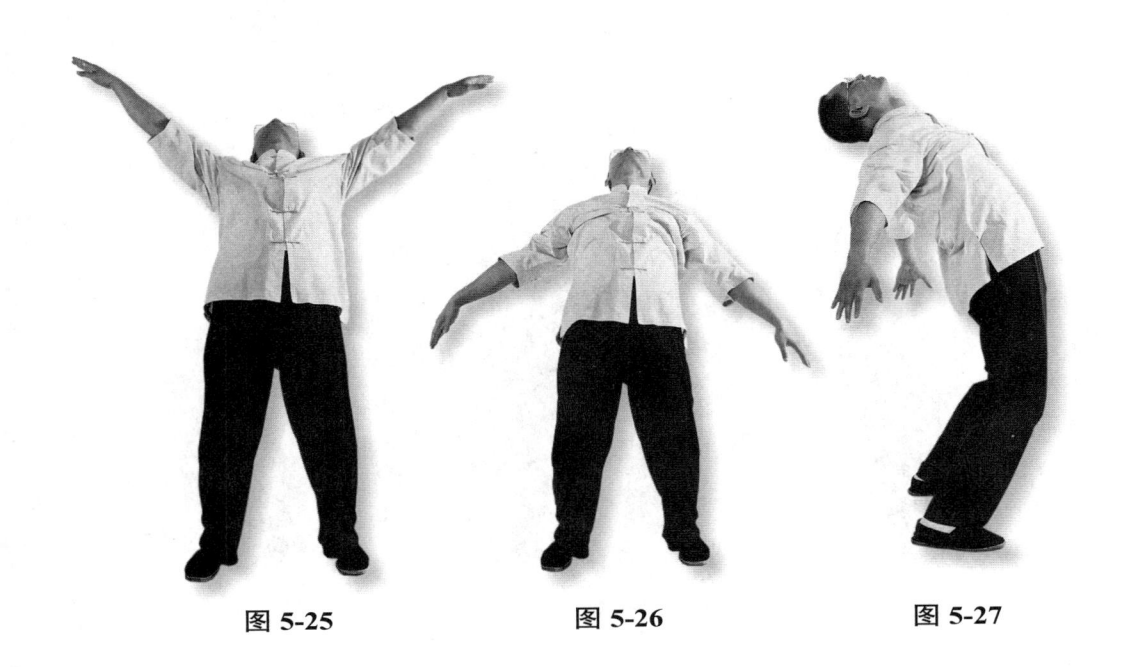

图 5-25   图 5-26   图 5-27

第三章 系列功法

图 5-28　　　　　　　　图 5-29　　　　　　　　图 5-30

图 5-31　　　　　　　　图 5-32　　　　　　　　图 5-33

362　气机导引：肉脏篇

图 5-34 　　　　　图 5-35 　　　　　图 5-36

图 5-37

图 5-38

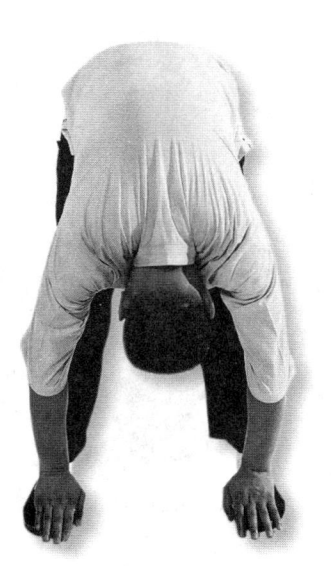

图 5-39

第三章　系列功法

图 5-40 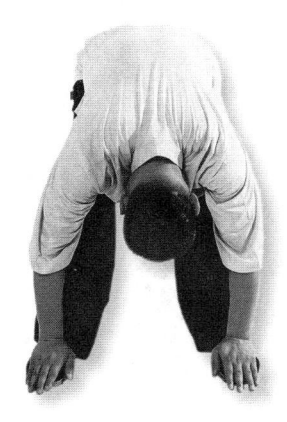　　　　　　　图 5-41 　　　　　　　图 5-42

图 5-43 　　　　　　　图 5-44 　　　　　　　图 5-45

图 5-46　　　　　　图 5-47　　　　　　图 5-48

图 5-49　　　　　　图 5-50　　　　　　图 5-51

图 5-52　　　　　　图 5-53　　　　　　图 5-54

图 5-55　　　　　　图 5-56　　　　　　图 5-57

366　气机导引：内脏篇

图 5-58　　　　　　　图 5-59　　　　　　　图 5-60

【课程综合摘要】

呼吸的内爆作用

　　宇宙的动能来自包括但不限于太阳能和核子能。太阳能是燃点很高的内爆，不会产生代谢废物。核子能利用撞击释放能量，是燃点很低的外爆，会产生危害自然环境的核废料。太阳照射植物，植物行光合作用后产生氧气和热量，人类经呼吸作用吸入氧气，在体内产生水湿和粪便回馈大地，再循环供给植物养料。这种循环是外循环，是外气，西方科学研究只能看到这个部分。人体内还有一种是显微镜看不到的内呼吸作用，与太阳能和核子能十分类似。通过放松的运动方式，减少筋骨皮肉的能量消耗，以形成如太阳能的内爆作用，借低能量、低频率、高波长的能量压缩，很少产生副作用。因为放松就会往身体内部产生热能，热能产生动能，就会促成能量的转化，形成更多的功能与能量。用力的运动方式虽然亦可产生热量与能量，但就跟核爆的撞击一样，会制造大量危害环境的核子废料，是练功所不取的。

气场与磁场

"运火归脐"要以劳宫的能量接引天地的磁场，引动人体的气场。这是采气于天地，人与自然交互流通感应的基础训练。

环境空间的磁场会影响人体气场的变化，不同的磁场，产生不同的气场；不同的气场，主导不同的磁场。人与人之间的气场亦会相互作用与影响。

空间感应就是磁场。不同地域有不同的温度与湿度，不同地区生长不同的动植物，这就是磁场形成气场的原理。气候的润燥是气场，气场的强弱可通过毛孔和鼻子感觉。磁场就不需要眼睛或毛孔感觉，身在其中，全身的细胞都在其中，并开启不同的身体作业程式。所以，好的磁场与气场就可提供细胞正常的作业环境，在细胞复制时降低 DNA 的 ATGC 密码排列发生错误的概率，促使细胞正常分裂。因为地球自转的关系，北半球的气场运动是逆时针旋转，南半球的气场是顺时针旋转。因此，北半球的台风成逆转前进，南半球的飓风成顺转前进。磁场的阴阳变化形成不同的气场。台风、飓风都是气场，所以，天气预报是"气象预报"，而不是"磁象预报"。练功可以增进气场、磁场的感知力，对人事、环境皆有敏锐的直觉。现代医学直到最近才注意"环境医学"的影响，古代医家很早就提出"一方水土一方人"的看法。不同地域环境对人的思维与活动力有不同的影响，原生植物对当地人而言是气场最强的植物。北方人吃南方出产的食物，就容易搅乱气场。近年环保人士提出"食物里程"的主张，韩国人则用中医"身土不二"的观念提倡食用当地农产品，这不是策略，而是健康的真相。所以，中国人应该少吃汉堡，多吃米饭。

练功是练气场，人活在天地之间，随时受磁场的影响，所以练功要找好的磁场，才能练出好的气场，这就是古代炼气的真人要寻找灵山净土藏身的原因。当"运火归脐"练到知虚、守虚的境界时，对磁场与气场的感应就更敏锐了。

知虚、守虚之学

"运火归脐"完全是意识的作用，运火就是运意识。"运火归脐"就是运意识引气归到肚脐，而不是运呼吸归到肚脐。故动作都在虚相中，好像有呼吸，又好像没有呼吸；好像拓开关节，又好像没有拓开关节。因为经脉已通，能以意导气，故意识拉开，身体就拉开了，意到气到，形亦到。吸气上来后，在膻中翻掌转气，让先天之气转入后天脉络，接外气能量。把小宇宙托出来，连接到大宇宙，撑开，托引无形的天地之气，再下拉至命门，与先天肾元之气相接，然后合三丹田到肚脐，两手从两肾沿着带脉将命门之火推到肚脐，再慢慢将气推运到涌泉。用劳宫接引天地之气，从涌泉启动，上达于天，经过两肾的转换，再送回涌泉。

能量从上丹田降至下丹田时，两手劳宫同时将肾脏命门阳火之气经带脉推合入肚脐之阴火。亦即由命门往肚脐合聚，推聚到丹田，由阳入阴。所以，一是卯酉周天（带脉），一是子午周天（任脉）。子午、卯酉的能量交会在肚脐上，这就是"归脐"。劳宫为心火之窍，心藏神，运火即运神，所以要用神去运，不是用手推。"运"就像纸片轻轻飘落下来，内部有一种张力，有一种推力，还有空气的阻力。其推力轻到只有意念的存在，手是羽毛，全体透空。

能量从经纬两线归肾、归脐，再经鼠蹊走阴跷到涌泉时，去感觉气从两腿相接之处下去的热感。身如九曲珠，完全松开。吸气起身时，用脊椎的能量起。不要忘记，手起腿必放松。要能玩味内气运行时产生的相对力量，学习气功就会很有趣。

气是一种功能性的存在，而非物质性的存在。当身体放松至极，身体的觉知就不是手、不是肉、不是骨，而是超越肉体的气感。这就是肉体之外的第二个身体，但前提是相信气的存在，如果没有真正相信，或者表面相信，骨子里不相信，就无法感应气的存在，这是很多人练功的瓶颈。气是一种感应，必先感应自己的气，才能感应外在的气。气功就是利用气的感应来练功，把内在、外在的气融合为一，再以意念运行之，使之行于骨缝、肌肉之间以养固。所以，练功练到对内气有所领悟时，自然不会用力运动筋骨肌肉，否则气感就会消失，元气亦会亏损。故知虚、守虚，是气功修炼的通则，所谓"道之为物，惟恍惟惚。惚兮恍兮，其中有象；恍兮惚兮，其中有物。窈兮冥兮，其中有精；其精甚真，其中有信"（《老子》）。动作中守住恍兮惚兮的状态，听之以气，才可以调动气场。

在知虚、守虚的原则下，"运火归脐"要练出劳宫导气的能量，然后全身毛孔才可以吸收天地之气，把天地能量带入人体的气场，甚至运气到别人身上。这种推运气机的功夫，以后跟别人对练时，一股热气会从尾椎上来。所以，先学会推运内部气机，才能进一步推运外部的气机。若能感知、引动天地之气，还有什么无法感知、无法引动的？故气功学就是虚定之学、知虚之学，理解虚而实存的世界，就可以跨越肉体藩篱，引动更大的气场能量。

吸虚吐实

人从一出生就受到重重的世俗制约，天生敏锐的灵性觉知被物质世界蒙蔽之后，人就无法看到物质世界背后还有更大的能量场域。这种无形的能量，可以通过鼻嗅球的灵觉感知。嗅球在鼻根后面，即泥丸宫的位置，这是人类仅存的动物性本能觉知。练功就是要开发这种灵性意识，故练功呼吸，必须停止鼻呼吸，用意识呼吸重新开启嗅球的灵觉力，所以气机导引静坐呼吸法（请参阅《气机导引静坐炼气秘法》）强调从鼻根吸气经后脑下中脘，再从膻中吐气下丹田，除了开发嗅球的灵觉力，也是知虚、守虚的基本训练。但必须以吸气为虚相、吐气为实相，吸虚吐实，吸在丹田，吐在泥丸。倘若以吸气为实相，会导致头部闷胀不舒服，鼻黏膜会受伤害，甚至有呼吸性毛病。若意识放在泥丸，加上提肛，就有引发高血压之虞。故只能提前阴而不提肛，而且，提前阴也是初级功夫，最终要以意识提会阴，似提非提。

总之，"运火归脐"是以高度意识作用操作的气功修炼，不论动作、呼吸、意识，都要谨守虚的原则，才能得其神髓。初学者一开始不明其妙，先在动作上依样画葫芦，再慢慢入其门庭，窥其堂奥。

第八节　托掌旋腰

【原理说明】

下焦气机的压缩锻炼

人体骨骼以脊椎为主干，肾主骨，其髓在脑，肾气足，即可炼精入髓，活化脑干细胞。肾气不足，会引起诸多身心疾病，例如内分泌失调，时常无精打采、心情烦闷、记忆减退、失眠等。肾脏位于后背肋骨下端前后都没骨骼保护的区域，此区域还有膀胱、大肠、小肠等器官。现代人因常坐不动，器官蠕动不足、内气压缩不足，容易造成下腹腔脂肪聚积及血液循环障碍，并压迫心肺，使肾气渐衰，加上用脑过度、精神劳损等因素，内外交攻，导致现代人很多有肾气不足、元气衰弱的问题，过劳死的现象由此而来。

许多医生常劝患者多运动，但一般医生给的运动建议，多半未能切中患者的病理需求，而一般运动对于养身大多是弊大于利。精确的运动建议必须针对脏腑或身体部位的自然特性，提出有效的运动方法。因为身体任何部位都有其运动属性，例如膝盖只能前弯，不能旋转，否则会使前韧带、侧韧带、半月板等组织松弛，使得膝盖两边受力不平均，连带使腿部的协调运作无法保持平衡，造成膝盖磨损退化。再如，养生术只讲松筋不讲拉筋，只要在放松状态下，让躯体伸展到极限即可。有位朋友从年轻时就是运动健将，但他对身体最大的期望，就是下腰时能两手触地。他试过很多方法都无效，结果上几次气机导引课就达成心愿，这才明白自己大半辈子在运动场上驰骋，却始终没有学会如何正确使用身体。

其实，能否下腰，关键在上半身脊椎关节的放松延伸与大腿肌肉的协调，而不是拉脚筋。我的学生当中有很多瑜伽老师，她们长时间习惯拉脚筋，下腰的动作易如反掌；但她们是靠脚筋拉松把身体带下去，脊椎完全动不到，无法达到功法设计的效果。为了改掉这种身体惯性，往往必须付出比常人更高的代价。而且，东医气机导引的身体开发，是通过长期锻炼，使身体各部位慢慢培养相互协调的默契，这种身体智慧才是更高层次的健康，其成就绝非追求动作外形可望其项背。

对身体结构与功能特性有了完整的了解，才能针对个别脏腑与身体部位做出精确的动作设计。例如，"托掌旋腰"旋转下腰时，需以两手贴地，这是考虑到人体比例在两手贴地时，身体折迭，刚好会压缩到肾脏及下腹腔，有助于下腹腔、肾脏、膀胱及小肠等下焦气机。身体旋到正面时，重心在手，脚尖提起，两脚打直，臀部尽量往后推撑，这是为了延伸阴阳跷脉、膀胱经、肾经与整个背部，使跟胫处松开，对于不耐久站、常穿高跟鞋的女性朋友有很大的助益。而通过两手往上撑托，将身体延伸拉直时，身体弯曲或扭转的焦点，会刚好落在肾脏部位，可对肾脏形成压缩、按摩的作用，促进静脉血液回流心脏，减少心脏负荷。肾脏和心脏息息相关，肾脏病患者常死于心脏衰竭，增强下腹腔的锻炼，配合呼吸练习，可帮助腰部能量的良性导向。

此外，动作设计除了考虑肾脏本身的机能作用，还要兼顾经脉与穴位的相应关系，并以动作配合呼吸与意识作用深化其效益。例如在此动作中，身体延伸拉开旋转时持续吸气，可压缩带脉；侧面下腰时将气吸满，内气在腹部共鸣箱内往肾脏形成压缩，可使肾脏血管充氧；身体下腰后旋到正面时，以意念带领深吸一口气，会使横膈膜往腹部延伸，配合闭息翘脚尖，就是以动作配合呼吸与意识，把气压缩到肾堂。以手贴地往另一边旋转时开始慢慢吐气，配合意识作用，意念在肚脐，以腹部鼓胀产生的压缩力量将身体撑起。此时因为气沉丹田落涌泉，肚脐神阙的能量自然能经会阴导向涌泉。肾经起于涌泉，令能量归到涌泉，将有利于肾气的传导与输布。

初学者还在肢体操作的层次上，尚未进入气功学习的领域，因此不易感受到上述原理的运作。练习之前可先做揿腰练习，两脚并拢提脚跟，往上延伸两肋，做直立的左右旋转，让脊椎关节以垂直左右旋转活络一下，用以调引呼吸，作为暖身操。

一开始若无法下腰，可从"攀足长筋"辅助练习，或直接练习"托掌旋腰"，但不必要求两手贴地。脊椎关节只要能拓开一点点，加上大臀肌与腹肌的延伸压缩作用，下腰两手贴地其实是人体结构的天生本能。若短期内做不到，也不会影响练习效果，只是效益的深浅有别。但须注意动作、呼吸、意识三者的配合，运动时意识关注肾脏，肾脏自然会有感应，因为意念对人体内气的导向，有决定性的作用。

做法

借两手撑托牵引腰椎，令腰隙拓开鼓气，填充两肾阴阳。

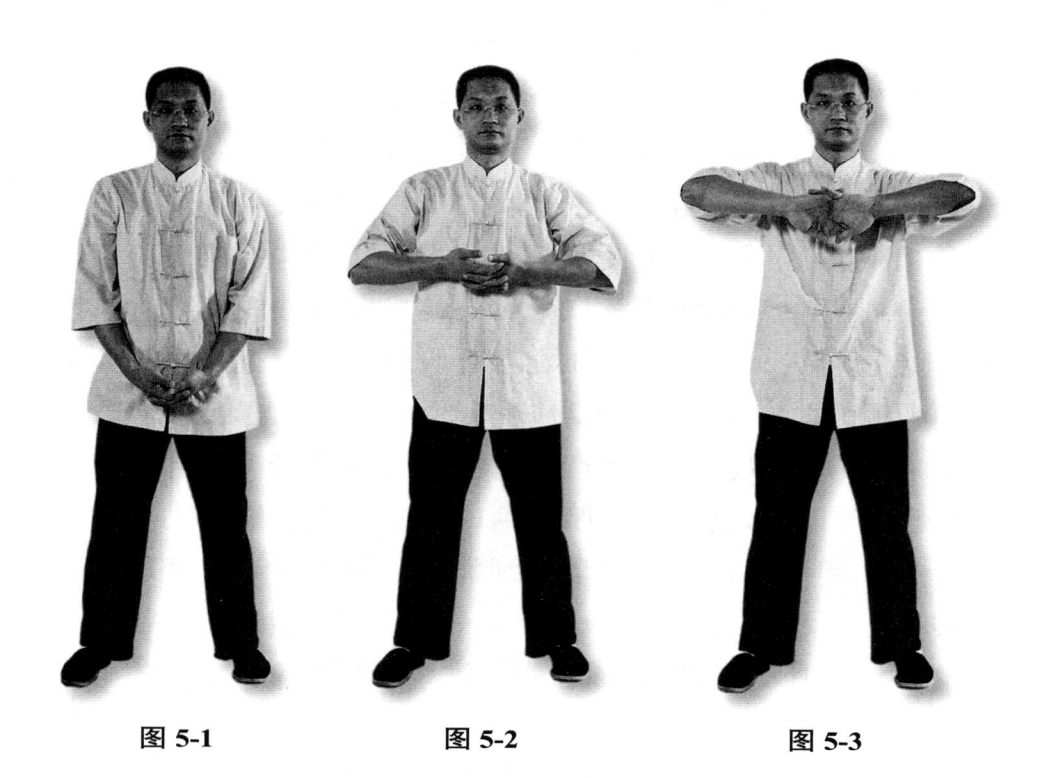

图 5-1　　　　　图 5-2　　　　　图 5-3

图 5-4　　　　图 5-5　　　　图 5-6

图 5-7　　　　图 5-8

图 5-9

图 5-10　　　　　　　　　　　　　图 5-11

图 5-12　　　　　图 5-13　　　　　图 5-14（右）

图 5-15（右） 图 5-16（右） 图 5-17（右）

图 5-18（右） 图 5-19（右）

第三章 系列功法 377

图 5-20（右） 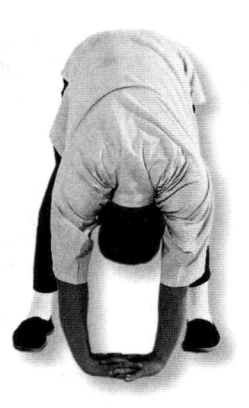　　　图 5-21（右） 　　　图 5-22（右）

图 5-23（右） 　　　图 5-24（右）

图 5-25（右）　　　　图 5-26（右）　　　图 5-27（右）

动作要诀

1. 动作配合意守。例如，命门、肚脐皆是能量聚集之处，此动作吸气时意守命门，可帮助肾脏气化，加速静脉血液回流。吐气时意守肚脐，使命门火之阳气作用到肚脐，促进阳归阴海的良性循环。命门与肚脐之间的气化会经过心脏，气由督脉上，经泥丸到心脏再绕到肚脐。两者之间的循环即是心肾相交，亦即身体的水湿与温度保持协调。

2. "托掌旋腰"行顺腹式呼吸，似乎与意守命门有冲突，但通过髋关节放松下腰时吸气，此时持续以顺腹式呼吸往腹中吸气，背部肾脏处即有膨胀感。因此，这是借着身体动作把气推向、导引到该脏腑部位。

3. 吸气时意守命门，吐气时意守肚脐，因为以入带出、以出带入的原理，内气下降，可使气沉丹田。下丹田主肾脏之气，如此，除了强化肾脏功能，还可调整植物神经系统，改善下腹腔内脏器官的功能。换言之，可利通膀胱水道，促进下半身气血循环。下腹腔气血循环不佳，血液无法回流，会增加心脏的负荷，并有腰酸背痛等问题。

【课程综合摘要】

"二步七"的功夫，增强腰腹的力量

闽南语形容一个人有点真本事，就说这人有"二步七"，这个说法是从练功场上传出来的。"托掌旋腰"起身时，要用气的下灌力将身体撑起，此时前脚必须撑直，但这是松沉而撑直，不是绷紧了撑直，这就是"二步七"的功夫。过去练功场上要磨这种功夫，是将两脚与肩同宽，站在离墙七个脚掌的距离，弯腰，脊椎打直延伸，与地面平行，头顶顶住墙面，慢慢将身体撑起。脚尖朝前，膝盖不能弯曲，两脚底仿佛有一根钉子往地下扎。

练出"二步七"的功夫，"托掌旋腰"就有许多值得细细体会的内气作用了。例如撑掌于地，翘脚尖闭气时，是用收提脏腑的反撑力发气在劳宫。这可以练出劳宫、涌泉、丹田三者的互动关系。吐气之后把气转到另一脚的涌泉，这时候脚需似弯非弯、直中有沉，身体转动时，自然会产生内气的旋转。所以，任何身体动作都是气机的作用，前提是身体一定要松。松无止境，松不在拉筋，松在骨缝。

一般人遇到突发事件，身体自然的反射作用会使肌肉立即收缩，使能量迅速集中在肌肉，并分泌肾上腺素，麻痹疼痛感。收缩时因为神经管、血管全部都会痉挛，内气调兵遣将以第一时间齐集于此，若有外伤也不会感觉疼痛。等到肌肉放松，内气各归其位，机体开始正常运行，神经也恢复觉知、产生作用，外伤的疼痛感才会被唤醒。所以肌肉放松，气就会跑到骨膜、骨缝，不会被肌肉燃烧掉。这就是《易筋经》膜论的立论基础，也是武术修炼内劲的重要依据。所以，炼气入骨髓，就要松在骨缝和肌肉，因为放松时能量往内聚，用力时能量往外聚。故"托掌旋腰"要练到在放松状态下延伸，才能以内气做动作，鼓气入肾、炼气入髓。

第九节　提摩肾堂

【原理说明】

女缩胞中男缩阴，增强性能量

道家北宗有提肾功，但所谓"提肾"是提肾气，而不是提肾脏。肾气有内肾、外肾之分，内肾指肾脏，外肾指生殖器。道家养生将生殖器视为练功的重要关窍，因为生殖器是任督两脉交会之处，亦是人类原始能量"性能量"的根源。不论导引还是气功，呼吸与生殖器的配合，在整体锻炼上都有非常严谨的原理根据。只是古代的相关资料十分隐讳，以致现在很多谈气功的人对于如何利用生殖器这一重要关窍来练功，也是一无所知。

不过，大家对于"提肛吸气"的说法应该不陌生。练功时，除了提肛，还有提生殖器、会阴，以及海底上提等细腻的差别。《黄帝内经》指出任脉始于前阴，一般练内气功着重脏腑能量的锻炼，当其运气时，以意提前阴为主；练外气功（硬气功）运气时，多半采提肛操作。因为提肛时，借肛门臀部的收缩，会使背部充气坚实，有益于增加身体抗力性；但如果提肛太过，就容易造成高血压。

后天呼吸在鼻、肺，先天呼吸在脐、肾。肋骨中间有一块伞状肌肉，就是上横膈肌。鼻呼吸将空气吸入肺脏，横膈肌、肺脏扩张往下延伸，吐气时横膈肌自然上提。在人体骨盆腔下，也有一团肌肉，称为骨盆底肌，又称为下横膈肌。练功要借后天呼吸引动先天元气，促成心肾相交。会阴、前阴、后阴三点连接的海底，也就是整个骨盆底肌，在练功时就有很重要的作用。后天呼吸吸气时，上横膈肌往下扩张，若骨盆底肌上提，就形成合相，称为"橐"；吐气时骨盆底肌放松往下，形成开相，称为"籥"。呼吸如橐籥（风箱），故《老子》说："天地之间，其犹橐籥乎？虚而不屈，动而愈出。"由呼吸引动身体像橐籥般做一开一合的运动，这就是逆腹式呼吸，亦是形成体呼吸或丹田呼吸的基础，是气功的基本呼吸作用。

因此，"提摩肾堂"是将操练法难登大雅之堂的提肾功，改为以意识作用配合顺逆呼吸与海底收提，达到女缩胞中、男缩阴的强大内息能量。

做法

1. 两脚与肩同宽，两手摩热后摩热腰肾，再沿着带脉合气于肚脐。
2. 肚脐发热后开始行功。顺呼吸时右手在上、左手在下，吸气时海底放松。吐气时海底往膻中收提，膻中下压，将外气压缩出来，闭气。
3. 逆腹式呼吸时左手上、右手下，吸气时气满而闭，上下横膈肌相合，内气压缩于黄庭，用意念将气推到背脊上大椎、后脑。吐气时松放下横膈肌（骨盆底肌），令气循任脉落涌泉。
4. 每做完 1 回，先调气，再将手心搓热，顺逆交替练习；但不论顺逆，每回都不要超过 12 次。

动作要诀

1. 逆腹式呼吸时，呼吸约八分满即可，避免吸气到胸腔，造成憋气。这个动作最忌憋气，必须专注放松，否则造成气上逆或胸闷。
2. 待呼吸方法熟练自然时，配合闭气，将有更深的体会。顺腹式呼吸是吐气后闭气，逆腹式呼吸是吸气、闭气、缩提。
3. 顺式如海绵吸水，逆式如抽井。

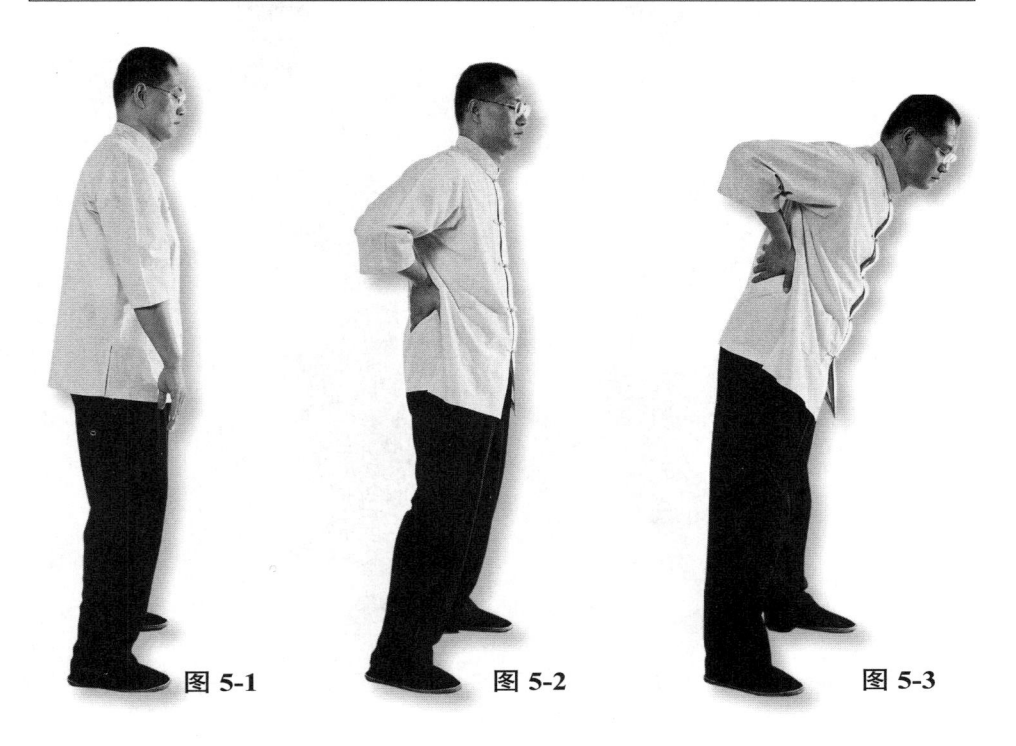

图 5-1　　　　图 5-2　　　　图 5-3

图 5-4　　　　　　　图 5-5　　　　　　　图 5-6

图 5-7　　　　　　　图 5-8

【课程综合摘要】

虚其心，实其腹

练气功能回气才是功夫。炼气时气机充盈于骨节末梢，身体一定会鼓胀，但气是可以收回的，称为"还丹"或"敛气"。若无法回收，容易造成水肿。气功师若掌薄指胖，表示没有真功夫，几乎没有例外，因为这是生理现象。所以练功时手指虽然会胀，但是气回得去，手掌会厚，手指不会肥大。

松腰坐胯，尾闾才能收提；空胸松腹，气才能下涌泉，这是重点。从前北京有一位陈姓太极拳大师，他最厉害的功夫是只要一碰他的胸，就像被无底洞吸进去。他一辈子传的就是这个秘诀。当年我就慕名去听一场自称是这位大师亲传弟子的气功师演说，整场演说他就讲这个重点。

所以，沉肩坠肘、胸腔放松，中丹田气机才能落至下丹田；松腰坐胯、尾闾灵活，气才能下涌泉。这是回气还丹的基本条件，也是涌泉生根的基础。

空胸松腹、松腰坐胯、尾闾前收，这是练功的秘传口诀。空胸、收尾闾，自然含胸松胯，膝盖就不会过脚尖。膝盖超过脚尖，就做不到三尖合一（后脑、尾椎、脚跟一条线；百会、会阴、涌泉一条线；鼻尖、膝尖、脚尖一条线）。

先修命来后修性，性命兼修就转运

一个要诀没掌握，练功的效果就会差十年以上。很多人一辈子打拳也打不出名堂，就是因为没有掌握身体的要领。我会依大家的程度，从基础层次循序渐进教练功。不过，这本书只能谈到第一、第二个层次，第三个层次以后，就很难通过文字表述。若能练到第三个层次，将来出去教学就会得心应手；若能练到更高层次，不仅功夫深不可测，还能为人解决病痛。一般学生要三年才能体悟到一个层次，十个层次就要三十年。所以练功要懂得藏才，把功夫练出来，藏在身体里面。藏，并不是不表现，因为身体动机可以动得非常深，完全超过语言所能表达的地步。过去挑选可以传法的弟子，要经过非常严谨的观察期，必得资质品行无缺、福德因缘俱全才行，难怪孟子说得天下英才而教之，一乐也。

时代不同，不论教与学，都遇到前所未有的挑战。不过，练功的基本心态还是不变，教学双方都需要等待，身体的功夫急也急不来。想想看，光是学会气下涌泉、丹田内转，就要磨多久时间？所以，练功并不容易，身体要长出真正的东西，除了毅力，还要悟性够。

但是，炼气不争输赢，要有企图心，但不必有得失心。企图心是对自己的要求，得失心是与别人竞争。炼气没有输赢，重要的是我们选择了什么样的最终价值。所以，很多人练"巧劲"，我们练"傻劲"。

中国人讲命运，养生学其实就是命运学。影响命运的深层结构是性、命、运，性是思想，要锻炼最高的智慧，要长智慧，就要对整个人生有通透的了解。所以炼性就是炼心，炼命就是练身。身体要先练到气血循环良好，周身协调，代谢彻底，最终则要练到"虚"的境界，让全体透空。身体要松，心要虚静，才能长智慧。脑袋虚静、身体松，神情愉悦，运一定好。身体不好，运再好也无福消受。头脑不好，没有智慧，中了彩券反而会惹来杀身之祸。智慧不足，如当上总统反而会把自己累死。所以，运要好，就要性命双修。《了凡四训》提醒大家不必管运势，我则认为，用身体实践，有正向的思维，就可以补运。中国人讲性命双修，强调先修命后修性，动静兼修，先得到身体健康，再谈修心性，这是很正确的。

营气、卫气、宗气、真气、元气

人在娘胎时由肚脐摄取营养，出生后改用鼻呼吸、口摄食。鼻吸天之清气，口食大地出产的各种食物，所以"氣"是"气"加"米"。经过消化器处理的营养精微最后送到肺部与氧气结合，这就是宗气，再经心脏、血管传输全身，提供身体之需。行于脉管内的是营气，带有较多的营养，是身体的后勤补给大队；行于脉管外的是卫气，可护卫机体免受外邪侵害。

宗气、营气、卫气都属后天之气，后天之气与先天之气互相作用，形成各个器官、脏腑的功能，统称为真气。先天之气就是父母生身之时与生俱有的元气。元者，善之长也，因为有生生不息的原始创造力，随时保持与时俱进、继往开来的灵活度，故可以德配天地、参天地之化育。而人的元气与万物的元气是一样的，都来自宇宙创生的原始动能。分子生物学的研究也已证实人类与生物界其他物种的DNA排列程式只有些微差异，所以庄子说"天地与我并生，而万物与我为一"，并非狂妄之语，而是谦卑地把人类跟其他生物放在同一个位阶上。

先天元气藏于肾，肾主骨，又主志，所以《黄帝内经》总结说："肾者，作强之官，伎巧出焉。"举凡生殖力、创造力、胸襟、胆识，都与肾有关。所以元气就是生命力，表现在一个人面对困难的时候，如何以穷则变、变则通的灵活弹性，迎向挑战。牟宗三先生认为，最伤元气的三种状态是使气、溺情、露才扬己。不论发怒使气、纵溺于情执，还是刻意表现才华，都是生命丧失主体性，找不到安全感，只好向外界索求，但往往缘木求鱼，徒劳无功。道家主张恬退知止，儒家主张定、静、安、虑、得，也就是"佛在灵山莫远求"。守住自家心上一点灵明觉性，就可以守住元气。元气足则元神安，心有所主则志气高、骨气强，就不会被世俗的风吹得东倒西歪。

气机导引十八套功法就是回补元气的方法，通过动作、呼吸、意识的层层剥落，在筑基有成之后，运用鼻呼吸与海底收提产生的压缩原理，加上意识作用，将内气烧炼为"炁"，就可以回补元气。研究脑神经的科学家发现，放松、入静的身体活动，可以活化视丘与大脑皮质之间的回路，有强化核心意识，抑制高等意识的作用，让人产生与天地万物合而为一的感觉。所以，专门研究人类意识的诺贝尔奖得主埃德尔曼说："神秘主义者训练自己像狗一样思考。"没有相同体验的科学家把这个结论当笑话，有实证经验的人就会明白这句话说得多么真切。因为练功就是以有练无，剥之又剥，渐渐泯除身为高等智慧生物的聪明遮蔽，像狗一样思考，像一棵树、一座山、一阵风一样地思考，才能回到父母未生之时的本来面目，不仅减少元气的消耗，还能回补元气，成为真人。

这套回补元气的机制跟呼吸训练有密切的关系。鼻呼吸与吸气收提都是由运动神经控制，等到由意识操作呼吸与收提的压缩作用，自主神经就开始接手了。此时，细胞由无氧呼吸转为会产生更多能量的有氧呼吸，通过结丹将能量压缩成元气，就可以固养六大腺体。因为压缩会产生内热，跟太阳的内压缩一样，这就是所谓的"烧炼丹田"。许多激烈的运动会造成肌肉燃烧，对元气的回补非但毫无益处，而且耗损甚巨，因此运动场上罕见年过四十的运动员。古代智者早已做出明确的选择，炼丹养气，虚静无为，才是长生久视之道。现代人用各种聪明方法追求青春永驻，却仅能得之于皮毛而已。

气达七梢

气功修炼是以外呼吸引动内呼吸，形成元气回补。练习过程中，呼吸会产生不同阶段的改变，最明显也最重要的改变是从外呼吸转为内呼吸。对于内呼吸的描述，历代以来常见的名词有：丹田呼吸、体呼吸、胎息、龟息、脐呼吸。这些不同的名词常让学习者感到困惑，但只要把功夫学在身上，就会明白这都是内呼吸到达一定成就时一体多面的描述。

以后天呼吸返回先天呼吸，关键就在肚脐功能的开发。肚脐主先天之气，能以肚脐控制气的出入，鼻呼吸转成脐呼吸，就能让元气充盈、气达七梢。所谓七梢，是指人体的七个末梢。

（1）筋的末梢：手指、脚趾。

（2）肌肉的末梢：舌头。

（3）骨的末梢：牙齿。

（4）血的末梢：头发。

（5）精的末梢：肚脐主精。男子在睾丸，女子在子宫（或称胞中），故女子要练到胞中结丹，男子要练到马阴藏相，睾丸可随意收入小腹中。

（6）气的末梢：膻中主气。气的末梢为毛孔，所谓"皮毛要攻"，气达末梢时气机的作用会使汗毛竖立，甚至能扎人。

（7）神的末梢：泥丸主神。神的末梢为双目。眼睛与鼻子相连，呼吸可以补神，精气饱满，则双目炯炯有神。

气达七梢，即身体元气充足，并具备强大的压缩力，肚脐仿佛巨大的台风眼，吸气时可将外气拉引进来，让真气产生漩涡式的共振传导。吐气时配合关节腔面的压缩，将真气传导送达七梢，固养四肢百骸，这是日积月累、功夫逐渐成熟之后水到渠成的现象。

　　这一套内息作用形成的人体开发效能，是现代科学尚未理解的处女地，而我们已深入其中，自得其乐。至于能否推而扩之，让普天下的人都愿意参与学习，那就要看人类能否产生全面的自觉了。

结　语

"托掌旋腰"系列功法最重要的价值，就是练出一套可以回补元气的方法。而启动人体元气回补的机制，最可贵的也不只是获得健康而已。延年益寿固然是元气充实最直接的表现，但圆满的人生还要在信心的支持下，真正做到"拿得起，放得下"，然后可以在暮年向晚时，面带微笑地逐渐淡出人生的舞台。

我们知道，肾为湿寒之官，肾经的子午流注时辰在酉时，即在傍晚五点钟到七点钟的时间，此时太阳下山、月亮升起，正当暮色降临时，也是准备收工回家休息的时间。所以节拍要放慢，即使运动，也要从事缓和放松的运动，应尽量避免开会、动脑筋，或避免任何会使心情亢奋的活动，如此乃可以增强肾脏过滤血液的排毒功能。台湾省是全世界洗肾密度最高的地区，原因很复杂，"越夜越美丽"的生活与工作形态，恐怕也是肾脏的杀手之一。傍晚五点到七点是交通尖峰时间，继续加班开会的，赶场赴约狂欢的，莘莘学子上补习班挑灯夜战的，都在这段时间跟自己的肾脏过不去。

日入而不能息，就像人到老年还贪恋着人间富贵名位，紧抓着不肯放手，这都是因为元气渐衰，心无定主，害怕自己失时失位，被无名的恐惧压倒。中壮年时期能拿得起，那是元气充足带来的信心和骨气；老年时期放得下，同样也是元气饱满带来的信心和骨气。

21世纪的人类社会是集体焦虑的社会，孩子们从三岁受教育开始,就不断地接收成人用"恐惧"包裹的教育熏陶,其中的因果关系已经很难解开了。但愿各位读者从修习"托掌旋腰"系列功法之所得,一灯能照千年暗,带领自己,也带领更多人走出这个迷障。

手滚天轮炼丹功法

内脏功法六

肩落胯松拟霜起 手坠足轻映雪 气贯涌泉透成根
身转运绵若水 行住坐卧皆安定 体正神宁虚入髓

楔子

宇宙无知己，唯与天地通

美国学者比尔·波特（Bill Porter）在《空谷幽兰》一书中用充满敬意的语气说：

在整个中国历史上，一直就有人愿意在山里度过他们的一生：吃得很少，穿得很破，睡的是茅屋，在高山上垦荒，说话不多，留下的文字更少，也许只有几首诗、一两个仙方什么的。他们与时代脱节，却并不与季节脱节；他们弃平原之尘埃而取高山之烟霞；他们历史悠久，而又默默无闻。他们孕育了精神生活之根，是这个世界上最古老的社会中最受尊敬的人。

波特对中国隐士传统的敬意，主要是因为他从中国隐士身上看到：

任何学会享受孤独的人，都会变成更富有智慧和慈悲心的社会成员。他们是我曾经遇见过的最快乐、最和善的人。

波特也许不知道，维系数千年而不坠的中国隐士传统，实因为有一个维系数千年的身体修炼传统为底蕴。亦唯有通过严谨的身体修炼而抵达"宇宙无知己，唯与天地通"（清代侠隐颜元之语）的内在世界，了悟"世间一切才智聪明、济世功德，皆是身外之物，挡不得生死，救不了轮回。不惟于我修性立命无益，且一心悬系于此，适为害道之种子"（乐育堂语录），也才能彻底地离弃世乐，走向山野，回归自然。

其实，类似的提醒一直埋藏在受过中国文化教养的人心底。当我们被儒家"立德、立功、立言"的训勉推着走向人群社会时，偶尔我们心里也会响起关尹子、许由之辈对帝王事业的嘲讽。特别是在世道难行、人心涣散的时代，这种反身向内的召唤，就为人类社会指出另一条道路。就像对道家思想高度推崇的中国古代科技史专家李约瑟所说的："道家确信，在懂得更多自然运行的规律之前，人类并没有能力治理人类社会。"他认为，道家的两大主张"自然"与"无为"，是真正能让人类获致幸福生活、让地球成为人间乐土的关键。

道家所信仰的"自然"与"无为"，数千年来，一直遭到严重的曲解，直到现在，人类社会绕了好大一个圈子，饱尝"人定胜天"的伪科学思想之害，才算粗略具备"懂得"道家思想的能力。自从人类进入工业化时代，物种灭绝的速率为自然条件下的1000倍，平均约每小时就有3个物种走向灭绝。科学家爱因斯坦就曾经沉痛地说："在战争时期，应用科学给了人们互相毒害和残杀的手段；在和平时期，应用科学使我们的生活匆忙而不安定。它并没有让我们从单调的工作中得到解放，反而让我们成为机器的奴隶。"这位大师对自己一生从事科学研究感到懊悔，他说："如果我重新做一个年轻人，我绝不想做什么科学家、学者或教师，为了在目前的环境下求得一点独立自主，我宁可做一个沿街叫卖的小贩。"爱因斯坦如果能够接触道家思想，在自然、无为的思想启发之下，他也许可以让自己的科学研究利益众生。人类社会若能提前明白道家思想的积极性，就可以集体导正方向错误的科学研究。

道家思想从身体观发展出来的宇宙观，对人类社会确有深刻的指导意义，气机导引就是延续这个思想传统，而将过去隐于深山大泽的身体修炼之法，乘此时变之际，提出来与各方贤达切磋，也许能对正在酝酿的文明转向起着一点推波助澜的作用。读者若从这个脉络来看本书主旨——手滚天轮养丹田，谨言而养气，或许会有更多意在言外的领会。

气机导引十八套功法共分三篇：一、引体篇；二、内脏篇；三、导气篇。因为丹田包含心包经，是一个无形的功能性脏腑，所以将之列入内脏篇之第六脏，与心、肝、脾、肺、肾并列。若能熟练掌握"手滚天轮"炼丹功法，可为日后进入导气篇的学习领域，打下扎实的基础。

第一章　功法原理：手滚天轮养丹田

第一节　认识丹田

人体第六脏——丹田是功能性脏腑

人体十二经脉连接五脏六腑，十二经脉阴阳各有其六。五脏属阴，六腑属阳。肝心脾肺肾五条阴经之外还有一条心包经。心包经是最晚发现的经络，在《黄帝内经》记载人体十二经脉之前，马王堆出土帛书的记载则只有足臂十一脉灸经，独缺心包经。一般公认心包就是心脏的外膜，专司保护心脏，故有外邪入侵时心包先受其邪；不过，有越来越多的人认为心包才是中医定义的"神"之居所的"心"，分秒跳动不停的心脏只是负责将"心神"下达的指令执行出来。上丹田主神，所以心包经亦为无形之器官，应归属于上丹田。

心包经的发现，更确立了中国古代将人体视为"精神"寓居之所的看法。因此，五脏六腑之所以能发挥功能，是因为肝有肝气、心有心气、脾有脾气……肝心脾肺肾各有其气，亦各有其神。这种身体观所开展的中国医学乃至科学文明，就有更多的关注是在形而上的气，而非形而下的器。中国医学何以不重视解剖学，也就更容易理解了。

当有形的五脏六腑被归类为执行功能指令的器质性脏腑，是作为流动的"精气"储存与流通之所，那么，必有一个职司统领五脏六腑，使其发挥功能的枢纽，那就是丹田。所以，我要作更进一步的推论：丹田是人体第六脏，它是一个功能性的脏腑。

人体由有形的结构（内脏器官、骨骼、肌肉、血管）与无形的经脉气机共同组成，所以是"流动的身体"。丹田是一个无形的功能性脏腑，通过任督两脉与冲脉、带脉，以及阴维脉、阳维脉、阴跷脉、阳跷脉等奇经八脉，调节十二经脉气机，并以此脉络维系五脏六腑的传链机制。《难经》将奇经八脉比作湖泊，十二经脉为河流。十二经脉之下，又有作为支流的十二经别与十五别络、浮络、孙络。这些层级分明的能量流注网络，都受丹田气海能量调节中心的指挥调度。丹田又分为下、中、上三丹田，下丹田主精（身理）、中丹田主气（心理）、上丹田主神（灵性）。也就是说，负责统领奇经八脉与十二经脉的人体能量系统，除了下丹田，还包括中丹田与上丹田，以无形的存在调控全身机制。

　　三丹田为不可分割的整体，但是，三丹田的开发仍须从下丹田的锻炼为起点，配合中丹田主导的呼吸与上丹田主导的意识共同调控。上丹田要空，中丹田要宽广，下丹田需饱满。意识居于上，意守下丹田，呼吸慢匀细长、几近于无，身体松柔、经脉畅通，就可以传动全身，在下丹田肚脐、命门、会阴之间的区域，产生内气压缩的强大气旋，形成结丹；让五脏六腑精饱气足，身、心、灵都维持在最佳状况；通过孟子的"践形"功夫，成为庄子理想中的"真人"。因此，人体第六脏的功能强弱取决于人的后天修为。中国传统思想认为人可以参天地之造化，可以顺自然而不为阴阳所夺，所以未经修炼的是"凡人"，修炼有成即可层层超越，最后复返先天，成为"真人"。

丹田是衔接有无、内外的关键

　　身体修炼是为了促成生命的蜕变，用身体的实相炼其虚相，以洞察宇宙阴阳变化之机。在炼精化气、炼气化神、炼神还虚的身心蜕变过程中，丹田是衔接有无、内外，打破人类执着身体实相的关键，让练功养身的定义由肉体的健康超越至精神、灵性的完美。因此，在气机导引的功法设计上，"手滚天轮"炼丹功法，就成为十八套功法的基本功，帮助习练者从开筋拔骨的导引术，跨入凝神守虚的气功修炼领域，使肢体层次从关节肌肉提升为气场能量与心灵能量。

过去我再三强调，身体空间的开发，必须从关节、肌肉的训练中培养对身体关窍的觉知，然后才能用意识的力量，运作关窍、穴位等无形的能量中心，引动丹田。同时在上述锻炼中，通过动作、呼吸与意识的配合，让呼吸慢匀细长，然后可以吸气到下丹田。因此，这个练养过程，就像火箭推进器一样，在不同的阶段，启动不同层次的能量。在运作更高的能量层次时，就得把前一阶段的方法丢开。从有到无，再从无返虚；从基层到高层，从百姓日用而不知到天人合一，这正是中国学术传统的基本大架构。

练养丹田的次序与方法

"气"的繁体"氣"由"气"加"米"组成，"气"由肺功能完成。"气"下的"米"，由脾胃系统完成。脾胃系统与肺系统都是后天之本。练气功要以后天之气引动先天之气，就是以"外气"转化为"内气"功能的过程。当身体松至虚无，外呼吸慢匀细长，几无鼻息之象，就会产生内部的真气作用，也就是"无"，再配合意识作用，就形成"丹气"，也就是"炁"。炁布乎人体，无所不在，炁聚成丹，丹聚成田，将穴道的丹药调兵遣将到下腹腔，就形成了丹田。在丹田再行结丹，就可以转为元气。元气秉受于父母，故元气的强弱因人而异，元气耗尽，就表示气数已尽。不当的生活、运动方式与情绪因素会不断地耗损元气，导致提早衰老。

人体五脏六腑、四肢百骸都属器质性，气是一种功能性的存在。这种无形的功能对肉身的存在，具有关键性的影响。丹田的养成，除了以动功开通经脉，还要配合意识的专注，尤其在初学阶段，需常常揣摩、体会，所谓"拳不离手，曲不离口"，先养成丹田的意识，然后就可以通过"手滚天轮"系列功法，建构气的功能基础。例如，以"息卧昆泉"体会人体阴阳两气的分别，以"手推阴阳"练习推动内气，以"仰转止息"体验气的上下循环，以"旋转丹气"练习气在身体两个支点之间旋转，然后借"蹲跳会阴"开发丹田、会阴和涌泉之间的连动关系，借"摆手炼丹"让劳宫与丹田做气场的连线。再以"拨云见日"一顺一逆的变化，以后阴、前阴为气的始发点，强化劳宫与丹田的内外轴关系，为通运任督奠定基础。最后，由"木猴欢呼"进一步训练丹田压缩下涌泉、再反弹共振到任脉的功能作用，让身体开始进入体呼吸的准备阶段；再以"手滚天轮"提升气机感应的能力，体察天、地、人的能量互动。

总之，练养丹田在身体开发过程中的意义，是提升气的功能、强化生理机能，可以《易经·坤卦第二》所言总括其说："君子黄中通理，正位居体，美在其中，而畅于四肢，发于事业，美之至也！"一旦启动丹田的内部动能，身体内在世界展现的生命视野，比起外在世界方生方死、方死方生的现象变化，就更值得珍惜把握了。莫怪乎古今以来，数不清的修道之士宁舍世乐而没入山野，一生籍籍无名，却与清风明月合而为一，以无言之言，传递万物相流转的消息。

第二节　呼吸的入门功夫

在练养丹田的过程中，动作、呼吸、意识缺一不可，而呼吸方法的不断提升演进，又具有催化与熟成的作用，因为呼吸与丹田的关系密切。但呼吸是一门大学问，必须一边往前，一边丢开旧经验，最好有经验丰富的老师从旁指导。目前谈呼吸方法的人很多，但莫衷一是，谨将东医气机导引的呼吸训练过程，由浅入深，简略说明如下。

七次丹田吸气法，先感觉丹田

两手相叠贴住肚脐，膻中往下放松，分七次将气吸满到腹部。七次丹田吸气法是顺腹式呼吸法，先练习吸气到腹部。

从顺腹式呼吸过渡到逆腹式呼吸

先练习十二次或二十四次（六的倍数）顺腹式呼吸。女子吸气到肚脐，再用意念导至前阴、下涌泉，吐气时缩提前阴。男子吸气到肚脐，再用意念导至睾丸，下达涌泉，吐气时缩提前阴。

当顺腹式呼吸越来越深沉，即开始练习逆腹式呼吸。吸气时提会阴（内脏上提），再由意识引导从肚脐吸到命门，膻中往下放松。吐气时，意识从命门吐到肚脐，百会上顶，脊椎拉开，会阴、尾闾放松往下，令气回涌泉。

逆腹式呼吸是深沉的顺腹式呼吸加上意识作用与略微的提劲。顺腹式呼吸吸到腹部，再用意念带动肚脐往命门吸气，配合提会阴（内脏），让气沿着背部往上走，就叫作逆腹式呼吸。

以四点聚气行逆腹式呼吸

逆腹式呼吸吸气时，提会阴，膻中尽量放松往下，让横膈膜下降，引导气往下腹腔走，再让肚脐往命门聚气，我称之为"四点聚气法"。吐气时四点放松拉开，脊椎微微伸张，劳宫张开，用意识使呼吸的能量让膻中气机往下。意念专注在肚脐与命门之间往来，默识揣摩，身心皆要放松。用心眼去感觉呼吸在体内运作的整个过程，呼吸在下腹腔运作的感觉会越来越清楚。那个部位就是丹田，又称"下关元"或"龙虎窍"。

先熟悉吸气时由肚脐吸到命门，再练习从命门延伸到脚跟，同时配合膻中气机往下放。吐气时从命门吐到肚脐，再延伸到涌泉。这条由高速能量传导的路线，是由意识神经主导的。一般以为人体运动要靠大脑指挥运动神经，唯练功者明白，运动神经速度太慢，意识神经才是更高层级的指挥中心，因为运动神经操控肉体机能，意识则驾驭机体功能。特别是进入丹田开发阶段，吸气时气机自然来自脚跟，吐气时自然归到涌泉，这个意识移转的过程就是真气的作用。

气是人体的本然现象，《黄帝内经》说："阳密乃固。"人体要靠气来收摄肉体，气不足，人体机能就会出问题。一旦气的功能完全丧失，肉体就会崩解，化成血水。所以气功讲求炼气，实为利用气来练功。丹田养成，也只是气功修炼过程的一个阶段性指标，修炼之路还很长。所以，从胸式呼吸到四点聚气逆腹式呼吸，皆属以外呼吸引动内呼吸的初阶入门功夫。进入体呼吸，那又是一套精密的人体化学方程式。其间的修炼方法步骤，过去古书也从来没有说清楚，将来我会在气功导气篇详细说明。下一节仅就个人体会，大概描述呼吸的转变历程。

第三节　呼吸的进阶功夫

从胸式到逆腹式，修炼"巽风"呼吸

呼吸的管理，无法跟动作与意识训练切割，所以炼气必先练身，炼心必先炼气，三者同时并进。而呼吸训练的过程，首先是从胸式呼吸过渡到腹式呼吸，再进一步到逆腹式呼吸，同时进行慢匀细长的呼吸训练，达到"巽风"的状态，并以"巽风"炖丹，炼精化气，准备进入下一阶段的丹田呼吸。待丹田开合的呼吸更为成熟，就要止风存火，意守丹田，进入意识呼吸，也就是体呼吸、胎息与龟息，炼气化神。最后止火（入定），寂然大定，炼神还虚。

胸式呼吸和腹式呼吸都属自然呼吸，当人站立时，自然为胸式呼吸；在卧姿、放松、睡眠时，自然为腹式呼吸。腹式呼吸比胸式呼吸深，也较长。所以呼吸训练的第一个阶段，要让胸式呼吸往腹部，甚至往更深的背部延伸。这就是以意念带动下的逆腹式呼吸收提，带动气的出入，让腹式呼吸产生动能，把气推到肾脏，结合肾气，并使呼吸进入慢匀细长的状态。这个阶段强调呼吸与动作的密切配合。

慢匀细长的呼吸还有不同的层次，慢到几乎停止，匀到绵绵不绝、了了分明。所以，我们虽然从一开始就不断强调呼吸要"慢匀细长"，但要练到功夫成熟，则需要经过长时间的训练等待。除了必须配合动作训练开发身体空间，最重要的是意识的管理。所以，古人将慢匀细长的呼吸称为"巽风"。也就是说，在经过长时间的收提训练，而身体具备了"橐籥"的功能条件时，气在体腔内形成压缩往来循环，而且是在意识导引之下运作，这就称为"橐籥巽风"。

巽风是以下丹田为炉，以上丹田（泥丸）为鼎，通过上丹田的意识之火，让下丹田的炉火旺起来。所以，让慢匀细长的巽风吹助下丹田，就有"炖丹"的作用，形成"炁"，对丹田的形成与练养有很大的助益。

从武火、文火到止风、止火

经由慢匀细长的巽风呼吸，借后天气引动先天气，逆腹式呼吸就会渐渐成熟，产生真正的丹田呼吸。呼吸的控制也会转成以脐代鼻（称为武火）。此时，虚无而实存的丹田功能，就会慢慢形成了。丹田形成之后，外呼吸现象渐渐停止，后天气止，先天气行，身体动作由丹田的开合收放来带动呼吸（称为半文半火）。紧接着，连丹田的收放也停止了，只有鼻根、泥丸宫的意识呼吸（称为文火）。这就是"止风""存火（意识）"的体呼吸（称"胎息"或"龟息"），进入"炖"焦的阶段。就好像炖鸡汤一样，大火滚开后转小火，细火慢炖，才能煨成一锅好鸡汤。

所以，一开始从胸式呼吸过渡到逆腹式呼吸，再以慢匀细长的巽风呼吸配合动作，再到以丹田开合的身体动作来带动呼吸，都是从"炼"到"炖炼"的炼精化气阶段。在止风存火、意守丹田、"炖"的阶段，是通过静坐等文火功，让鼻呼吸渐趋停止，以意识呼吸状态炼心，聚气凝神，到达炼气化神的功夫。最后，连意守丹田也不要，意识停止，进入"止火"的境界。就好像鸡汤煨透了，把炉火关掉，还得再焖一段时间，让香气完全释放出来。这就是"养"的功夫，以达炼神还虚。

如果没有经过慢匀细长的巽风训练，怎么可能学会"真息在脐不在鼻"？所以，"真息在脐不在鼻"是呼吸慢匀细长的巽风成就。把风关掉，叫作"炖炼"；"炖炼"一段时间以后要把火（意识）关掉，叫作"止火"；"止火"之后，开始"养"。经过十月养胎，经历三花聚顶、五气朝元，入于虚境，这就是炼神还虚。

总结气机导引在动作、呼吸、意识训练以横面、纵面交叠的多维结构层次，练功的要诀是：真息在脐不在鼻，真气在意不在息。练功的三个阶段是炼（慢匀细长的巽风呼吸，炼精化气）、炖（止息，炼气化神）、养（止火，炼神还虚）。

肩落胯松拟霜起 手坠足轻映雪气贯涌泉透成根
身转运绵若水 行住坐卧皆安定 体正神宁虚入髓

第二章 心法要义

谨言而养气

地水火风的管理

东医学是"动的医学",通过练功养气进行自我管理。说得更精确些,就是通过地、水、火、风的管理,修炼身、心、灵。"地"指骨骼和肌肉;"水"指血液和水湿,这是身体的范畴;"风"是呼吸,属心;"火"是精神意识,属灵。

进行"地"和"水"的管理时,除了肢体动作,还要对大小便、汗水、血液、津液进行管理,让小便有力、大便有形。因为小便有力,膀胱才有力;大便成形、排量正常,表示肠胃蠕动强。现代人多患便秘、频尿,练气功就能改善这些现象。泪水则需不抑不生,不刻意碰触伤心事,无意碰触就不要压抑,否则泪水往肚子吞,就会抑郁成疾。津液的生成与吞咽回补,是气功修炼最引人入胜的部分。初期我们会在静坐练习时配合"搅赤龙"和"吞津",待练功有成时,也会成为自然而然的生理反应。

"风"和"火"的管理就是"息"与"意识"的管理。我们用循序渐进的呼吸训练做"风"的管理,因为"息"就是"自心",所以"制心用息"。当一般的呼吸转为慢匀细长与丹田开合的呼吸,纷驰的心念就会安定下来。然而,在呼吸训练、养气炼心的过程中,最重要的素养是谨言的管理。因为多言伤气,情动于中,发则为言,口为心声,故言语必动心气,心动则气动,心乱则气乱,故心不静为养气之大忌。因此,初学者需从谨言慎语入手,令心息不外漏,渐渐连内在对话也停止了。心如止水、波纹不起，到守虚入静时，意识自然放空，万物静观皆自得，安内而后能攘外，与外界相应往来时，即使大放厥词，内心也能保持虚静。

虚相的短暂与永恒：小虚在人为，大虚在天命

"虚境"是人生的最高成就，但如何通过真实的人生，达到"虚"的境界？我的体会是"小虚在人为，大虚在天命"。

人生初始，一定有明确的理想目标，但经过不断的实践与追寻，慢慢会发现，理想、目标不是主要的动力来源，实践本身即能涌出源源不断的推进力量。就像练功之初一定有所求，不是求健康，就是求放松，或是求得灵性的启发。练到一个层次，若还有这些目标挂在心上，就练不到真成就。因为专注在动作中，放松再放松，这实践本身就具有独立、完整的价值意义，不需要任何理由。这种体验越丰富，生命的喜悦和满足，就可以靠自我的内在实践自给自足，与外在世界的互动，随缘而已。这种"兴来每独往，胜事空自知。行到水穷处，坐看云起时"的淡然，是经过无数历练慢慢透显出来的，所以能在深山如在闹市，在闹市如在深山，独而不孤、遁世无闷、淡泊名利，却永远积极奋发。

人生有许多理想目标，严格说来，都还是从深层存在意识投射出来的欲望。就连拯救人类、创造生命价值等伟大的使命感，到头来都是"虚"的障碍。再远大的理想目标都是阶段过程，到后来都要放开。在炼神还虚的阶段，若还谈济世救人的大爱，那就落入人间的爱欲坑。因为心中有爱，就必然有恨，在根本处应该连爱都没有。有爱就有恨，这是相对的存在。人生到最后，只是单纯地活着，随遇而安，随缘而作。下雨撑伞，雨停收伞，一切自然而然，无所为而为。

既如此，又谈"小虚""大虚"，不也落入小大相对之辩吗？其实，"小虚""大虚"本为一体，因为身体为实相，必有虚相与之对应，而构成阴阳。人的一生借短暂存在的肉体，活出独特的生命价值，这是有限人生可以完成的；但无限的历史时空还有一种自然的无形力量主宰、非人力所能及的成就，两者之间的差距，勉强以量化的语言描述之，则有"小虚""大虚"的层次之别。有形的身体虽然是"寄蜉蝣于天地，渺沧海之一粟"的"小实相"，却是完成"小虚"的必要条件；而"小虚"则是成就"大虚"的基本功。明心见性、开悟成道，归根复命，回到人的本初，这是一生通过"践形"做得到的；但人死之后四大毁坏，一生的成就还诸天地，能留下多少实际贡献，端赖历史因缘的偶然与必然，非人力所能计算，所以"大虚在天命"。人生那美好的仗，我已经打过，最后就要把自己全然地交托出去。就像历史上有佛陀、耶稣、孔孟、老庄，他们和凡人一样带着肉身活着，但他们死后，他们的思想精神却如亘古明灯，为崎岖世路指引方向。这些成就，是从"大虚"呈显的"大实相"，后人得之，众人皆谓我自然。

一切了悟，都从实践而来，此外别无他途。善养气者就会明白，实践之中自有一切，发为空言，反而离道最远，故《老子》说："多言数穷，不如守中。"守中之道在谨言，在行动。

第三章　系列功法

第一节　息卧昆泉

【原理说明】

呼吸与丹田，兼修脑波平静法

丹田的形成是气功修炼的关键要素，在身体从有到无的变化过程中，丹田功能渐渐取代粗重的肉体力量，成为身体操作的主要动力来源。丹田形成于身体内部虚空之处，是一种功能性的存在，必须通过呼吸、体腔压缩与意识作用，才能形成这种与台风结构特质十分相似的低压气旋。因此，丹田练养亦不外乎气功三要素：动作、呼吸、意识的配合。其中，如何开发肚脐、命门、膻中、会阴和涌泉等穴位相互作用的关系，使下腹腔区域成为丹气凝聚的良田，则是炼丹、养丹的首要目标。

"息卧昆泉"是练养丹田的基本功，动作简单，但需要高度的宁静与放松，借由较易放松的仰卧姿势，以及躺下之后本然而然的腹式呼吸，体察呼吸和涌泉的关系，让涌泉和丹田产生连动作用。仿佛有一条橡皮筋，从涌泉绕到脚跟，沿着脚跟内侧穿过会阴与阴跷脉，绑住丹田，形成一个无形的轮轴。不论顺逆，一吸一吐，都在拉动这条无形的线。这是用实际的身体操作感受它的真相，用意识连接那条无形的线，用动觉启动识觉，用识觉存想冥思。静心感受其间的身体作用，不管会出现什么现象，需熟练到以涌泉操控吸气、吐气是自然而然，不思而能，不为而成。若能养成这个能力，练养丹田的目标就已完成大半。

　　这种呼吸法是借意识作用把鼻呼吸的功能移到涌泉，把肺腔的功能移到下丹田。经过"息卧昆泉"的练习后，站起练习其他动作，过去在逆腹式呼吸训练时要求的"提会阴、收小腹、膻中放下、尾闾前顶"，到此则已水到渠成，练功更能得心应手。

做法

1. 全身放松仰卧。顺腹式呼吸吸气时脚尖前压，如将腹部丹球压到脚尖，此时腰椎必然悬空。吐气时放松脚尖，腹部自然收缩。
2. 逆腹式呼吸吸气时，不必理会腹部缩小放大，只要使腰椎命门放松贴地即可，下巴内收（注意抬头不抬肩），扣脚跟。吐气时腹部放大，脚尖下压，如将腹部的球推至脚尖。

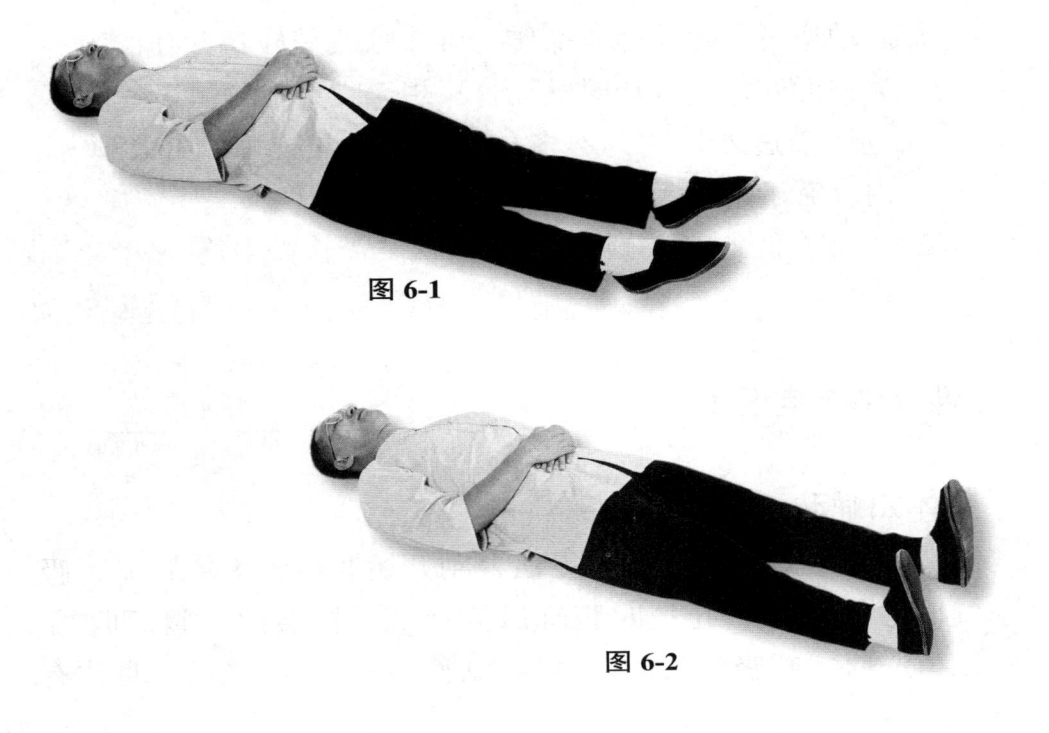

图 6-1

图 6-2

图 6-3

图 6-4

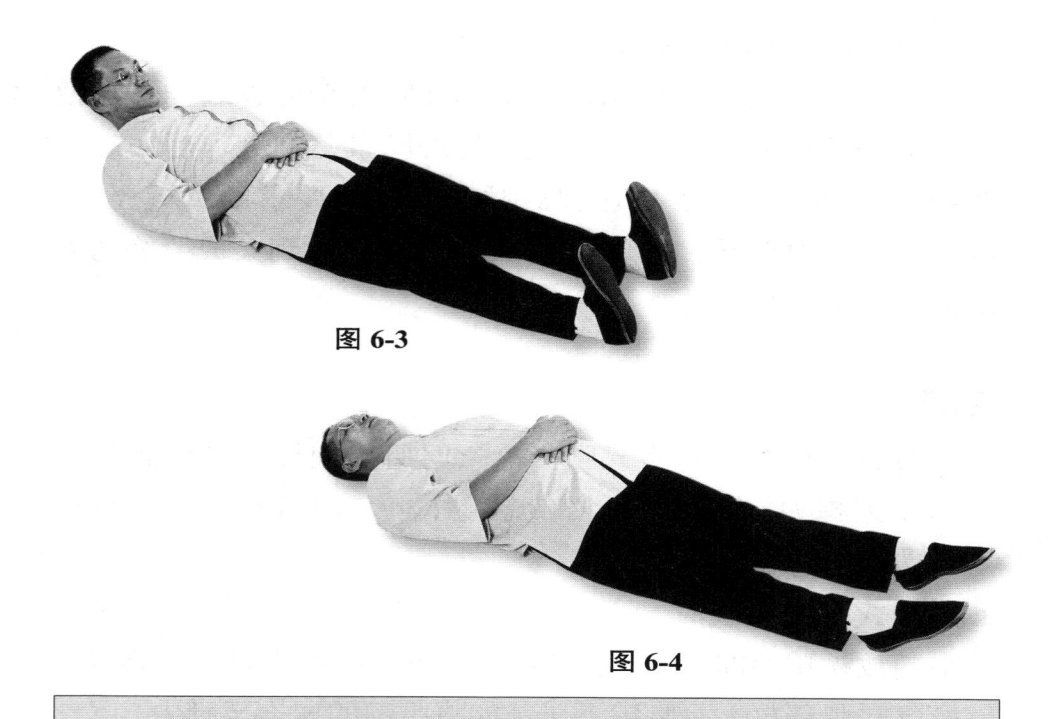

动作要诀

1. 此动作可在睡前静心操作，可使脑波平静。若有长期失眠的朋友，练功时可配合冥想天空中日月星辰的能量慢慢进入体内，不多久就会感觉星光点点布满体内，对于帮助入睡有明显的功效。
2. 呼吸频率维持每分钟不超过 6 次，需快慢平均。

【课程综合摘要】

身体如蛹动

  关于腹式呼吸的操作方法，刚开始我会教大家：一、吸气时腹部收缩，吐气时腹部鼓大；二、提会阴、腹部收缩；三、逆腹式呼吸吸气时，气根在脚。一个阶段之后，身体有了更多体会，我会告诉大家：以上皆非。不同的阶段有不同的方法，身体灵敏度的养成，势必是循序渐进、越来越精微，否则学不会真功夫。

在"息卧昆泉"的练习阶段，大家要学会的是，吸气时外气入肺，真气入丹田；意念往涌泉导气，用涌泉拉引丹田；吐气时外气出，真气弥漫到四梢，包括涌泉、百会。刚开始做不到，所以要用顺腹式呼吸横膈肌往下延伸，训练鼻息与下丹田之间的关系。用逆腹式呼吸训练下丹田、涌泉与四梢的关系，养成吸气时命门后顶、尾闾往前收提、下巴内收、膻中放下，腹部自然内收，以四点聚气，让气从丹田吸到命门，吐气时气机达身体末梢。

真正的腹式呼吸，是丹田开合、气沉涌泉，也就是压缩的作用，所以身体会形成如蚕宝宝般蠕动的流动感。这种气机作用形成的身体内部流动感是看得到的，皮动肉不动，肉动骨不动。气在两个断层上流动，跟地下水、海底之水，或天上的云气流动方式一样，未必都是同一个流向。

所以，气机导引的身体动作会如蚕宝宝一般"蠕动"，这是学习气功的捷径。因为身体有开合压缩，才能形成内气的共振，身体松到极致，身体动作的外形就像蚕宝宝一样。

《黄帝阴符经》说："宇宙在乎手，万化生乎身。"身体是小宇宙，手掌又是人体中的小宇宙。中指尖同于百会，掌根同于会阴，人体功能在手上完整显现。身体如蠕动时，百会、会阴借丹田收缩而伸张收合，同时手掌也随之微微地收缩开合。当百会、会阴相合，劳宫同时收缩，从丹田发出的高频振动就会传导到劳宫，使劳宫发热。当百会、会阴拉开时，劳宫同时张开，气沉涌泉，涌泉会感到有一股强大的重力，将身体往前拉下。这时候，内气共振是循着任督与经脉传导，脚跟会自然地提起来。

逆成仙、顺成人

呼吸在身体内部自有阴阳之分。入为阳，出为阴，两股能量同时存在，一者存在于感官知觉中，是为"明觉"，眼睛看到、耳朵听到的都是；一者存在于"冥觉"之中，必须关闭眼、耳、鼻、舌才觉知。看到肉体，需用肉眼；看到气，则需非眼之眼，这就是第八觉知。"息卧昆泉"就是炼呼吸的阴阳。所谓"逆成仙、顺成人"，这是道家修炼的主张，套用在呼吸修炼，"顺"是指自然呼吸，从生到死随自然循环；"逆"是指逆呼吸，老天要灭我，我偏要逆着练回去。通过呼吸训练，"我命在我不在天"，要逆"夺天地之造化"，逆属阳，顺属阴，阴为柔，顺应天道。逆是明着干，自己要当家作主，在自然界称王。人活在世间需要两种力量，一阴一阳，一方面顺天应人，一方面不挠不屈，才能在变化莫测的人间，创造生命的最高价值。

总的来说，"息卧昆泉"就是把身体的能量蓄积到可以放出去运用。很多练功的人练不到火候，"息卧昆泉"正可以补其根基不足。

第二节　手推阴阳

【原理说明】

提升自体元气场

科学家必须通过先进的仪器才能进一步窥知人体的真相，练功者通过各种由外而内的身体探索，即可发现许多现代科学也无法一窥堂奥的人体秘境。呼吸与涌泉、脚跟的密切关系即是其一，然而，所谓"吸在昆仑吐在泉"，究竟要经过什么样的学习路径，才能得到这种匪夷所思的身体觉知力呢？

"手滚天轮"系列功法，即是通过不同的肢体动作，引动经脉与穴位的共振作用，并开发更高层次的身体觉知力。其中，"手推阴阳"即是通过命门推肚脐、肚脐推命门的身体平行移动，以命门到肚脐之间的气机往来穿梭，玩味丹田这个虚无而实有的存在，以及呼吸在练养丹田的过程中所扮演的角色，同时开发脚跟、涌泉在人体气机循环机制中的互动关系。

做法

1. 以前弓后箭步站稳，左手贴肚脐，右手贴命门。
2. 吸气时命门往后顶，尾闾往前，以四点聚气法吸气，使重心从前脚沉移至后脚。
3. 吐气时由命门往前推送至肚脐，尾闾放松，气落涌泉，使重心平移沉落至前脚。
4. 反复练习，左右脚各36次。

图 6-1

图 6-2

动作要诀

1. 初学之时，重心在右脚，气的共振会到左手指掌。重心在左脚，气的共振会到右手指掌。所以吐气到右涌泉时，左手贴肚脐。待功夫渐深，虚实动荡、变化万千，气的共振则周身俱存，不论左右手，贴肚脐皆可。

2. 命门之气到涌泉，神阙（肚脐）之气到脚跟，此即身体中的跟管。其运作路线如下：吸气时，神阙→命门→会阴→脚跟；吐气时，命门→神阙→会阴→涌泉。这条路线在功夫成熟之后自然形成，并可明显感知。

3. 不论前推后送，皆有使丹田往下推移的趋向。特别是吐气时，从命门推往神阙后，应立即往下推至会阴，否则会造成下腹部鼓大。

4. 四点聚气法：吸气时命门后顶，自然形成小腹内收，膻中放下，尾闾前顶，形成四面气压，以练养下丹田之气。

5. 劳宫之气自膻中发，涌泉之气自神阙发。

【课程综合摘要】

促进心肾气机交替运行

"息卧昆泉"加"手推阴阳"，练习之后可以马上使心静下来，便秘立即获得改善，并利通三焦经，帮助人体排除水湿，对频尿、便不成形、腹部绞痛、生理期大量出血（但在生理期间不要练），皆有显著的治疗效果。

在胯的灵活度上，可将"手推阴阳"的做法往更深的层次推进。胯松，丹田才能悬空。两脚松胯成前七后三弓箭步，其意七分在前、三分在后，但重心平均落在两脚，才能保持弓步的稳定。将身体的移动交给丹田，否则会形成身体的断点，有断点，就有破绽。吐气时脊椎拉开、百会上领，吸气时脊椎放松压缩丹田，重心退到后脚涌泉，涌泉必须跟身体产生协调一致的节奏。初期脚会很酸，但脚下的内劲会慢慢练出来。

一吸一吐进退之间，百会、会阴一开一合，形成内气的后升前降、阴阳旋转。吸气到后脚跟，重心落在后脚涌泉；吐气时，气跟重心都落前脚涌泉。吸气在踵，这是关键处；重心跟吸气是有区别的。练到气的微妙处，需了了分明，若只能感觉"重心落在后脚涌泉"，忽略吸气到脚踵，表示对内气的微妙关键仍无所觉察，需要心更静、更用心揣摩。

为什么叫"手推阴阳"？阴阳在人为心肾，在天为日月，在生理学为气血。劳宫属心火，肚脐、命门属肾水。心火主阳，阳中犹有阴阳；肾水主阴，阴中亦有阴阳。肾水之阳在命门、阴在肚脐，心火之阴阳在劳宫，劳宫之阴阳则以左出右入、右出左入切换。左出右入时，出为阳、入为阴。初学时，吐气时若左脚在前，右手劳宫则为心火之阳，因为它是发气点。日后一呼一吸就是一阴一阳，以心火之阳入肾水之阴，故此动作可促进心肾气机交替运行。用劳宫的触感去接肚脐、命门两窍，后手贴住，前手感应。肚脐是人体能量最强的穴道，要借肚脐的能量收发，与劳宫的气感产生互动。一吸一吐，内气在前、后劳宫之间穿梭往来，这条路线就是命门、肚脐之间的生命之门。要能看见这条路线，就要守虚，守虚才能洞见。

手推阴阳如动禅

气机导引有许多可以走步的动作，都可以当作动禅功练习，"手推阴阳"是其中之一。所谓动禅，就是行百步如一步，步伐一致、身形一致，此即是动中之静。完整的行禅可与静坐衔接，静坐之后站桩，站桩之后行禅。站桩有很多种方式，有抱下元、抱中元或上元者。这里面有很多复杂的原理法则，必须一步一步循序锻炼。

静坐之后、行禅之前，可以"混元桩"作衔接，继续保持禅定状态。呼吸自然，意识专注，没有阴阳之分，也没有上下对流，所以叫作"混元桩"。站桩后渐渐会有气动现象，因为阴阳两气开始产生互动，接下来就要启动阴阳。人为阴阳合体，要推动阴阳，产生荡势，身体才能进退。静坐时身体已经空掉了，行禅也要如同没有身体，但要保持行进间步伐稳定，就要靠内气旋转带动身体前进。以"手推阴阳"行禅为例，可用"息卧昆泉"的方法启动阴阳，先做顺腹式呼吸，吸气时脚尖下踩，吐气时脚尖放松，但气仍到涌泉。逆腹式呼吸，吸气时脚尖放松，吐气时气到涌泉。一吸一吐，一顺一逆，让人体气机产生不同的变化，先把阴阳推出来，阴阳一动，就会产生气的旋转。

开始走步时，吸气时沉转，两手自然甩荡，吐气时跨步而出。自始至终步法一样大，两腿从未打直，身体高度也未改变，尾闾中正、不偏不倚，行进间都是丹气的摆荡。相同的动态不断重复，身形一直在动，但内心其实都没动过。凡事都得先学规矩，熟练之后本能自然会依规矩而摆脱规矩，达到无为无心之动。这就是动定、禅动。熟练之后，每天走路就顺便练习"手推阴阳"。先把身体的气势练出来，再练习发气，一收一放，迅雷不及掩耳，像闪电一样有雷霆万钧之势。很多自发动功就是没有规矩的气动，所以任何人都可以不经学习，很快就产生气动现象，但那绝对不是气功，倒像是乩童，习练者务必慎之！

"手推阴阳"是"九转还丹""龙虎还丹"之概要

"手推阴阳"是道家"九转还丹""龙虎还丹"术之概要。学者熟练"手推阴阳"后，再参考"托掌旋腰"系列功法中的"九转还丹"与"开天辟地"系列功法的"龙虎还丹"，将来内气的移动就不是命门、肚脐之间的穿梭往来，因为气沉涌泉，一定会共振到百会，每一步法都是共振出来的。每天都在揣摩这种感觉，练到丹田可以荡来荡去，荡到涌泉。气要往头上走，不是把气提到头上，而是不断往下灌气，这是宇宙自然的道理，欲上之必先下之。任督要通，涌泉必须扎实；涌泉不扎实，根就是浮的。所以，炼气的人一看走路就知道。

第三节　仰转止息

【原理说明】

训练人体后升前降的互动变化

在电影《高山上的世界杯》里扮演老住持的 Chonjor 喇嘛带着两个小喇嘛来找我，问我什么是气功。他一辈子诵经拜佛，生活单纯，心很静。单纯让他产生庞大的力量，但他仍然不懂气是什么。因为炼气是道家的独门功夫，而中国人之所以能洞悉气的存在，是因为我们了解阴阳二气的作用。

很多人认为，要给气功下定义是不可能的。在大道迷乱的今日，气功早已成为各自表述的概念，只要敢秀，真才实学都不算什么，是真是假也没几人能懂。但我认为，气在人体是一种功能性的存在，气功就是气的功能现象，也是一种既存在又超越的哲学，所以气功有一部分是一定看得到、摸得着的，不必用仪器测量。因此，我给气功的定义是："心识与宇宙作用的空间学，借阴阳往来互动，透视其机。"具体的解释将散见于气机导引十八套功法的说明中，但我必须再次强调，读者仍需亲身体证，若想从文字中参悟，恐亦是缘木求鱼。

就以"仰转止息"为例，本功法即是训练人体气机上下、阴阳虚实的互动变化，通过前三田（下、中、上三丹田）、后三关（命门、夹脊、玉枕）的整体运作，一方面为日后打通任督、运转河车的周天运行奠定基础；一方面进行人体内部深微动机的气能量开发，练到皮、肉、骨、气分开时，身如九曲珠，一动无有不动。

在练养丹田之初，因为呼吸都在前三田，任脉会比较容易操作。要能吸气运行到后三关，则需较长时间的训练，之所以称为"关"，正是内气不容易通过的地方。但所谓"顺成人，逆成仙"，古人认为练功要逆夺天地之造化，就要反其道而行，通过练功，让督脉经后三关上行到百会，再循任脉下行入丹田。亦即逆转河车、运行周天，除了延年益寿，更是脱胎换骨、超凡入圣的必经之路。

从现代医学的角度来看，督脉属中枢神经，作用到松果体。松果体上有褪黑激素，掌管阴阳与睡眠，所以医生给时差开的药就是褪黑激素。除此之外，锻炼督脉的能量，可以让已退化的视网膜受到刺激，开发鼻嗅球，恢复人体本来具有的内视能力。而六大腺体都分布在任脉上，其中，脑下垂体为第一大腺体，可分泌九种激素，掌控甲状腺、胸腺、胰腺、肾上腺、性腺五大腺体的变化，并形成内分泌的回馈系统，保持内分泌的平衡。例如，人在紧张的时候会分泌肾上腺素，但同时肾上腺激素（青春素DHEA）会下降，以平衡肾上腺素。此外，当我们焦虑恐惧时，又会分泌脑吗啡，使神经麻痹，得到暂时放松，这是人体自然的回馈系统。但通过练功和修行，也可以刺激脑下垂体，平衡九种激素，以调理、控制内分泌。

"仰转止息"，吸气时由"后三关"带"前三田"，吐气时由"前三田"带"后三关"。若三关不通，三丹田就无法相合，人体小天地也就无法形成如风箱开合一般灵动自如的空间。通过不断的操作练习，久而久之，"前三田""后三关"将成为本能认知，身体一动就是关、田相对，对经络的感知自然会跟身体动作结合在一起。在功法操作过程中，任督以相对应的位置运动，内气经会阴、尾闾、夹脊，沿督脉而上，同时任脉持续往下运行。不论吸气还是吐气，身体内部仿佛有一条无形的旋转圈，重心都聚向涌泉。因此，任督的转动就像水管的循环一样，从一端注水，另一端就有水流出来。气从尾闾上，一定有一个对应点同时往下，这才能形成循环。如果督脉上升而任脉不动，这叫作"孤阳不长"。所以，吸气时用意念提会阴，内气循督脉由下而上，这个座标是阳；吐气时循任脉由上而下，这个座标为阴。上行气为督脉所主，带动阴脉下行；下行气为任脉所主，带动阳脉上行，周而复始，阴阳相推。其间的操作还有很多细腻之处，需从亲自操练中揣摩，方得气功之正要。

做法

1. 全身放松,重心落涌泉,尾闾前顶,膻中放松,下巴内收。
2. 吸气时意提会阴,气从脚跟沿督脉经尾闾、命门上夹脊、玉枕。同时,任脉以相对位置,从涌泉、会阴、肚脐、膻中一节一节往下松落。
3. 吸气上到夹脊、玉枕时,因后升前降的反作用力,身体自然成微微后仰,此时再向右后方旋转,同时将气吸满,两手在臀后放松抱球。
4. 身体转回前方时闭气,用意念将气从膻中往丹田压下。
5. 转到正面后开始吐气,下巴内收,气从百会下颜面,过重楼,再沿任脉下涌泉。
6. 左转动作如上。左右来回为 1 次,反复 6 次。

图 6-1

图 6-2

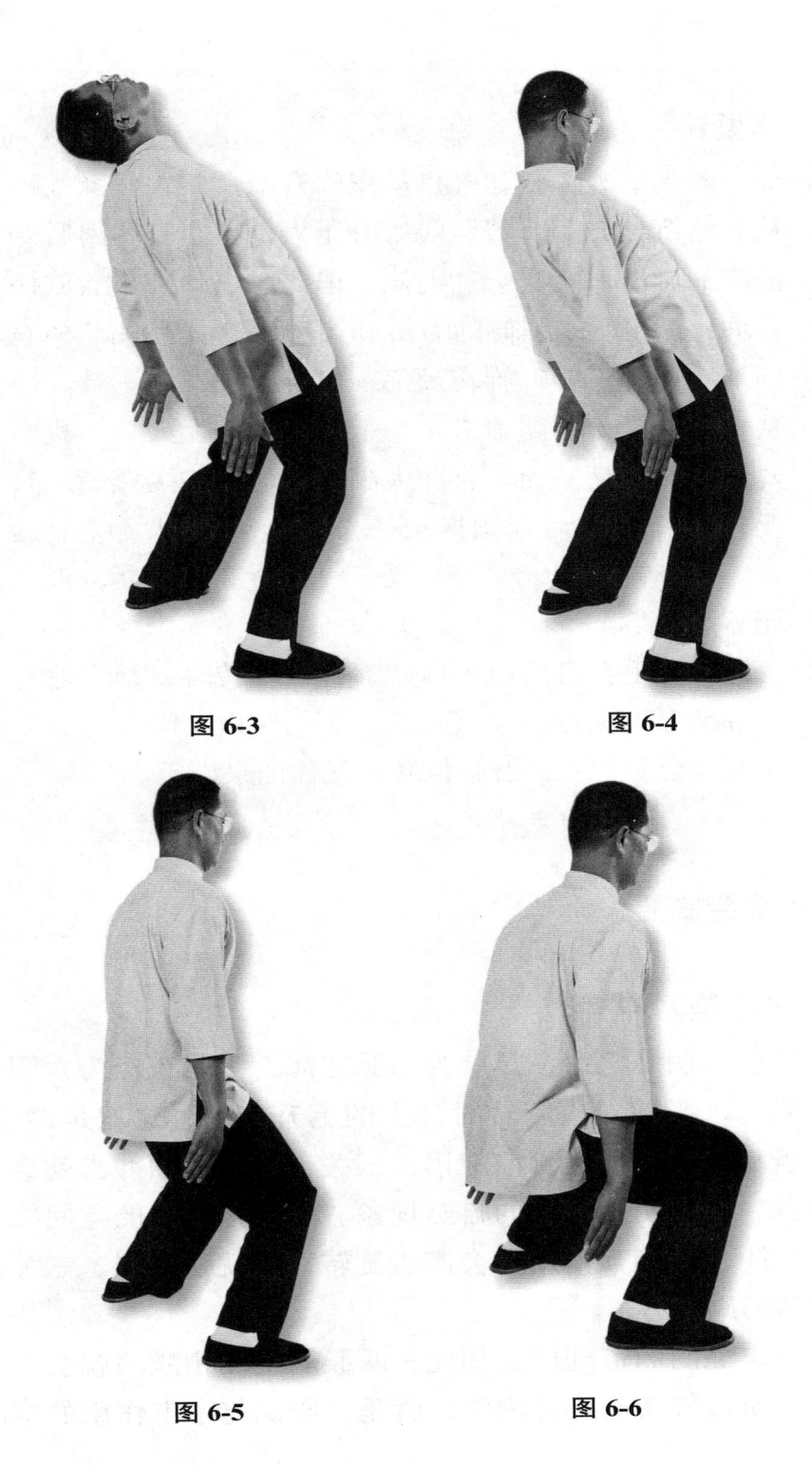

图 6-3

图 6-4

图 6-5

图 6-6

第三章　系列功法

动作要诀

1. 提会阴吸气时,督脉气机从尾闾升至命门,任脉气机从肚脐沉至会阴。督脉能量升至大椎时,身体因后升前降的旋转作用力会往前倾,但此时以颈椎自然放松后仰,即可平衡前倾的力量,让身形微微后仰。
2. 颈椎后仰,再轻轻旋转颈部,以转动颈椎第一节。气从脊髓上来分两路前进,一上延脑,一上大脑。我们要让气经过延脑而不直冲大脑,因为延脑接脊髓,只要轻轻旋转,动到颈椎第一节,气就可以缓缓上延脑。回正时先闭气,再吐气,气就会穿过泥丸,再经任脉下涌泉。
3. 后仰时两手在身后成抱球状,脊椎旋转时,是手上的球带动脊椎旋转。
4. 吐气时会阴放松,督脉拉开,气往涌泉灌压。

【课程综合摘要】

阴阳之中是为冲

任脉为阴脉之海,督脉为阳脉之海,十二正经为六阴六阳。阴脉、阳脉对应旋转时产生的上升能量,这就是冲脉。督脉管后三关,任脉管前三田,三关、三田互相冲击就会产生冲脉,这是阴阳互动的自然现象。一旦把任督的空间练出来,一阴一阳相互作用就会产生旋转,那就是三田、三关同时旋转的周天河车。

宇宙之间的道理即是如此,两股能量互相激荡就会产生气流,所以气功的全部内涵,就是"心识与宇宙作用的空间学，借阴阳往来互动，透视其机"。任督两脉阴阳对应的中心线就是冲脉，没有阴阳互动就没有冲脉。百脉之中是为冲，所以阴阳两脉中间都有一个冲脉。一般认知的冲脉位于人体中心点，但我发现，阴阳之中即为冲。例如，手太阴肺经、手阳明大肠经两条经脉之中，就蕴含冲脉的能量，这是我通过练功看到的。冲脉类似佛家讲的中脉，冲脉通，天门就开。

体会到阴阳的互动变化之后，再看《太极拳论》说的："有不得机得势者，身便散乱，其病必于腰腿求之""其根在脚，发于腿，主宰于腰，行于手指"。我认为这都是阶段性的说法，到更高的层次时，应该修正为："有不得机得势者，必于阴阳求之。"练到后来周身空灵，哪还有腰腿？所以要从阴阳求之。而且全身是手手非手，气已形乎周身，所以应该是"其根在涌泉，主宰在任督，发于意，行于周身"。因此，气功锻炼到达一定的成就，自能知机应变，掌握宇宙人生阴阳虚实的变化。

但是，气功既然有"功"，就一定可以被清楚感知到。"仰转止息"炼阴阳两气以对称点的同时移动旋转。说得更浅白一点，其实就是皮、肉、骨分开，皮动肉不动、肉动皮不动，深层的气跟表层的气形成共振。因为身体越来越虚灵，外不有相，其相在内。身未动时是无极，吸气一动即分阴阳，任督两脉一上一下就形成张力。有一上必有一下，练久了皮肉骨气机就会分开转。督脉往上，气缩提上来，这提气是肚脐、内脏的事，而不是肚皮的事，因为肚脐接两肾，所以吸气会到两肾。当督脉气机上升，脐后能量往上，但脐前能量往下，同时尾椎往前顶，尾闾接阴跷。依法做久了，内气自然产生旋转，当外力触按身体时，只要内气下沉，就可以在不知不觉中将之化掉，所以气功是肉眼看得见的。

仰转止息是操作通任督

所谓"一阴一阳之谓道""孤阴不长，独阳不生"，气的旋转必定是阳变阴、阴变阳，阴阳相变乃成旋转，这是宇宙自然的法则，所以说"天不旋则毁，地不旋则坠，人不旋则枯"。"仰转止息"不仅是三丹田的开合，还是阴阳互动产生内气的循环。吸气时意识主由下往上的阴阳位移，吐气时意识主由上往下的阴阳位移，故吸气时身体微微后仰，压缩督脉；吐气时身体回正下沉，压缩任脉。吸吐之间，自然会产生一掀一盖的浪劲，吸气如掀浪，吐气如盖浪。我常说，气功是物理现象，在身体内部产生介入与作用而形成质变，就形成化学变化。当督脉上、任脉下，一边趋高频、一边走低频，就形成有推滚之势的波浪。而这种后升前降的升降现象不只在任督两脉，也在全身的气机作用上。所以，"仰转止息"是借动作执行通任督的功法，身体内部形成一个无形的旋转圈，任督以相对位置同时旋转，如轮轴的传动原理，一边往下、一边往上。

身体末端的旋转

为什么叫作"仰转止息"？其实，功夫就在身体末端的旋转，这是很重要的练功体会。后仰时两手在臀后抱球，因为开相在手，合相在脚。重心下涌泉是引任督的能量压缩到涌泉。身体后仰而重心在前，转机在后面，动能完全来自脚底、百会与手指，这就是末端的旋转。

颈部是能量通大脑的要道，"止息"的目的在将气存凝在大椎，等大椎放松开始吐气，气就会往上冲过玉枕关，令气机上脑部，这与"大鹏展翅"系列功法中的"伸屈脊背""争项引脊"类似。左右两边同时练，是为了平衡左右阴阳。经脉是对称的，在通任督主干时，两旁的支干也要同时压缩，才能压缩到经脉与血脉，而压缩的主要动能来自放松。

第四节　旋转丹气

【原理说明】

运行内脏的真气

丹田是虚无而实存的空间，为了在粗重、器质化的肉体中养出无形的丹田功能，必须动用高度的意识作用；但意识作用并非一种想象，而是全然的专注。所谓专注，也非仅是肉体的专注，而是从慢匀细长的呼吸与经脉、肢体训练，慢慢脱胎而成全然身理的意识状态。

一般理解的丹气，通常指下丹田在身体下腹腔形成的能量空间。其实，全身上下无处不可以结丹。丹田就像夏日海上气流形成的低气压，是由人体阴阳两气相互激荡产生的气流漩涡。气功师可以抗打，可以制敌于无形，因为可以通过意识作用调兵遣将于无形，在全身布气，这就是"旋转丹气"的妙用。从丹球的上下左右与斜向旋转开始练习，慢慢学会全身的协调一致之后，丹田就会成为身体的基本中心。到时候再应用在其他功法上，身体动作的动机自然会落在丹田，而不是手或身体。若再加上意识作用的配合，丹田可无限扩充到与地心引力合而为一。届时，手起时轻如羽毛，手落时重如千钧、入地千尺，地心引力就是你的内力，天地都成为你的后盾。若练不成这个功夫，是因为手上还有执着，由于手的认知还停留在有形的肌肉骨骼力学上，这就对我们跟天地能量的相融形成阻隔。唯有放开手的本力，化入无有之内在，与天地相合，匪夷所思的内劲才会形成。

所以，练功的秘诀就是化开力量，让力量往内聚。松紧浮沉都不是肉体的力量，而是地心引力与反作用力。宇宙能量形成万物是为"顺"，万物化为宇宙能量则为"逆"，一顺一逆，周流六虚。练功的人需由身体小宇宙的操作中，掌握大宇宙的阴阳变化之机。

"旋转丹气"就是在引动体内真气运转的原则下，让粗重的肉身渐渐被丹气取代，借意识的作用，使人体还原其为天地能量之导体的本然状态，然后才能顶天立地，借天地之气为我所用。不过刚开始练习，必定摸不到头绪，只能揣摩着从涌泉画一个圆上来，再落到另一脚涌泉。丹田就是气海，气本来就是一种功能，是虚空的存在，不必执着于"有没有感觉"，因为"以假练真假亦真"，只要如法练习，丹田的感觉就会越来越真实。这个动作在得气之前，至少可以按摩大肠、小肠，帮助下腹腔的气机顺畅。日久练出功能作用，可广泛应用于各种功法。例如，"过桥手"之左右劳宫气场与两涌泉重心的转换，需从丹田发功，其根基就是"旋转丹气"，否则动作就是徒具外形的体操。

做法

1. 两脚分开与肩同宽，两手心相叠于肚脐上，重心沉右脚。
2. 吸气时收提会阴，两手将丹球以顺时针方向由右下方旋绕而上，再向左沉落，吐气下涌泉。
3. 如上左右来回为1次，反复操作12次。

图 6-1　　　　　　图 6-2　　　　　　图 6-3

动作要诀

1. 操作过程中，肢体动作将逐渐停止，完全以呼吸与意识为之。
2. 吸气收提时，借劳宫气能推动气机上行，走带脉，动达命门、玉枕、头顶。吐气时下涌泉。
3. 旋转丹气分侧转、正转、斜转，其要义有别，待基础功夫熟练，其余操作要领将于其他功法中领会。

【课程综合摘要】

横转需要底盘——回荡之势

丹球形成之后再推扩到全身，从而使全身无处不结丹。

在应用方面，则有不同方位的动能作用，也就是所谓的运劲。"手滚天轮"系列功法一方面开发丹田的觉知，一方面也为丹田的运劲技巧奠定根基。例如，以"仰转止息"练转劲，以"手推阴阳"练绷劲，以"摆手炼丹"练按劲，以"旋转丹气"练提劲。知道劲的收放，才知道气怎么走、怎么发出去，因为气走劲就走，意到气到，劲到力到。"旋转丹气"是把力量从一边转化到另一边，可做左右、上下与斜向的提劲训练，利用内气螺旋行进的原理，把丹田的动能转成身体运用的立体动能。因此，要了解"旋转丹气"，光是旋转丹田还不行，一定要配合底盘的旋转。假如底盘功夫不稳，就无法练好"旋转丹气"的横转动能，一转起来就变成摇呼拉圈，自己先跌倒。要练底盘功夫，又需先有丹田气通到脚底的体会，此外，还要有气从涌泉收缩上来、气沉涌泉的体会，这样旋转起来才有回荡之势。

气要从涌泉收缩上来，除了吸气的收提力，最重要的是意识与松的力学。外呼吸会形成内张力，但外呼吸的内张力只能到腹部。腹部以下，胸腔以上就要靠呼吸意识，故唯有意识呼吸能通大周天。当意识往上，丹田往上收缩，涌泉自然形成向上螺旋的力量。丹田从一脚横转上来，再落到另一脚涌泉，会不断产生离心力。离心力就会产生重量的转移，一吸便提，一提便转，丹气的旋转就有回荡之势。能回荡，身体就会出现如台大校长李嗣涔先生提出的"挠场"，而影响身体挠场最重要的是意识作用。一旦能体会到身体的荡势，只要意识一放，内气产生共振的波浪，就会传导到全身末梢皮表。所以，这就不是身体单一部位的作用，而是身心灵的整体参与。说到这里，很容易被指为无稽之谈，很多物理学家即对此不以为然。因为在百日筑基的初功阶段，气机导引与其他运动种类看起来差不多，所以真正的内涵与学问，不是旁观者可以一目了然的，因此在练功过程中，我们会不断提示许多为日后奠基的关键要领。从百日筑基、十月养胎、三年乳哺到九年面壁，一路过了十来年，多少练功求道者也许在走到三分之一或者走到一半，就无以为继。当多数人都练不成真功夫时，真功夫反而变成无稽之谈。

许多运动员、舞者或武术师，因为没有碰触到身体内部的一种可以取代肢体动作，而且功效更深的内能量，所以，他们所从事的肢体动作，对身体而言是没有远景的，唯有打开身体内能量的泉眼，年轻力壮时尽可以表现大开大合的低姿马步，到了八九十岁，就可以用气的运动方式取代外形动作，那才是内外合一、从心所欲不逾矩的境界。

旋转丹气的应用

"旋转丹气"的应用范围很广，例如"托掌旋腰"是双脚的旋转丹气，"九转还丹"是单脚的旋转丹气，"四梢旋转""过桥手"等都因为有了"旋转丹气"作基底，功法的层次才能不断向上提升。所以，动作招式一样，但殊途不同归，差别就在有没有丹田。动作结合丹田并不容易，所以丹田的机能需要循序渐进的开发。因为丹田有很多性质，不同的动作需要结合不同性质的丹田操作，否则会收而不会放，或者会放而不会旋转，就无法将丹田的功能巧妙应用出来。

所以，"旋转丹气"的学习重点，读者只要掌握吸气收提，旋转，慢慢放到涌泉即可，更多的关键细节，需视学习状况进行当面的指导。

练功是为己不为人

身体功夫是缓慢渐进的功夫，每个阶段都要练到有体会、有改变，除此之外没有捷径。有些人一开始很有天分，但后来却在自己的根性上摔下来，之后得用十年以上的功夫慢慢修补。有人虽然秉赋鲁钝，但有恒心，一点一点摸索，慢慢也追上来了，而且后劲十足。所以，任何人都可以学会气功，对于真正懂气功的老师来说，气功必然是可以传承的。但在教学中，我只能教给大家方法，而不能把我的体会告诉大家，否则会干扰学习。如果身体只会模仿学习，没有自己的体会，就永远悟不上去。当然，有些阶段会感觉一片空白，这是练功的阶段性高原期，很快就会过去。

有些学员第一次上课就会不由自主地晃动，那是因为身体虚弱、内气混乱，心理也混乱，加上脚酸、背酸的生理作用刺激神经反应，这种体会跟气功一点关系也没有。经过扎实的锻炼与体质改变而来的体会，才真是功夫，而不是毫无根基的空感觉。这个差别很重要，一定要记住！

有一位董事长来上课，有一次他问到关于腹式呼吸的问题，我才解释一半，他就摇头说："这么难，没办法！"可是我看他没事时就摆出一个挥杆打球的姿势，我就说："如果你用练球的热情来练功，再难也学得会。"可是后来我发现，他也不是真爱打球，他这么用心，只是为了能跟球友竞赛。把面子摆在前面，为自己练功摆在后面，这种心态就不可能学会气功。当然，比起一般竞赛性质的运动，初期的气功学习要枯燥无聊得多，一旦升堂入室、入其堂奥，那就乐趣无穷了。要知道，把功夫练在自己身上，这是为己之学，不是为人之学。先苦后甘，这点心态没分清楚，再怎么努力也是枉然。

第五节　蹲跳会阴

【原理说明】

丹田的结构训练

　　现代很多人已渐渐丧失"蹲"的身体本能，连活动力最强的小朋友，也受到各种不良环境的侵袭，而从婴幼时期"专气至柔"的精饱气足状态，快速成为外强中干的虚劳人。过去几年，教育界非常重视孩童手眼协调能力的训练，但眼下究竟还有多少学童能用标准姿势蹲下，则更需要各界密切注意。

　　放松蹲下看起来容易，其实需要全身性的协调整合能力；而髋关节僵紧，腰背肌肉力量不足，脚踝僵硬失灵，更是蹲不下去或蹲下去却无法保持平衡的主要原因。常常练习蹲下，就是简便有效的减肥运动，比一般仰卧起坐更有明显的效果。水电工人因工作性质常需蹲姿，所以少有肥胖者。蹲下时若能配合呼吸与内脏收缩，尤可加深其效益。

　　气机导引有许多蹲下、站起的训练，除了锻炼有形组织，更着重以内气操作蹲下、站起的动作。我在《气机导引静坐炼气秘法》一书中强调胯松气方坠，因为烧炼丹田一定要先架好"丹炉"，丹球才有更大的回转活动空间。这个"炉架"指的就是胯，包括髋关节、环跳等相关部位。胯越灵活，丹田的活动空间越大。而腰胯的灵活又需配合肩背放松，上半身虚灵。吸气收提会阴时，膻中、肚脐开合压缩的功能畅通无阻，就可以促成气聚丹田。此外，开通丹田、涌泉之间的下行气管线，更是运行大周天与体呼吸的必要条件。因此，除了胯要松，膝盖、脚踝乃至脚底每一个大小关节都要松开，才能达到上下贯通、一气流行的效果。

"蹲跳会阴"的主要动机在于以会阴收提带动丹田瞬间收缩，并配合髋关节、踝关节同时压缩，让丹田往涌泉灌下，训练丹田、涌泉同步运作的协调度，利通下行气，并促进丹田的活跃、蓄积内气的爆发力。其中，脚底大小关节的松开，除了训练脚底具备立即反应的灵活度，当吸气收提或气沉涌泉时，脚底大小关节收放自如，脚底反应如章鱼爪一样敏捷。如此下盘坚实、上身虚灵，才是炼气养生的正途大道。

做法

1. 全身放松，平抬腿蹲下，脚跟提起，两手抱胸叉手。
2. 身体下部弹动时，以尾闾推送，使会阴与内脏收缩，身体自然弹起，因此膝盖并不用力。
3. 依个人体力反复练习，从 36 ～ 360 次不等。

图 6-1

图 6-2

> **动作要诀**
> 1. 上下弹跃时,百会、会阴一条线,脊椎打直。
> 2. 脚踝尤需放松,使身体松弹而起。

【课程综合摘要】

储备铁板桥的功夫

"蹲跳会阴"的动作非常猛烈,心脏病患者尤需小心。可用"蛙形弹压"(详参"大鹏展翅"系列功法)先做逐步锻炼,待体力渐增,髋关节松开,再加上"蹲跳会阴"的训练,身体就会具备惊人的爆发力。

"蹲跳会阴"与"蛙形弹压"不同处,在于身体弹动主要来自会阴收缩的力量,以及脚踝一跃而起的灵动力。膝盖放松不动,只是被吸提的力量吸上来。这也是盘坐功深时,身体可以悬空跃起的原理。除了会阴的缩放,还需配合全身放松,如此,腹腔、腰胯的压缩才会成为自然而然的连动反应。把"蹲跳会阴"的功法精髓练出来,就是武术修炼里的"铁板桥"功夫。

掌握要领,才能学到真功夫。蹲跳会阴每天练二十次,连续练两个星期,就可以感觉脚劲很不一样。两个星期,不过两百八十次,因为全身每个关节都在做开合压缩的协调训练,身体一定会有明显的改变。

第六节　摆手炼丹

【原理说明】

丹田能量运于掌

发源于澳洲的"亚历山大技术"（Alexander Technique）专门讨论身体的控制技术，已有近百年的发展经验。声乐界的朋友引述他们的说法来跟我讨论，他们认为顺腹式呼吸吐气时，髋关节往下、脊椎往上拉开延伸，可以扩充下腹腔的能量，形成从下腹腔发声的浑厚音质。因此，顺腹式呼吸是练习发声最有效的方法。"亚历山大技术"在音乐界与表演艺术界被奉为规臬，但是，我认为他们并未了解身体的全貌，因为西方世界对任督两脉与气的概念一无所悉。身体角度的些微差异，的确会在体腔内形成不同的内气压缩与共振效果。西方人用关节与肌肉的概念诠释身体的作用，这个方向固然值得借鉴，但若能加上气机的概念，那就更完整了。就以丹田发声的训练方法而言，用练功的语言来描述，就是胯不松、下裆不开，丹田的空间就出不来。西方人就是少了丹田与内气的概念，身体所能开发的潜能，就受到很大的限制。

经过第一阶段开筋拔骨的身体空间锻炼之后，胯松了，下裆也打开了，接下来就要通过从肚脐到命门、脚跟到涌泉、膻中到会阴的气机开合，锻炼上述相关穴位的全身性协调，让身体的境界慢慢从外部的关节肌肉，过渡到将手、腰、胯都化为丹田功能，最后把"我"的执念也浑然化为无形的丹田意识。所以，这一整套训练方法，不仅是技术，还是"道"。这就是"摆手炼丹"的功法要旨。

当丹田还未具体形成时，就内气的几个主要共振点而言，肚脐虽然是丹田的门户，但因为劳宫比肚脐更敏感，所以先用意念使劳宫的气感衔接到丹田。利用劳宫与丹田的气机共振，将劳宫之气沿着任脉连接到丹田，让气机整合两边的气感扩大，以劳宫之气引动丹田之气，以劳宫之有炼丹田之无。待丹田成熟，再以丹田之无，炼劳宫之有。因为"摆手炼丹"是以"丹"为目的，手只是阶段性的工具。丹成之时，手越能松开，就能把丹田之气运于掌中，推扩到全身，乃至天地之无穷，到时一举手便有千钧之势。

初学者先以四点聚气的逆腹式呼吸练习，吸气时身体收缩，吐气时身体延伸。吸气六分满即可。慢慢下腹腔附近因为气血通畅，组织柔软而富于弹性，可增强肾脏、膀胱、尿道的收缩力量，延缓老化。若组织僵硬，表示不通气，就有健康之忧。气机逐渐在手上形成，丹田开始发热，身体越来越虚无，身体的开合就会转为三丹田，乃至任脉线的开合。吸气时收缩任脉气机，吐气时任脉气机下沉。

摆手炼丹在推移之间的身体境界，有非常丰富的变化层次，随着身体的进境，体会的层次就更深。在不同的阶段，练功的语言将随之改变。在此功法中，对涌泉和丹田的体会，具有显著的指标。请读者耐心等待、细细揣摩。

做法

1. 两脚分开与肩同宽，或成前后跨步。拇指以 90° 垂直向上延伸，腕关节向下落，中指平伸向前延伸，引气到手指。
2. 吸气时劳宫收缩，脚趾抓地，以四点聚气，收缩任脉，重心退到后脚跟。吐气时劳宫张开、脚趾张开、任脉拉开，

图 6-1

图 6-2

图 6-3

图 6-4

重心落到前脚涌泉。

3. 如上练习后，亦可做"垂直摆手"练习：以脊椎为中心线，两手上下摆动。同样地，吸气时任脉收缩，吐气时脊椎延伸。

图 6-5

动作要诀

1. 吸气、吐气时先以命门、肚脐、膻中、会阴四点聚气的概念操作，行逆腹式呼吸。动作熟练之后，可做顺、逆腹式呼吸切换的练习。待丹田的空间形成，身体的操作转变为任脉线的收缩伸张，呼吸不论顺逆，一吸一吐，都是往丹田的中心点灌气。因为顺、逆只是内气旋转的现象，并非身体外部动作。
2. 用丹田带动身体做前后推移的运动，但丹田是立体转

> 动,借由吸到命门,吐到肚脐、会阴、涌泉运作之,故身体不会有高低的变化。熟练时,只有意识作用下的内气提放,动作外形将越来越少。
> 3. 吐气时从命门吐到肚脐,经会阴下涌泉,气往涌泉,有下意,腹部才不会变大。很多人练气功练到大腹便便,一看即知是练错了。

【课程综合摘要】

手是探测器,丹田是推动器

学习"摆手炼丹"的第一阶段,需从动作中体悟到手是假象;接下来进入身体空间的第二阶段,身体空间也是假象;最后进入丹田的意识,身体透空,只存丹田。届时,动作过程中只有任脉的聚合与伸张,吸气时任脉聚合,内气往丹田灌气;吐气时任脉伸张,内气往四肢末梢扩散。频繁的阴阳切换,会使劳宫气感越来越强,但主体仍在丹田而不在手。两手的气场会与丹田相连成广大无边的气场,听之以气而不听之以心,人如在气海中漂荡。

身放松、心放空,就能体会真气的流动。全身只剩肚脐、涌泉、脚跟、命门这条线路。脚跟连到命门,命门穿过生命线到肚脐,肚脐再到涌泉。身体化为一种功能的存在作用,其他都是空的。手如在水中,往前吐气时,手上如有庞大的阻力;往后吸气时,手上亦有无穷的吸力。手要像羽毛一般轻,才能感觉空气中的阻力。要找出肚脐和命门之间的生命之管,让吸气、吐气产生惯性的重心变化,等到脚底的重心点很稳了,再把喉咙、气管的呼吸作用连到脚底。所谓"真人之息以踵",是指外呼吸的功能起于脚跟,不在喉咙。当然呼吸还在喉咙,但意在下不在上。意在下则气沉,意在上则气浮。重心往下、意念往下,人才会稳,不然一推就倒。以后要练发劲,这些功夫都是重要的基础。

手是探测器,丹田是推动器,以两手听气,放开,再放开,就可以感觉空气的阻力,千钧之力就是这样练出来的。身体松开多少,就可以感受多少无形的力量。一切皆由虚无中来,生命之门往来间,宇宙能量在其中。现阶段若还体会不到,照着方法练,一定渐渐有所发现。以后一个开合,一胀一缩,都在劳宫。所谓"其根在脚,发于腿,主宰于腰,形于手指",腰指丹田,手指即劳宫,因为气会从夹脊沿两手到劳宫。将来把劳宫气机扩展至全身,全身都可以收缩纳气,此即"浑身是手手非手",当外力过来,一个回旋就能化掉。

庞大的能量在脚跟、涌泉之间。涌泉有根才能接地,身体才有稳定度。海水只靠着跟航空母舰的一点接触面,就能把航空母舰举起来,因为水把力量分散到整个海面。把身体放开,就与广大无边的宇宙能量合而为一,天地都是我的后盾。推手时若对方是悬在空中的无根树,当然一下子就被掀出去。武术练到最后全在气机的应用,因为肉体不能长久,只有气能长久。

玩味脊椎与劳宫的收缩开合

垂直摆手似用劳宫将能量从地面吸起来,手上仿佛吸住一个铅球那样重。吸气时意在脚跟,吐气时意在涌泉。吸气时气由末梢聚于膻中,再沉落聚于下丹田、压缩内气。吐气时气从丹田弥漫到末梢,把铅球放下、劳宫打开。一样是四点聚气的作用,吸气时借四点聚气的拉力,使脊椎、劳宫同时收缩,将气拉上来。吐气时百会上顶,劳宫、脊椎延伸张开，将气压缩出去。吸吐之间四点开合，吸为聚、吐为散，重心都在涌泉。吸气时身体并没有动，是天往下降；吐气时身体也不动，是地往上升。"天地之间其犹橐籥乎"，一吸一吐，天地开合。看到的天地越大，格局、气场、能量就越大。

好好玩味脊椎与劳宫的收缩开合。身体的开合完全由内部能量主宰，动作外形的开合弧度并不大，内部却有庞大的能量运作。"宇宙在乎手，万化生乎身""起手于有作，了手于无为"，无为不是什么都没有，"恍惚之中见有象，窈冥之中觅真精"。其"象"其"精"，就是内分泌与DNA。内分泌会改变一个人的性情，改变内分泌，人就改变了。每个人的结构都一样，但因为内分泌的协调与DNA的不同，个性、想法都不同。没有一个人的DNA是相同的，压力一来就会造成内分泌的变化，人相处熟了就渐渐忽视他人的存在，看不到对方的优点，就只看到自己的情绪，看不到真正的自己，那亦是内分泌的干扰。我们的存在都是中性的，不善亦不恶，观念是大脑经过后天习染形成的，练功可以协助我们慢慢看清这个真相。

练到呼吸的开合都在丹田，没有外形，听之以气，气在跟你玩。气不动你也不动，气一动你就动。气是无坚不摧的东西，像水银一样，质地密度非常高。"摆手炼丹"就是要练到手和丹田成为一体，再把其他动作套进去。庞大的开合空间全部在里面，可以到无穷的内，就可以到无穷的外。内在空间有多大，延伸向外的空间就有多远。意识往下走，涌泉一沉，要沉到多深，只要给它一个介面，它的反作用力就会完全表现出来。就如同要让一个人的心灵有多么强壮，就要让他承受相对的磨练；要给自己多大的期许，就要发挥同等的作用力。

体呼吸要诀——吸合吐开

"摆手炼丹"虽名曰摆手，但意不在摆手，摆在丹田。能量从脚底上来，所以要不断地练习涌泉、劳宫、百会、会阴的张力，以及脊椎的传导力，身体会像蚕蛹般收缩开合。吸气时三丹田相合，这时毛细孔正在张开；吐气时三丹田拉开，劳宫张开，毛细孔正在收缩。外呼吸与内呼吸相反相推，以入带出，以出带入，吸合吐开，丹田是操纵内呼吸的总源头。不刻意、不想象，关键是虚静。进入无鼻相呼吸，只有自然的毛孔开合，全身几万个毛孔一同开合。

外气吸时内气吐，将外部氧气与能量吸入；外气吐时内气吸，将体内二氧化碳排出。毛孔会像花瓣一样开合。毛孔呼吸量约占人体呼吸量的2%，当吸气或身体发热时，毛孔会张开；吐气或体温下降时，毛孔收合。所以，练气功要感觉毛孔的呼吸，而非鼻相呼吸。毛孔开合其最大者为脐，此所以初入门时不谈体呼吸，只谈腹部的鼓大收缩。进入体呼吸之后，身体动作全部由实相变成虚相，劳宫、肚脐、涌泉跟丹田同步，跟毛孔相反。所谓一吸便提，提会阴与肚脐收缩，都以意识作用收提。

因此，借动作练出身体空间后，就要舍弃动作，提升到肚脐的开合与毛孔的收缩。在动作阶段强调膻中合肚脐、肚脐合命门。接下来就要把这个路径虚相化，变成自然本能，启动身体内气无形的开关。这一切都在虚相中完成。所以虚静是炼气的门槛，进入虚静的门槛，肢体才能转为虚而松。掌握虚无之法，以实炼虚，才能不断地蜕变，每一次蜕变都如浴火凤凰。渐渐人心世事都看得清清楚楚，生命乃有大自由。

第七节　拨云见日

【原理说明】

丹田气机的虚实训练

如何通过体察人身阴阳合一之道，以掌握宇宙自然阴阳变化之理，是中国传统学术主要的课题。而中国学术道统向来强调百姓日用而不知，再怎么高深玄妙的理论，如果不能落到实用层次，解决实际问题，就失去了价值。而练功是为了追求生命的不断蜕变，从练功的角度，对人身阴阳合一之道有丰富的体会，自然可以超越物质肉身的局限，拉高生命的格局视野。

然而，所谓阴阳，是表现在事物的相对两面，所以孤阴不长，独阳不生，一阴一阳之谓道。在人体，腹为阴、背为阳，血为阴、气为阳，任脉为阴、督脉为阳。阴阳互动变化，以维持人体的动态平衡。我们练功，一动即分阴阳虚实，"拨云见日"就是以前阴、会阴、后阴，与肚脐、命门之间的立体区域，做丹田的顺、逆旋转，带动两手由内而外、由外而内的顺逆旋转，形成内气的开合压缩，并配合劳宫的旋转，牵动全身经脉的阴阳变化。一方面可开发身体各个穴位的功能作用，一方面可促成任督循环。从转丹、养丹到结丹，用"我命由我不由天"的积极行动，让生命的蜕变，从身体的渐变累积为心性的突变。整个过程中，就是动作、呼吸、意识，借三丹田共同主导人体阴变阳、阳变阴，乃至阴阳和气的过程。

而所谓"无转不成气",气的循环、旋转就会形成高频、低频共振。所以,拨云见日的阴阳变化,是以劳宫为外轴,以丹田为内轴。当手跟丹田连结为内外轴的连动默契之后,丹田一压缩,就产生了高频与低频的阴阳互动。两者相互牵引、推动,以内轴的开合旋转,牵动经脉,发气于劳宫。又以劳宫牵动经脉,促进相关穴位的压缩共振,让丹田旋转。久而久之,丹田一开,即发气到末梢、布乎四体。手指、脚趾末端一收缩,即可合气归到丹田。从身内的小丹田扩大到末梢,再扩大到身体之外、人我之间,乃至天、地、人三才并立。所以,人体气场的高频、低频和谐共振,就是小宇宙的阴阳和气。从小宇宙到大宇宙,皆是如此。阴阳和而四时成,天地交泰,人体康健。宇宙是一个巨大的平衡体,这是可从身体看见的自然之道,不是信口开河的空道理。

中国处世哲学强调守虚、守缺、守阴,因为守住低频、形成低频,自然会形成高频。而拨云见日的守虚,指的是毛孔的开合。但因为毛孔的开合对应着劳宫,练功时守住劳宫的虚相,而不是命门、肚脐之间的虚相。吸气时毛孔持续舒张,吐气时毛孔收合,劳宫张开。逆转时以阴面带动阳面,顺转时以阳面带动阴面,其中包含后三关与前三田的阴阳互动。这个过程完全是身体空间的内部对话,唯有意识的专注与放松,才能把身体的实相化为虚相觉知,从而分辨动作中的阴阳与高频、低频。所以,我说气功是心识与宇宙作用的空间学。练到通时一通百通,就可清楚觉察每一举动都包含身体阴阳两面的磁场变化。此后,各种手法将更为细腻,可以更清楚地看见人、我、天地,世俗的箭再也伤不了你。

动作中的意识亦分阴阳虚实。例如,逆转丹田吸气时,气从脚跟、尾闾往上提。脚跟上之跟管,经尾闾、后阴(谷道)上命门,直通后脑,这是实提(肉体操作)部分。若以意识虚提，即是整个地平线上提。亦即逆提后阴时，自有意识力量从后阴、肚脐反射至命门。实的路线操作以筋肉动作为之，久而久之即为本能反应；虚的路线以意识为之。虚与实同时并进，以虚代实，以实应虚。练到纯熟时，将"拨云见日"应用在身体上，就会产生两种力量：一是从顺腹式呼吸吸气时任脉收缩，吐气时脊椎延伸产生的化力、走化。套用于武术应敌时，把对方的力量化之于无形。一是从逆腹式呼吸产生的推力，在应敌时可攻其于不知不觉中。

总之，善用阴阳，即可体会虚实相应之道，处处得心应手，故知实在虚中存，无虚即无实；实有界线，虚则无远弗届。守虚，才能超越肉身的局限，得到虚空大力之助，超三界五行，逆夺天地之造化。

做法

1. 两脚分开站立，屈膝坐胯。

图 6-1　　　　　　图 6-2　　　　　　图 6-3

2. 凝神守一，下腹中如有一球，顺腹式呼吸时，配合两手将球由内往外拨出；逆腹式呼吸时，配合两手将球由外往内拨入。

图 6-4　　　　　图 6-5

图 6-6　　　图 6-7　　　图 6-8

图 6-9　　　　　　　图 6-10　　　　　　　图 6-11

图 6-12　　　　　　　图 6-13　　　　　　　图 6-14

452　气机导引：内脏篇

动作要诀

1. 拇指跟食指之间微微张开成 90°。虎口放松张开，即可得气。

2. 不论顺转、逆转，还是吸气、吐气，意念都会经过肚脐，此即"息息归脐"。在此顺转、逆转，一吸一吐之间，前阴与后阴之间即形成"海底线"，肚脐（生门）与命门之间即形成了"生命线"，两线平行间做上下开合。人体是小宇宙，生命线即是地平线，练功就是练生命线与海底线之间的收缩开合。海底线上提为"橐"，生命线下合为"籥"。

3. 顺转丹田时强调任脉的张力，吸气时任脉收缩，吐气时任脉伸张。逆转丹田时强调督脉的张力，吸气时收缩督脉，吐气时伸张督脉。两者都是吸气时气循督脉而上，吐气时气循任脉而下。其差异在于以呼吸形成压缩的孔窍有所不同。顺转丹田时，吸气形成的压缩点在前阴与肚脐；逆转丹田时，吸气形成的压缩点在后阴与命门。一呼一吸，即可启动后升前降、任督旋转的功能，升阳火而降阴符，心肾相交、水火既济，完成练功的重要标的。

4. 双手拨动时，用意识上提，涌泉一松，气就通了。就像水管被压缩，水就往上冲。气通之后，意引劳宫，用劳宫之气拉动全身之气。运之在掌，根基在涌泉，运行河车在任督，推输的作用在丹田。

【课程综合摘要】

顺逆丹田的化力与推力

"拨云见日"与"旋转丹气"都是丹田旋转的带领，前者较具应用性的训练，通过两种不同的观念，可慢慢体会丹田的内轴（丹田）与外轴（手、动作肢体）之间，一阴一阳的关系。而要体会内、外轴之间的连结，可先用"摆手炼丹"学会连接劳宫与丹田气机，体会气的整体性，然后从"拨云见日"与"引体旋天"系列功法之"引摩腹气"体会其间充满奥妙的内动玄机。只要能参悟这一点，就是一辈子的成就。

"拨云见日"熟练之后，丹田就可以结合应用在所有身体动作上，可进、可退、可左、可右。太极拳借力使力、声东击西，我们不声东击西，对方东边强我就往东边走；他顶过来，我就顺着他的方向出去。这是借气走化的作用，说得更精确一点，就是任督旋转的作用。任督通就会产生旋转，任督旋转就可以不费吹灰之力，化掉加诸于我的外力。所以，"拨云见日"的一顺一逆会形成两种能量走向：一是化力，一是推力；顺式为收纳，逆式为出击。顺转丹田时要炼丹田、任脉与前阴的关系。前阴到肚脐是实，到命门是意、虚，所以能走化。因为以意导气往后退到命门，身形不退而气退，就会如同有一个无形的力量把对方拉进来，形成走化。逆转丹田吸气时，意念从脚跟、后阴经尾闾绕到肚脐再到命门。实象在后阴、命门之间，虚象在后阴、肚脐、命门之间，意到气到，身形不动，亦即身体不必做出肚脐收缩的动作，但气会转一个圈从肚脐环绕丹田，吐气时自然产生往前推的力量。

顺转、逆转丹田时，劳宫跟丹田做反方向的旋转。因为心火往下、肾水往上，成反作用力推动阴阳。顺转丹田时劳宫由内往外拨，这是逆拨，但丹田（肾）则是顺向旋转（吸气时：会阴→肚脐→命门；吐气时：命门→会阴→涌泉。但肚脐→命门、命门→会阴这一段以意念为之），所以是顺转丹田。

逆转丹田时劳宫由外往内顺拨，丹田逆转（吸气时：脚跟→尾闾→命门；吐气时：命门→肚脐→会阴→涌泉）。如果我要让对方往后退，就要用逆转丹田的原理，因为逆转才有推力，比顺转的力量强。把人体看成一个动态旋转的球，力学的概念就会很清楚。

手轻，动作才能松，只觉劳宫在拨动内气运转，转久了丹田自然发热。"拨云见日"就是拨动云雾般的气场，见到身体内部有一个火红的太阳。肾水是冷的，练完之后两肾如汤煎，所以叫"见日"。用劳宫带动丹田旋转，就像猫推着墙壁，身体往后拱，把身体内部推出一个圆弧形。用劳宫内劲推动身体内部一个无形的东西。所以练功要炼虚，太过刚猛实象化，能量反而被手困住，无法得气，所谓"起手于有作，了手于无为"。若身心皆松到比毛细孔还松，就可以运用气比毛细孔重的原理，气一沉就松落，对方的力量一来，我帮他整合，完全不攻击。所以真正练武的人不防守，只把自己练到比人家的拳头还坚强，这就是"小守力守，所以无守""大守不守，所以有守，浑身是手手非手"。练气功的人守虚不守实，因为虚实相应，有虚必得实，避实就虚才是高段的人生智慧。练功如果无法把这个体会用在实际中，就是徒作技艺之末。

通运任督与带脉

"拨云见日"是顺逆丹田，不是顺逆呼吸。顺逆呼吸是借呼吸调心念，帮助形成丹田；顺逆丹田是借丹田调整身体的能量。一般人只局限在任督两脉的概念，以为转丹气的方法只有正转、逆转。若加上带脉的观念，丹田还可以斜转、横转。

逆转丹田吸气时，气从脚跟上尾闾，尾闾上夹脊，夹脊上玉枕，这三段称为三关或河车。因为三段各有不同的意识强度，因此又有羊车、鹿车、牛车之别。过去有汗牛充栋的文字都在说同样一件事，其实操作起来就是这样。这是完全内化的意识作用，要用文字来说明无形的东西，只好借用各种比喻，例如"三元""三花聚顶""河车""黄道""周天"等，都在讲运通任督的丹田逆转。

所谓运通任督，就是人体的逆循环。人体在娘胎是顺循环，从肚脐出来，沿任脉往督脉循环。出了娘胎，脐带剪断，开始行后升前降的逆循环。所以，肚脐一直都是重要的能量循环转运站，不管顺逆、虚实，都要经过肚脐，所谓"一吸便提，息息归脐"。过去谈到顺逆呼吸时，关于要不要提会阴、提肛，我说得很含糊，因为这要随着身体进程慢慢体会其中的差异，才会听得明白。这当中还有很多层次，周天运转的层次就在其中，一个是升阳火，肛门属阳；一个是降阴符，会阴属阴；一个是谷道，一个是水道。谷道是肛门，水道是膀胱、尿道，两者交会为会阴，含糊不得。就如古人所言"一吸便提，息息归脐"的道理，大家都可以用自己的身体动作证明出来。用自己的身体语言，表达自己所体悟的身体真理，就不需要引经据典、依经解经了。

我们要用"实"促引"虚"的力量。换言之，任督两脉必须借由动作、呼吸、意识三者合一，才能动到身体内部的世界，因为经脉本来就是虚的，非肉眼所能见。若无法启动跟它频率相等的意识作用，如同语言不通、沟通不良，就动不到任督的功能。所以，要看到任督两脉就必须亲自练功，不能靠仪器，更不能从文献探索中空有幻想，所以体证实修是研究气功的唯一方法。

"拨云见日"之阴阳虚实

"拨云见日"之虚实，必须在不断反复操作当中体悟。实的路线需先以动作实练之，久而成为本能反应；虚的路线以意识为之。虚与实同时进行，并非先实后虚，这是初学者易犯的误解。

顺、逆丹田的差异在呼吸形成压缩的孔窍与管道有所不同，顺转丹田时，吸气形成的压缩点在前阴；逆转丹田时，吸气形成的压缩点在会阴与后阴。人体孔窍各有不同的作用，只是我们已经失去灵活运用身体孔窍的能力。气机导引就是通过逐步的锻炼开发人体孔窍的灵敏度。"拨云见日"是炼人体阴阳两气，即任督两脉尾端的意识作用，因为丹田的应用一在后阴、一在前阴。力量的前后移动，都跟前阴、后阴的操作有关。假如无法精准掌握前阴后阴、一虚一实的意识操作，气功静坐就无法到达真正高段的成就。所以，练到更深层时，所有的意识都在前阴、后阴、会阴（海底）三点下功夫。从海底下功夫，就可主宰脚跟、涌泉、脚尖的力量转移。进身上前时不是用脚进身，而是用丹田，不管脚步怎么移动，都是海底在运作。

逆转丹田时是由下而上，吸气从涌泉沿脚跟、尾闾经三关上后脑；吐气从背部吐气到手指端、脚趾端，在手形是旋腕、突掌、舒指。亦即吐气时从兑端经丹田再回到涌泉。必须练到对涌泉、兑端之间的反作用力有所体会，才能知气机；身体松了、空了，气才能有天地之相。

身体虚无，就会产生现象，这个现象仍然是"有相"，接下来要更放松，把这个"有"化为"无"。在无中练有，再从有中练无。这当中有层次的不同，但这还不是任督旋转，只是丹田。等到丹田运转，炉在丹田、鼎在意识，意识发生作用，任督就会旋转。但这是练功的较高层次，如果连最基础的"无中之有"的丹田都没看过，怎么可能看到最后的大真虚无？所以，要从最底层的身体结构练到最上层的意识，身体才能得到真正的质变与强壮。

第八节　木猴欢呼

【原理说明】

丹气气机贯涌泉

身体就像乐器一样，随其长短宽窄而有大小不同的共鸣箱，然后有各种音频的差别。练功到达体呼吸的状态后，全身无处不可以结丹，全身毛孔都具备呼吸功能，一呼一吸皆可以"点火"，也就是由意识引爆内气，让内气产生瞬间压缩、共振的能量。体呼吸又称胎息、龟息或肚脐呼吸。这些看似玄奥的身体功能，按照气机导引的养成步骤，人人皆可达成，并不稀奇。但在练养丹田的过程中，需先开发相关穴位的功能，以促进内气共振，然后结丹，让丹田推扩至全身，就能进入体呼吸，再渐渐形成任督循环的周天运行。

早见于马王堆导引术的"木猴欢呼"，即是借由劳宫、涌泉与丹田往来压缩共振的关系，配合呼吸与意识作用，强化内气循环的机制，将丹田的能量推扩至全身，蓄养瞬间爆发的内力。练习过程中，以丹田为动能，吐气时，劳宫压缩，丹田同时往下压缩到涌泉。此时配合发"呼"声，可与内气产生深层压缩的共振。一吸一吐，真气从丹田压缩到涌泉，再从涌泉回流上行，反复练习，即可提高真气运行的效率。须知人体真气运行乃先、后天呼吸共同形成之作用。所谓"后天呼吸起微风，引起真人呼吸功"，动作中外呼吸吐气出，则内呼吸入，这叫作"以出带入"；当外呼吸入时，即可带内息出，这叫作"以入带出"。但身体越放松，后天呼吸越无形，意识越能守一入静，内呼吸所形成的压缩力量则越大。习练日久，真气就会弥漫至全身，使全身气机盎然循环于骨缝之间、骨肉之间、肌肉与皮表之间、皮表毛孔之间，这时只需几次吐纳呼吸，全身就像刚睡醒的婴儿般气机饱满。一旦身体需要，意到气到，身体一缩一张，就可调动庞大的能量。

练习本功法若同时配合凝神的训练，即可静听来自内气共鸣的能量。内气共鸣来自橐籥的开合压缩。吸气时海底线（前阴、后阴与会阴的连线）上升，胸腔横膈肌下降，下合上为橐；吐气时海底线与生命线（肚脐又称生门，与命门的连线即为生命线）结合下降，上合下为籥，这个循环即心肾相交，即肾气往上、心气往下的良性循环。

此外，就养生保健的效益而言，"木猴欢呼"引腹中气，可泻中土之火旺。阴阳能量的压缩共振到皮表，这是以短吸长呼的呼吸法，促进副交感神经亢奋，以安定情绪，帮助心神入静。同时，导引吸气到肾脏，以促进静脉血液回流心脏，并导引肾气下涌泉，可以强健腰腿，增强下丹田气机。

做法

1. 两脚分开站立，两手握拳置于两腰侧。
2. 配合呼吸发声，使内气下灌双脚涌泉。吸气时气到指尖，手指松开；吐气时手指内扣，压缩劳宫。
3. 吐气时，配合发"呜"或"嗡"声，将体内浊气彻底排出。

图 6-1　　　　　图 6-2　　　　　图 6-3

图 6-4　　　　　　　　图 6-5

动作要诀

1. 吸气时会阴上提，肚脐往命门压缩，带动两手推送而出。吐气时会阴放松，压缩下丹田，配合发低频"呜"声，形成体腔内的共鸣，同时意引真气由命门往肚脐及会阴推移，两手握拳收回，使脊椎延伸、脚跟微微上提。
2. 呼气时脊椎慢慢撑起，身体会自然往前倾，踝关节必须放松，把根扎稳在涌泉。为防身体往前冲出，大腿需更放松，让气往下沉。

【课程综合摘要】

丹田压缩与声波共振的力学原理

在马王堆导引图"木猴欢呼"功法旁，只有简明扼要的"木猴欢、引腹中"六个字，即已道尽本功法的精髓。体呼吸跟涌泉有关，所以要利用内气的深层压缩，将真气从丹田压缩到涌泉，再从涌泉压缩回流，如此不断训练丹田跟涌泉的气机互动，可使身体产生膨胀压缩的张力。先从吐气二十秒开始练习，并感受腹中之气与声音共振的关连，连续练习三个月，就会感觉气越来越长。而要练习寸劲，也就是在小范围内的身体张力，同样可以借"木猴欢呼"练出体内共振的空间。

吸气时全身放松，下腹如海绵吸水，双手舒指前伸，将气引至命门，令肾气充盈，全身都有膨胀感。吐气时从膻中引气向下压缩，有一股气会沿着肩肋处经两手臂内侧循心包经至劳宫，此时配合中指往劳宫压缩，可将真气反向压缩回体腔。另一股气会沿任脉往下压缩到丹田,回到涌泉。同时,因涌泉下压的反作用力,身体将由百会提领、督脉往上延伸,身体被涌泉的能量反撑上来。这说明内气后升前降时自然会产生向前冲的力学,这就是气的循环与张力。所以,吐气时气会往末梢共振,气要发出去时,指端偏把它扣住压缩回来,就像水煮开了却盖紧锅盖,会把水逼成水蒸气而产生动能。

吐气出"鸣"声,是真气往内压缩,振动下丹田,仿佛用气一直往下打桩,身体如一个大共鸣箱,随着上、中、下三段气的差别会产生不同的音频。上段音波高,下段音波低。音波的高低频会关系到气的走向,低音波可以让气往下共振,高音波会让气往上共振。所以,"木猴欢呼"也是学习声乐很好的补充教材。

第九节　手滚天轮

【原理说明】

丹田内功训练

"手滚天轮"系列功法是气机导引十八套功法从螺旋、延伸、开合、绞转的导引动作,进入气机修炼之静心、旋转、压缩、共振的基本功,而"手滚天轮"又是本套系列功法的总和,将练养丹田的四个次第,包括认识丹田、丹田逆转、周天运转、滚天轮融于一炉。学者可单从"手滚天轮"入手而学会系列功法全部要旨;但全系列功法是从不同的角度,帮助学者循序渐进、分项练习。基础越深,越能掌握丹田功法的全部精义,并应用自如,提升肢体修炼的层次。

"手滚天轮"系列功法主要是练习身体内气功能与外部肢体操控的协调能力。练功的内气循环管道是：吸气时气从脚跟上，从尾闾、阴跷接丹田之气，以阳升阴降方向旋绕丹田，再沿着脊椎上到玉枕穴。吐气时，气由后脑过泥丸，经两眉中间绕颜面，从眼睛四周扩散、绕口唇，沿任脉下丹田，再经会阴沿两股沟、大腿内侧阴跷脉下涌泉。这就是周天。

内气运作的功能管线本就存在，随着生活、饮食、情志之不节而逐渐滞塞不通，通过练功熟悉这些管线，并以意识参与、襄赞其运作，才是逆"夺天地之造化""我命由我不由天"的本意。例如，吐气走任脉是"息卧昆泉"的概念，丹田压缩、气沉涌泉是"木猴欢呼"的要旨；用"旋转丹气"可练出内气的旋转力学；用"摆手炼丹"可开发劳宫与丹田的对应关系，等等。练出丹田，身体动作都以丹田为枢纽，到时全身充满气机作用的张力，虽松柔如婴儿，却静如处子，动如脱兔，一抬手，身体内部线路一转，就能产生强大的力量。

因此，本功法是在前面几个功法的学习成效上，更进一步地整合人体气机一阴一阳、一虚一实、一松一紧等高频、低频的对应关系，配合守虚入静的意识作用，开发丹田的能量，促成体呼吸，并通过窍穴锻炼与丹田的能量作用，让身心渐次脱落，提升气机感应的能力，体察人、我、天地的能量交流，从而对气的功能作用有真切的体察，乃至洞见宇宙生命的真相。这是一条通往悟道的捷径，所谓"善行无辙迹"，先有其气，后有其象，得气则知机，可以看到宇宙间有一个虚无的存在，对变化无端的人间万象自能洞然明白。故习练之时需将前面各章节提及的全部概念反复综合运用，身心放松，意识放空，身如不系之舟，徜徉在虚空气海中，任我东西南北风。

就养生保健的观点来看，"手滚天轮"除了强调气下涌泉可帮助气血循环，下腹腔的压缩作用，还可缓解子宫、卵巢、妇女痛经及便秘、排泄等问题。腹部一松一紧的压缩开合，会引动太阳神经丛气机，帮助大脑入静。配合丹田的静心效果，以丹田为定心丸，外形为虚，汹涌在丹田，动中犹静，外不有象，其象在内。

做法

1. 两脚与肩同宽，松腰落胯，两手张开，配合吸气吐气，使身体斜前推移发气。
2. 吸气时，沉肩坠肘，两手缓缓飘落，呈任脉收缩。真气由脚跟、会阴循督脉而上，劳宫微微收合。

图 6-1

图 6-2

3. 吐气时，气循任脉下压至丹田，丹田下落至会阴、涌泉。两手由指尖带领，往斜前方滑行延伸，意引督脉、脊椎延伸，百会微微上顶。

> **动作要诀**
> 1. 吸气、吐气之间主宰于会阴，似提非提全在意识。身体随之收缩开合，双手如趴在一个大气球上来回滚动。
> 2. 吸气时以四点聚气法使脊椎自然收缩，吐气时将内气压缩至手脚末梢，百会上顶，使脊椎延伸。

【课程综合摘要】

脚下有乾坤

起式吸气劳宫拉起来时，沉肩坠肘，用意识将膻中放在肚脐、前阴放在涌泉，同时将涌泉往下踩。吐气时涌泉放松，任脉越下、涌泉越沉，手飘出去越远。吸气时重心和意识都在涌泉，意识越往涌泉作用，丹田就越鼓实。吐气时重心仍在涌泉，但意识已经放开。感觉涌泉当中有一个无形的空间在收缩张开，跟丹田一样，故涌泉往下踩，要用意不用力。倘若用力下踩，表示涌泉没有空间，还停留在肌肉层次。

"手滚天轮"可训练周天运行，但要先通下行气，将来呼吸能在丹田、涌泉之间来回环绕，就具备周天循环的基础。下盘先通，再用四点聚气法将气引到末梢，然后学习丹田内转。这就是"手滚天轮"的第一阶段、第二阶段。动作容易学，但其中的层次、火候需要等待。刚开始气机的旋转不明显，因为还不懂得阴阳循环、升阳火、降阴符的功夫，把"仰转止息"的方法练熟，自然就开窍了。

要觉知内气，体会气的下行线很重要。觉知呼吸，不是观后天鼻呼吸，而是觉知先天内息的抽提、收放、开合。一抽一放的功夫，靠海底收放与命门开合，身体是一个大风箱。吸由阳路，吐由阴路，吸吐阴阳的路线不同，必须自己练到完全明了，才能真正明白什么是跟管，也才能懂得脚下有乾坤。

任督两脉的一松一紧、一阴一阳

所谓"天不旋则毁，地不旋则枯"，宇宙间由阴阳两股作用力形成旋转而带动生生不息的万化生机。气机的旋转来自开合压缩，形成体内功能性的共振。天地开合而产生日月交替、阴阳往来，故四时不忒、潮汐有时。一顺一逆，一阴一阳，逆为天，顺为地。在人体，任督两脉就像南北极圈，吸气在南半球，吐气在北半球。南半球为进阳火，北半球为退阴符。吸气时阳（督脉）紧阴（任脉）松，吐气时阳松阴紧。一吸一吐、一动一静，都在松紧之间变化。一松一紧、一阴一阳、一高频、一低频，就形成了内气出入升降的平衡机制。松紧之间就是阴阳之路。宇宙人生一切道理都不离这个原则，走路时一脚松一脚紧才能前进。

练功的人深知人体内部变化的法则，吸气时交感神经亢奋，吐气时副交感神经亢奋。副交感神经主六腑，交感神经主五脏，故吸气时五脏血管流速加快，会加速心脏的跳动。吐气时六腑作用强，可促进肠胃蠕动，帮助消化排便。所以，人体吸气时收纳，吐气时排泄。气上督脉的能量来自胆经、膀胱经、胃经，三条阳经汇聚到督脉，督脉过夹脊、玉枕后，再从中丹田走心肺脉络共振到手心，由任脉入下丹田共振到涌泉。六腑受气于督脉，五脏受气于任脉。练功通常主练奇经八脉，因为任督通，百脉皆通。

"手滚天轮"的关键在于气场的控制。人体的气场，是意识、气感与空间的交互作用引发极能。例如，劳宫的气感发出来，以意识作用将其延伸至身体所不能及之无限空间。好比用一支电力超强的手电筒光束射向夜空，光束最后消失在无际的黑暗中，这无际的黑暗就是"极"。

吸气时气从脚跟上后阴至命门，同时尾闾前顶接阴跷，配合意识引动会阴上提、肚脐往命门收缩，再将气往上衔接到夹脊、玉枕。吐气时意识由玉枕至印堂，再以三丹田下合，经肚脐下会阴到涌泉。这些操作需要高度的意识与情境作用配合，动作外形几近于无，但身体如蛹动。吸气时百会、会阴收缩，吐气时百会、会阴拉开。身体没有刻意表现收缩的象，因为劳宫与丹田同步，所以吸气时会感觉劳宫收缩，吐气时劳宫张开。劳宫的开合跟百会、会阴的开合也是同步的。

吸气时督脉向上延伸、任脉收缩，所以劳宫相应收缩。吐气时任脉向下延伸、督脉放松，劳宫相应张开，两手自然飘出，这是气下涌泉的气机反作用力所形成。上身越松、越虚，气就越能往涌泉松沉。手之所以能飘出去，是由于有形的身体放松操作与虚空中气机的妙有存在产生谐波共振，这就是我们要开发的觉知能力。

中指与冲脉

功夫渐深，即可体会吸气吐气时，只有拇指、食指、中指的开合。手背、手心相应于任督两脉。劳宫居其中，与丹田同步开合。

十二经脉是阴阳相对称的，阴阳之中是为冲，故冲脉的作用在调节阴阳两脉的循环，扮演协调功能者即为冲脉。冲脉的气场发源于肚脐，故冲脉主先天之气，而能御后天。"手滚天轮"吐气时手飘出去，是以中指之气带领。此一路线循手厥阴心包经而行，故练功者假中指为冲。吸气时冲脉压缩，吐气时冲脉延伸，否则气无旋转之现象，只有延伸。

人体颜面之中心在鼻，躯干之中心在肚脐。鼻子与肚脐主管先、后天呼吸。鼻子与肚脐之间即是冲脉所在区域，是连接后天呼吸与先天呼吸的路线。练功是以鼻呼吸引动肚脐呼吸，以后天之气引动先天之气，先天之气与后天之气相互激荡，以维持身体功能，此所以必须强调冲脉之调节作用。

身体要松，皮毛要攻

"手滚天轮"要练吸吐开合，所有的吸吐开合都可以内化到身体里面。所谓"引气于端"，手飘出去时，手指上十四节关节要节节拓开，若一用力，韧带就会把手指拉回来。所以在力则笨，一定要松到有透劲感。透劲是从指端透出去，指端会有热相，才能回气吸气，这是心火、肾水的表征。手指要松透，不是苦练手指，而是要放松，松一定伴随着"沉"。"透"的背后一是劲，二是意。劲是力的内化，劲外放就是力，这是很细腻的。透劲是一门大学问，可及于毛孔，所以说发劲时"身体要松，皮毛要攻"。皮毛的"攻"就是身体的透张力。炼气的人不会用力量推人，因为力出气损。力藏于骨肉，气藏于精神，气的表征会在身上任何一个部位显现，特别是在皮毛，无所不在。从前在江湖上夸人功夫好，对方往往谦称"皮毛而已"，那其实是真正的高手。

守虚与入静

初练"手滚天轮"一定要从有形入手，练到无相时，丹田才能意识化，如如不动，丹田自转。当肢体动作虚无化，内部气机盎然时,"桩"就形成了。"桩"就是肢体程式的基本元素。身体的气场要怎么走?端看桩步所设定的发展程式是什么。这就如同道教的符箓,画一个符箓,就等于设定了一个程式,可以启动某种能量、产生某种作用。

"手滚天轮"是循环连续不断的运动。重复就是一种循环。静心的方法当中,"重复"是很重要的一项元素,来回反复走同一条路线就是循环,可以帮助心静下来。真正的静,必须有一个内部的专注,存着一个虚无的存在,心就能安静下来。一切练习都是为了看见虚无的存在,用劳宫、涌泉炼一个虚无的存在,再用这个虚相炼自己。所以,劳宫、涌泉也是过渡的介面,到最后都要抛开。

启动前先站"无极桩","无极"就是虚空自然的意思。心要虚静,身要松、空。两手一伸,气即下沉,阴阳虚实立分。开合之中有很多道理,这是运用"仰转止息"的原理,背部往上转,腹部往下沉,内气会形成一个旋转的循环圈。身体里面的阴阳互动像闪电一样,如果心不静,就会乱跳乱动。所以要用意识守住,这强大的能量才能为我所用。

结　语

丹田是统领五脏六腑的功能性脏腑，无形无象，一般虽有下、中、上三丹田之分，但丹气并无一定的居所，因为丹田之气运行全身，贯穿身、心、灵，统领五脏六腑与十二经脉，周行十二时辰而不殆，是真、善、美的推手。因此我们练养丹田，其实就是炼气、养气，养体气（下丹田）、心气（中丹田）、脑气（上丹田）。同时，以静练养元气，以动练养真气。丹田包含"脑神"、心包经与全身经脉，而其中，心包经又与三焦经互为表里。一般中医认为心包经指肉体的心脏，但我从身体的实际操练中发现，心包经与三焦经的作用范围，都较偏属于形而上的身体。所以，丹田的作用有推动全身气机与水湿的功能，又与意识作用密不可分。

"手滚天轮养丹田"，是炼气、养气的初阶练习，在内脏功法中，有统整五脏功法之效。若有肝、心、脾、肺、肾五脏练养的基础，练养丹田时，即如顺水行舟。有了练养丹田的功法操作经验，对于五脏练养功法也会有更深刻的体会。

因此，总结本人练功的心得，即是"轻、松、绵、透、虚、定"六字诀。其歌诀如下：

　　　　沉肩落胯松拟霜，
　　　　起手坠足轻映雪，
　　　　气贯涌泉透成根，
　　　　周身转运绵若水，
　　　　行住坐卧皆安定，
　　　　体正神宁虚入髓。

至于在饮食起居的配合上，平衡乃是最高的原则。五脏所属经脉的循行各有其时，丹田之气则散布在时时处处、起居动静之间。我们虽然注重养生，但若养生成为挂碍，这不敢吃，那不敢碰，反而犯了养生的大忌。就像练功是为了修行，但若时时把修行挂在心上，甚至自以为修行而有一点点贡高我慢的意思，那就是误入歧途，反其道而行。生命之旅在止于至善，在真善美的圆满。真在上丹田，善在中丹田，美在下丹田；灵性求真，心性求善，身性求美。

　　练养丹田强调以有练无，因此，"有"是人生一切跋涉的起点，"有"就有各种局限——才力、物力、时间、因缘。安住在局限之中，倾听生命之流的自然节奏，顺着生命的节奏，时止则止、时行则行，这就是炼丹养气的康庄大道了。

编者后记

一位在新竹科学园区上班的同学每周六从新竹搭车到台北上课，我问他："气机导引修习十年，有什么具体的心得收获？"思虑缜密的他想一想说："我的说法也许无从证实，不过，我自己知道，如果不是这样持续上课，也许我今天已经坐在轮椅上了。"他因为腰椎病变开刀，术后腰椎仍然轮转不利，但是，多年来跟我们一起上课，我们一直都没有看出他有这么严重的疾病。

长期以来，我一直想对同学们进行学习经验的访谈记录，但一方面抽不出时间，另一方面同学们已经习惯用实际行动取代言语，谈到有什么心得体会，大家都很谦虚、很低调。就像我们的另一位同学，她也是每周六一早从云林搭车到台北上课，清晨四点多出门，风雨无阻、寒暑不辍。我也很想知道，像她那样在瑜伽教学的领域上已卓然有成的人，气机导引对她的肢体探索，又开展了什么样的新视野？我在梦中向她提问，但她只对我回眸一笑、摆摆手，什么也没说。充满学习潜力的日本爵士舞第一舞者若林美津枝自从接触气机导引之后，一有空档，就不远千里专程来台上课。她说："张老师让我改变了我对身体的观点，非常感谢，而我也将尽我所能。"

其实，再多的言语文字，都不足以描述我们在这条道路上所见、所感的一切：通过气机导引的螺旋、延伸、开合、绞转、静心、旋转、压缩、共振八大原理深入探索身体，与自己的身体对话，而在心境上越来越开阔，也越来越平静。一位同学写了一封短信跟我分享她经过十年学习，终于体会到螺旋是什么。她说：

"一直都找不到螺旋，好挫败！每隔一阵子就找一找，总枉然，但昨晚似乎被我感觉到了，因为在我体内不明显，甚至中间有断层，不如老师形容。但有眉目了，照说应该欣喜若狂，还好是平常心。未来的路尚遥远，继续感觉，继续体悟！"

所以，何须探问什么，只要看十年来我们这些同学每周定时上课，在擦肩而过时相视而笑，很少的言语交集，却一起用身体的实践，共同蓄积庞大的能量，而那能量，你若能听，你当已听见！所以，不管是在忠孝东路的旧会馆，还是在汉口街现址的新会馆，一进到练功房，即使在阒静无人的黑夜里，你都可以听见那沛然涌动的能量。那是数百位同学一次又一次地用汗水、用意志、用情感出入其中，然后身求其松、心求其空，屡仆屡起、日新又新的自我超越，共同汇聚而成。尽管你总认为自己不甚用心，当老师要求我们两手举高、两脚分开、平抬腿蹲立、小腹收提，而你到十分钟左右就开始因为剧烈的酸痛痛苦不已，但你始终没有放弃！刚开始你会咬牙苦撑，慢慢你开始尝试松开身体，然后有一天，新的经验突然出现了！你发现要做到这个动作，除了松，还得调动全身的组织一起来帮忙。你的咬牙苦撑，你体验到的松开，你在学习时心念的浮动与安定……这一切的一切，都是这股越来越稳固的能量的一部分。

1999年初识张良维老师不久，我开始成为张老师专属的文字记录者。刚开始是工作的责任，后来渐渐成为一种人生的选择，甚至是我的修行法门。

工作初期，我因为刚刚走过一场人生风暴，自以为身心性命都经过一番洗涤，遂有一种睥睨群伦、孤芳自赏的心态。我当时虽然对张老师的功夫、见解与人生阅历十分敬佩，但他那充满草莽风格的谈话，跟我的知见习性有很大的差距，常让我觉得荒怪可议。直到我随着张老师练功两三年后，僵硬的身体稍见松开，重新翻看旧时访谈笔记，才惊觉当时许多听来逆耳的言论，全是针砭人心的警世之语，只是我被自我意识蒙蔽，听不见言语背后的真意。

这种情形不只发生在我身上，对于多数同学而言，要穿透言语的表象而掌握张老师的教导核心，必须自己先放下心中的成见。很多年后，我才逐渐明白，张老师做的是"身体的教育"，而非"身体的生意"。十方人来，各自带着不同的根性条件，要让大家真正产生改变，温言软语、和颜悦色，只会招来一群能量低、需要抚慰的脆弱心灵。扶不起的阿斗，泼水不入，路走不长，干脆早早分道扬镳，以免浪费彼此的时间。而在信、解、行、证的求道途中，要在骨子里建立师生互信的基础，就要先打破许多刻板的制约。所以，言语是张老师筛选学生的第一道屏障，尤其大家都喜欢言语和顺、谦恭有礼的人。一般人心目中的大师形象，一定是道貌岸然、深藏不露的。为了让大家摆脱"大师崇拜"的迷思，建立"有为者亦若是"的自信，课堂上的张老师往往不是真正的张老师，他的所有言语作为都是一种教学工具，用以钩牵、试探、引导学生仍然浮动不定的心性。有人需要褒，有人需要贬；有人需要无端被搅乱、被激怒，或者被引到一个工作或生活的情境里。就像中医根据体质的阴阳虚实或补或泻，甚至以大毒为大药一样。但高明的老师还必须对整套疗程的时机和手法成竹在胸，能放能收，才不致前功尽弃。这是一种师生之间灵性对灵性的交托和许诺，教学相长，相辅相成，责任很重，而且道途遥远，于是张老师在十年后严格挑选新生，因为最艰难的教育工作，即将开始。

十年练功，我便如此从雾里看花到逐渐能将气机导引所勾勒的远景，在自己身上复制出一个大致的方向。其间我的练功重点不在身体，而在文字。十年前，张老师就告诉我："你的成就不会在身体功夫，所以，不必太在意练功的身体成就。"十年来，我摒退各种干扰诱惑，潜入气机导引所开展的身体内在世界，除了练功，每天像敲木鱼一样敲打键盘，把张老师上课的讲话一字一字记录下来。我那擅长捕捉各种氛围、光影、气味的心灵和笔触，不知从什么时候开始，变得像清水一样平淡。当我的心渐渐不再受到语言文字的挑动，我那桀骜不驯的根性也有了逐渐降伏的迹象。

因此，于我个人而言，这套从两百多万字课程笔记中萃取的书，实乃我十年炼心的磨刀石。而它除了是以身体锻炼为主要介面的练功指引，所有文字是由十年之间数百人参与的教学实验课程汇整而成，涵盖所有学习者共同呈现的身心状态，以及张老师针对这些状态所作的提示。然而，这套书仍然只是一个可见的教学片段，用有限的文字捕捉难以表述的身体教学，就像美丽的浪花不足以完整呈现深沉辽阔的大海一样。读者若有缘，当从字里行间领会张老师通过言语引领大众的恳切之意。有关功法动作的提点，是为读者指引一个不断感觉自己、发现自己的方向，需要读者通过持续不懈的实践，方能领会片言只字里含藏的意义。

不过，张老师虽然是以师者之姿引导我们不断向前，但他从不讳言自己仍然是一个有待修正，但持续努力向前的凡人。他对身体的体会，并将这些体会以口语表达出来，使练功过程中身体的阶段性变化有清楚的历程。这些天赋的能力固然令人叹服，但最不可思议的是，他对每位学员的身心状态一目了然，从而能给予适时、适切的点拨。张老师再三提醒，任何一个平凡人，都可以通过剥之又剥的身体修炼，复返身心清明的本然面目，而这正足以弥补当今教育缺乏体证训练的缺失。

因此，气机导引所勾勒的蓝图，是很清楚、很完整的，从肉体的实践，到灵性的飞升，完全合乎中国传统文化强调人间实践的精神。张老师以一种民间的微小力量，为民族文化的新生再造开启先机，不论成就如何，至少东医气机导引的全体学员都已跨出一大步了。

【附录一】

东医气机导引简介

什么是"东医"?

东医是韩国、越南等国对中医的称谓,我们可理解为东医就是"东方预防医学"的简称,是"动的医学"。东方主震、属动,象征生生不息的自然动力。医就是专业的健康管理,通过运动、饮食起居、情绪管理与接近大自然的生活,掌握自己的生命品质,启动身体自疗功能的自然疗法。

东医的运动养生法则,就是气机导引。

什么是"气机导引"?

"气机"是人体气化机理的简称。人体借由五脏六腑的气化作用形成生命的动力,故调理气机,使其循行畅达,是身心健康的不二法门。导引术是中国古代借由运动进行疗病养生的方法,经过数千年的演变,糅合了历代武术、气功、丹道养生,乃至禅宗思想,是引领全人类的身体文化。

张良维先生自1999年3月起,向社会大众推举"身体自觉"的实践原理,搜罗中国古代身体文化在动作、呼吸、意识锻炼上的经验结晶,结合中医与现代医学原理,以螺旋、延伸、开合、绞转、静心、旋转、压缩、共振八大原理,编创气机导引十八套修炼身心、护卫人体气机的功法,针对每一脏腑经络,提供专属的运动保健法则。气机导引十八套功法包含"太极导引""禅修导引""瑜伽导引""按跷导引",是现代人养生保健、改善生命品质的高效能运动方法。

东医气机导引是预防医学

"上医治未病",东医强调预防医学,更重视心理、环境、生活作息对健康的影响。东医预防医学又以气机导引为日常保健方法。气机导引十八套功法的每一功法设计,都针对特定的经络与脏腑,在动作、呼吸、意识的共同作用下,促进人体气机的自然运转,达到养生保健、调和情志、安定心神的目的。

【附录二】
气机导引十八套功法总览：内脏篇

1. 肝脏保健
攀足长筋

1. 攀足松身
2. 四梢旋转
3. 攀足长筋
4. 交叠松身
5. 盘腿旋腰
6. 屈膝抬臀
7. 仰卧攀足
8. 四肢卧伸
9. 攀足滚腹
10. 肝指勾引
11. 转腰攀足
12. 五龙抓气

2. 心脏保健
左右开弓

1. 活肩曲肘
2. 金盆洗手
3. 蹬跟引背
4. 抱颈颠顶
5. 握拳争气
6. 双龙绞柱
7. 鹰鹞捕食
8. 攒拳压掌
9. 左右开弓

3. 脾胃保健
引体旋天

1. 夜狼翻身
2. 引体旋天
3. 抱运脾元
4. 摇磨谷仓
5. 抱推气海
6. 抱元引体
7. 引摩腹气
8. 握拳蹲举
9. 单举理脾

4 肺脏保健
旋转乾坤

1. 左右鹤潭
2. 鹤潭跷手
3. 猿呼引肋
4. 抱转脊髓
5. 旋转乾坤
6. 乾坤跷手
7. 单手去烦
8. 霹雳压掌

5 肾脏保健
托掌旋腰

1. 蛟龙戏水
2. 提膝固肾
3. 九转还丹
4. 托肾活腰
5. 呼吸以踵
6. 抱膝引气
7. 运火归脐
8. 托掌旋腰
9. 提摩肾堂

6 丹田练养
手滚天轮

1. 息卧昆泉
2. 手推阴阳
3. 仰转止息
4. 旋转丹气
5. 蹲跳会阴
6. 摆手炼丹
7. 拨云见日
8. 木猴欢呼
9. 手滚天轮

1	2	3
膏肓肩背	**活络胸腺**	**腰腿疼痛**
螳螂捕蝉	旋臂转脊	延脊划臂
1. 金丝缠腕	1. 踝胯松身	1. 敲臀扭腰
2. 龙登展臂	2. 伏地松胯	2. 旋肘转脊
3. 十字分拦	3. 前开后合	3. 力拔山河
4. 手挥琵琶	4. 摇头摆尾	4. 食虎扑羊
5. 左右螳螂	5. 迭岔压腿	5. 翘足抛物
6. 飞天遁地	6. 摘星换斗	6. 扣握舒指
7. 如封似闭	7. 鹞子翻身	7. 㦬㺢俯伸
8. 九鬼拔刀	8. 浴火凤凰	8. 引腕弯腰
9. 金刚渡跷	9. 画圆松臂	9. 延脊划臂
10. 螳螂捕蝉	10. 旋臂转脊	

4	5	6
步履维艰	强韧筋骨	增强体力
甩手踢腿	大鹏展翅	螺旋旋转

4. 步履维艰 — 甩手踢腿

1. 甩手松身
   - （1）切掌甩手
   - （2）前后甩手
   - （3）交叉甩手
   - （4）垂直甩手
   - （5）弯腰甩手
   - （6）侧仰甩手
2. 旋踝转胯
3. 拦腰滑肘
4. 抛缰过海
5. 弹足抡摆
6. 凌波微步
7. 侧踢甩手
8. 骏马奔槽
9. 甩手踢腿

5. 强韧筋骨 — 大鹏展翅

1. 雁行顾盼
2. 伸曲脊背
3. 提练腰马
4. 大鹏展翅
5. 大鹏引项
6. 蛙形扶膝
7. 弧线延伸
8. 气贯脊髓
9. 开胸辟肺
10. 争项引脊

6. 增强体力 — 螺旋旋转

1. 伏地转脊
2. 双并螺旋
3. 旋腕转臂
4. 旋转升降
5. 龙腾虎跃
6. 螺旋旋转

1	2	3
三焦调理	安定心神	匀衡气血
开天辟地	升降引气	熊经摇荡
1.仙鹤伏气	1.擎排天门	1.熊经摇荡
2.仙鹤抱蛋	2.双龙吐信	2.熊经震臂
3.逆搅三焦	3.升降引气	3.熊经压掌
4.推手舒展	4.大雁鼓翅	4.熊经抖身
5.开天辟地	5.水底捞月	5.熊经漫步
6.龙虎还丹	6.琴心三迭	6.熊经摇臂
7.导运黄庭	7.气沉丹田	7.熊经摆肩

周身灵活	脏腑传链	打通任督
双龙出海	天地拉极	开引任督
1. 逆转双臂	1. 俯仰开气	1. 弹指旋腕
2. 抬膝跳跃	2. 人关拉极	2. 握翻腕臂
3. 侧身跳跃	3. 阳入阴海	3. 托掌引气
4. 交叉跳跃	4. 阴入阳海	4. 气贯三关
5. 摆肘跳跃	5. 气机交替	5. 提运任督
6. 踢臀跳跃	6. 腹前拉极	（1）顺逆呼吸
7. 抱颈跳跃	7. 意引坎离	（2）调和阴阳
8. 鹞北运身		（3）南北拉极
9. 通臂双旋		（4）顺逆黄庭
10. 双龙出海		（5）后升前降
		6. 开引任督
		7. 运转周天

本书十八套功法是囊括一切肢体活动角度的

肢体资料库，

是十八种肢体语言，

引领你与自己的身体作深度的对话，

是身体自觉的桥梁，

是与天地万物合一的道路。

身心灵的整合需要具体的方法与行动，

找到身体沟通的部位，

就找到治病的方法。

十八套功法就是

启动身心自愈系统的锁钥。

打通任督

开引任督

（1）握固静坐

（2）抱元守一

（3）五心朝元

（4）合十跳跃

8. 拍打阴阳

9. 收功五法

（1）摩按颜首

（2）弓步转臂

（3）捧滚丹球

（4）抖擞登高

（5）合气归元